F.B. MEYER

GRANDES HOMBRES DE LA BIBLIA

Tomo 1

Traducción al castellano: Jorge Arbeláez

Editorial Vida

ISBN 0-8297-1362-X

Categoría: Meditaciones bíblicas

Los tomos 1 y 2 de esta obra fueron publicados
originalmente en idioma inglés
con el título de *Great Men of the Bible, volume 1*
por Zondervan/Marshall, Morgan & Scott
© 1981, The Zondervan Corporation

Edición en idioma castellano
© EDITORIAL VIDA 1984
Miami, Florida 33167

Cubierta diseñada por Ana María Bowen

Indice

4 *Grandes hombres de la Biblia*

ABRAHAM

EL AMIGO DE DIOS

1

UN VACÍO EN LA CANTERA
Hechos 7:2, 3 e Isaías 51:1, 2

En el gris amanecer de la historia, el primer gran personaje que cautiva completamente nuestra atención es Abraham, principalmente porque se le llama "el amigo de Dios". Es evidente que el estudio de la vida privada y el desempeño exterior de este hombre se merecen bien nuestro atento estudio.

El retrato de Abraham se nos dibuja en las Sagradas Escrituras con tal lujo de detalles, que parece revivir delante de nosotros con las mismas esperanzas y temores, horas doradas y de depresión, que son factores comunes de nuestra propia vida. Se hacen también tantas referencias a su vida en el Antiguo Testamento y el Nuevo, que parece necesario entenderla correctamente a fin de tener en las manos la clave necesaria para la comprensión de muchos pasajes bíblicos difíciles.

Nuestra historia se remonta hasta dos mil años antes de Cristo y nos lleva a la ciudad de Ur de Caldea. No debemos buscar a Ur en la Alta Mesopotamia, donde una tradición errónea la ponía, sino en las ruinas de Mugheir, en las cercanías del golfo Pérsico. Cuarenta siglos de lenta acumulación de sedimentos en la orilla han hecho que el mar retroceda unos ciento cincuenta kilómetros. En cambio, en el momento al cual nos estamos refiriendo, es probable que la ciudad natal de Abraham se encontrara en la costa, cerca del punto donde el río Eufrates vertía sus caudalosas aguas en el mar.

En aquellos tiempos, Ur era una ciudad grande y floreciente que se alzaba junto al mar, dueña de flotas de embarcaciones que navegaban junto a la costa del océano Indico, repletas de productos de su rica y fértil tierra.

La cosecha de cereales era maravillosamente abundante y los datileros alcanzaban un tamaño extraordinario, por lo que pagaban ricamente la ardua labor de los agricultores; los granados, los manzanos, las vides y los tamariscos crecían silvestres. Caldea era una extensa y verde franja de tierra cultivable, que podía atraer y mantener una vasta población. Era especialmente apropiada para el establecimiento de las tribus que se dedicaban a apacentar ganado y necesitaban grandes extensiones de pastizales.

Estos descendientes de Cam eran terriblemente *idólatras*. En aquella atmósfera clara y transparente, los astros luminosos brillaban con un fulgor extraordinario, seduciendo a los caldeos primitivos a entregarse a un sistema de adoración de la naturaleza que pronto llegó a identificarse con ritos paganos, corrupción e impureza. Era evidente la necesidad de adoptar medidas inmediatas para detener el avance de aquella degeneración moral y salvar a la humanidad. Este proyecto únicamente podía ser realizado por Aquel que más tarde, con énfasis majestuoso, dijo: "Antes que Abraham fuese, YO SOY." El realizó sus propósitos en aquel entonces, como tantas veces lo ha hecho después, *escogiendo para sí* a un hombre, para poder obrar a través de él y su descendencia, después de que fueran totalmente purificados y preparados, El podría obrar en la raza humana caída, llamarla de nuevo para sí, y elevarla por medio de una palanca moral cuyo punto de apoyo se hallaba fuera de ella.

Habían transcurrido desde el diluvio cuatro siglos, en los cuales se produjeron muchas migraciones. Los hijos de Jafet se habían extendido al norte para poblar Europa y Asia y sentar las bases de la gran familia indoeuropea. Los hijos de Cam se movilizaron hacia el sur, por las fértiles planicies de Caldea. Allá, bajo la dirección del poderoso Nimrod, edificaron ciudades de barro cocido, levantaron templos de los cuales todavía quedan restos y cultivaron las artes de la vida civilizada a un nivel desconocido en el resto del mundo. Se dice que eran muy avanzados en matemáticas y astronomía, en la industria textil, en metalurgia y en el engaste de piedras preciosas. Además, guardaban sus ideas escritas en tabletas de arcilla.

Sucedió que, entre los colonizadores descendientes de Cam se encontraba una familia de los hijos de Sem. Este clan, bajo la dirección de Taré, se había establecido en los ricos pastizales de las afueras de Ur. Para ellos, las ciudades amuralladas, las artes de la civilización y el tráfico comercial tenían muy poca atracción. Constituían una tribu de pastores y habitaban en tiendas o en aldeas de construcción ligera. Además, si verificamos la predicción de Noé, (Génesis 9:26), podremos creer que su vida religiosa era más noble y pura que la de aquellos entre quienes se encontraban.

Sin embargo, el virus de la desmoralización muy pronto empezó a producir efecto. La asociación íntima de esta familia semítica con las prácticas abominables e idolátricas de los hijos de Cam manchó la pureza y la sencillez de su fe original. Es totalmente seguro que se hallaba muy avanzado un sutil proceso de decadencia moral que los rebajaba al nivel de vida de sus vecinos.

En este ambiente nació Abraham y en él se desarrolló hasta su edad adulta. No obstante, desde el principio de su vida, si es que podemos dar crédito a las tradiciones que circulaban en el lenguaje común del inmutable oriente, Abraham se manifestó en abierta y comprometida oposición a las costumbres paganas que lo rodeaban, no sólo en el vecindario sino también en la propia casa de su padre. Se negaba a inclinarse frente al fuego cuando el monarca lo ordenaba, aunque el castigo fuera el martirio. Así que, desde muy temprano, empezó a desprenderse de la cantera del paganismo, como preparación para que fuera tallado y se convirtiera en un pilar de la casa de Jehová.

No se dice nada de esto en las Escrituras, pero no hay nada en ellas que lo niegue tampoco. La madurez de carácter, la fe y la presta obediencia de este hombre desde que tenemos las primeras noticias de él, nos convencen de que tiene que haber existido un largo período de preparación previa a través de fuertes pruebas y dificultades.

Por fin, el Dios de la gloria se le apareció. En qué forma se manifestó a él la gloria de Jehová, no lo podemos imaginar, pero debemos admitir que hubo algunas manifestaciones externas que marcaron un histórico punto de referencia en la vida de Abraham y le proporcionaron la base irrefutable de su fe para el resto de su vida. La visión celestial vino acompañada de un llamamiento divino, semejante al que ha llegado a los corazones leales a lo largo de las distintas generaciones del mundo, para invitarlos a dirigirse a su verdadero destino y tomar su lugar en la regeneración del mundo: "Vete de tu tierra y de tu parentela, y de la casa de tu padre, a la tierra que te mostraré" (Génesis 12:1).

Es imposible decir en manos de quiénes pueden caer estas palabras. De jóvenes que viven entre los impíos campesinos en las plantaciones de té en la India, o de las zonas semisalvajes de Australia. De marineros a bordo de un barco, o de soldados en un campamento. De personas que confiesan solitarias a Cristo en medio de sociedades viciosas y mundanas donde todo contribuye al debilitamiento, y nada al fortalecimiento de un espíritu que está dispuesto, pero es débil. ¡Todos ellos deben tomar nuevos ánimos! Se encuentran viajando por una senda ya muy transitada, en la cual los más nobles representantes de la humanidad los han precedido.

Uno de los síntomas que aparecen al caminar por este sendero es la soledad. Ese fue el tipo de soledad que presionó duramente el corazón de Jesús, pero se trata de una soledad que garantiza la compañía divina (vea Juan 8:16, 29; 16:32).

No se desespere respecto al futuro del mundo. Dentro de él mismo surgirán aquellos que han de elevarlo a un nuevo nivel. Son muchos los Saulos que se preparan en el seno del Sanedrín; muchos Luteros se encuentran en los claustros de la Iglesia; muchos hombres como Abraham se hallan aún bajo la sombra de los grandes templos paganos. Dios sabe dónde hallarlos. Y cuando los tiempos sean más desesperados, ellos conducirán huestes de espíritus peregrinos, tan incontables como las arenas que están a la orilla del mar, o como las innumerables estrellas y nebulosas que llenan el ilimitado espacio sideral.

2

EL LLAMAMIENTO DIVINO
Génesis 12:1, 2

Mientras vivía en Ur, oponiéndose a la idolatría de su época, con toda su secuela de males y, de acuerdo con la tradición, sufriendo terribles persecuciones por obedecer a su conciencia, "el Dios de la gloria apareció a nuestro padre Abraham. . . y le dijo: Sal de tu tierra y de tu parentela, y ven a la tierra que yo te mostraré" (Hechos 7:2, 3).

Cuándo le vino esta aparición divina, no lo sabemos; pero repentinamente una gran luz celestial resplandeció en derredor de Abraham; una forma visible apareció en el centro de la gloria y una voz audible le hizo percibir en forma oral el mensaje del cielo. Dios no habla de esa forma con frecuencia. No obstante, es innegable que sigue hablando en el silencio del espíritu que espera y escucha, haciéndole sentir su voluntad al decirle: "Sal." ¡Escuche esa voz en lo íntimo del santuario de su corazón!

Esta misma voz se ha escuchado con mucha frecuencia desde aquella ocasión. "Salid de en medio de ellos, y apartaos, dice el Señor, y no toquéis lo inmundo; y yo os recibiré" (2 Corintios 6:17). ¿No ha escuchado este llamamiento? Sería muy extraño que no. Pero si lo ha escuchado, no permita que nada estorbe su obediencia; levante su tienda y diríjase a donde el Dios de la gloria le indique. Reconozca en la palabra "ven" que El va siempre delante y que si quiere tener su divina compañía, debes seguirlo.

1. **Este llamamiento incluía penalidades.** A Abraham no le fue cosa fácil abandonar su campamento, desprenderse de sus conocidos y de sus seres queridos y dirigirse a una tierra que él no conocía todavía.

Así debe ser siempre. Debemos estar dispuestos a tomar nuestra cruz cada día si queremos seguir por la senda que El nos señale. Cada paso de avance verdadero en la vida de piedad, tiene su propio altar en el cual tenemos que ofrendar una parte preciosa de nuestra propia vida.

La verdad es que las bendiciones que nos aguardan serán una compensación mayor que la merecida por los sacrificios que podamos hacer. Esta es la verdadera técnica utilizada por Dios para separar con claridad y exactitud la paja del trigo. Hay muchos que no son capaces de soportar una prueba tan fuerte y que nos escudriñe tan profundamente en sus demandas. Son como Flexible, el personaje del conocido libro *El progreso del peregrino*: abandonan el pantano del desaliento por el lado más próximo a su casa. Como el joven rico, se alejan tristes de Aquél a quien habían acudido con urgencia. ¿Será este su propio caso?

No puede haber algo más claro que esto: en estos tiempos de crisis, Dios está llamando de manera muy concreta a toda la Iglesia para que realice un gran movimiento de avance.

2. Este fue un llamamiento evidentemente sabio. Fue sabio para *Abraham mismo*. No hay nada que pueda fortalecernos tanto como la separación y el trasplante. Si un joven emigra, es colocado en una posición de responsabilidad o se le deja que se defienda con sus propios recursos, llegará a desarrollar capacidades de las cuales no habría existido ni rastro si se hubiera quedado toda la vida en casa, dependiendo de otros. Bajo la presión de las exigencias saludables, su alma pondrá en acción todo su vigor natural.

Lo que es cierto de las cualidades naturales del alma, es también preeminentemente cierto de la fe. Mientras permanezcamos inertes y reposados en medio de las circunstancias más favorables y tranquilas, la fe dormirá dentro de nosotros como un músculo atrofiado. En cambio, cuando nos vemos sacados de estas circunstancias, sin poder acudir más que a Dios, entonces la fe crece a pasos agigantados y se hace el principio rector de la vida, resistente como un cable de acero y fuerte como un roble.

Mientras el ave se entretenga dando vueltas alrededor del nido, nunca disfrutará del placer de volar. Mientras el muchacho se quede a la orilla o sólo llegue hasta donde puede tocar el fondo con las puntas de los pies, no podrá experimentar el éxtasis de batirse con las olas del mar. Abram nunca hubiera llegado a ser Abraham, el padre de los creyentes, el poderoso ejemplo de la fe, si se hubiera quedado a vivir toda su vida en Ur. No; él necesitaba arriesgarse a salir rumbo a lo nuevo y desconocido, para que su fe se pudiera elevar hasta sus más gloriosas dimensiones en su alma.

Es probable que no nos sea necesario separarnos de nuestro hogar y de nuestros amigos; pero tendremos que quitar de nuestro corazón la dependencia más profunda de todo apoyo y sostenimiento terrenal, si queremos llegar a saber algún día lo que significa confiar única y absolutamente en el Dios eterno.

El llamamiento fue sabio *para el bien del mundo.* Sobre este solo hombre descansaba la esperanza del futuro del mundo. Si él hubiera permanecido en Ur, sería imposible decir si hubiera podido permanecer fiel, o si hubiera sido seriamente infectado por la idolatría que lo rodeaba. ¿No fue sabio, entonces, que fuera desprendido de su hogar y de todas sus relaciones terrenales, para encontrar un nuevo punto de partida religioso para la raza humana?

Es imposible que nos libremos de la influencia de nuestro mundo si vivimos bajo la presión del mismo; pero cuando nos hayamos levantado para salir, en obediencia al llamado de Dios, y ya nos hallemos fuera de su dominio, podremos reaccionar en su contra con un poder irresistible. Arquímedes se jactaba de que sería capaz de mover al mundo si le permitían contar con un punto de apoyo que se hallara fuera del mismo, para usar una palanca. Así que no se sorprenda si Dios le manda salir del mundo para que forme parte de su pueblo escogido y manifestar a través de usted su maravilloso poder en este gran mundo de los humanos.

3. Este llamamiento se hizo acompañar de una promesa. Las órdenes de Dios no siempre van acompañadas de razones, pero sí las acompañan promesas, sean expresas o sobreentendidas. Así como la cáscara encierra la nuez, de la misma manera los mandatos divinos albergan en su corazón las promesas de nuestro Dios. Si el mandato dice: "Cree en el Señor Jesucristo", la promesa es: "Serás salvo". Si el mandato es "dejar padre, madre, casa y posesiones"; la promesa es: "Tendréis cien veces más aquí, y después la vida eterna". Si el mandato es: "Salid de en medio de ellos", la promesa es: "Yo os recibiré, y seré vuestro Dios". Así ocurrió en este caso: Aunque no tengas hijos, haré de ti una nación grande; aunque tengas que alejarte de tu propia familia, en ti serán benditas todas las familias de la tierra. Cada una de estas promesas se ha cumplido al pie de la letra.

Las dificultades y sacrificios por los que hay que pasar a causa del llamamiento, parecen imposibles de soportar; sin embargo, estudie las promesas que lo acompañan. A medida que la "ciudad que tiene fundamentos" vaya asomando en el horizonte, irá empequeñeciendo las proporciones de aquella Ur en que había transcurrido su vida anterior. Entonces sentirá el impulso de levantarse y obedecer.

Francisco de Sales acostumbraba decir: "Cuando una casa se está quemando, sus ocupantes están dispuesto a arrojarlo todo por las ventanas; cuando el corazón está lleno del verdadero amor de Dios, los hombres consideran que todas las demás cosas carecen por completo de valor."

4. Este llamamiento nos muestra el significado de la elección. Dondequiera nos encontramos con seres y cosas mejor dotados que otros de la misma clase. Al principio surge cierto disgusto al pensar en la desigualdad de las disposiciones divinas, hasta que llegamos a comprender que la especialidad condedida a unos pocos tiene la intención de capacitarlos para que ayuden y bendigan mejor a los demás. "Te bendeciré y serás bendición."

¿No es esto una indicación de la voluntad de Dios al elegir a Abraham, y en él a toda la familia de Israel? No se trataba tanto de la salvación de ellos, aunque ésta estuviera incluida. Fueron elegidos para que transmitieran a otros las santas enseñanzas y los oráculos que Dios les encomendaría. Era necesario que algunos aprendieran bien primero ciertas definiciones y medios de expresión, y después de aprenderlos, pudieran convertirse en maestros de la humanidad. No hay razón para sentir celos de los escogidos de Dios.

Ellos son los exiliados, los que cargan su cruz, los mártires entre los hombres; pero no les preocupa lo que pueda ocurrirles a ellos, sino que tratan de aprender las lecciones más profundas de Dios, separados de las sendas por donde transitan los demás. Entonces, cuando se dirigen al mundo, les testifican a los hombres acerca de lo que han descubierto en Dios, que sobrepasa todo entendimiento humano y es de incalculable valor para la vida.

5. Este llamamiento es la clave de la vida de Abraham. Fue como un llamado de clarín que sonó al principio mismo para continuar vibrando a lo largo de su historia. La clave de la vida de Abraham es la palabra "separación". El fue, desde el principio hasta el final, un hombre separado. Separado de su tierra y de su parentela; separado de Lot; separado, como peregrino y extranjero en la región donde vivía; separado del resto de la humanidad debido a sus sufrimientos, que lo condujeron a una relación tan íntima con Dios, como nunca hombre alguno la ha tenido; separado para participar de una preciosa y sublime asociación en aquellos planes e ideales que Dios no pudo ocultarle.

¡Quiera Dios que nosotros también podamos experimentar una separación como la de Abraham; que podamos escuchar el divino llamamiento, irradiado por las promesas de Dios, y que al oír hablar de esa hermosa tierra, de esa ciudad gloriosa y de todos los goces divinos que nos aguardan, seamos capaces de abandonar y olvidar gustosamente todas las cosas terrenales y corruptas que nos han cautivado por tanto tiempo, arruinando nuestra paz y menoscabando nuestras energías! ¡Que levantemos nuestras tiendas para obedecer al llamado de Dios, aunque El nos ordene dirigirnos a un lugar desconocido!

3

"ABRAHAM OBEDECIÓ"
Hebreos 11:8

¡Cuánto significado encierran esas dos palabras! Si Abraham se hubiera negado continuamente a obedecer a la voz divina que le ordenaba emprender su largo y solitario peregrinaje, hubiera tenido que terminar en la oscuridad de una tumba desconocida en la tierra de Ur, como les ha ocurrido y les seguirá ocurriendo a tantos orientales. En cambio, gracias a Dios, Abraham obedeció y, con ese acto, puso la primera piedra de los cimientos sobre los cuales se alzaría la noble estructura de su vida.

Es posible que lea estas palabras alguien cuya vida no ha sido más que desengaños y tristes sorpresas. No ha podido ver realizada la promesa de su juventud. ¿No cree que esto pueda deberse a que esuchó la voz de mando en algún momento en su pasado, llamándolo a un acto de sacrificio personal, y se negó a obedecer? Ese pudo ser su error fatal.

¿No sería bueno averiguar si eso es así, regresar a ese momento y realizar lo que ha venido postergando, si es posible todavía? "El es clemente y misericordioso; lento para la ira, y grande en misericordia." No utilice su demora como argumento para seguir demorando, sino como razón para actuar inmediatamente. "¿Por qué te detienes?" (Hechos 22:16).

Abraham, según la historia, al principio recibió su llamamiento divino con actitud indecisa y obediencia parcial, y por muchos años se olvidó de él completamente. Sin embargo, la puerta se mantuvo abierta para que él entrara y la bondadosa mano de Dios seguía alentándolo, hasta que levantó sus tiendas y emprendió su largo viaje a través del desierto con todo el entusiasmo y la energía de que era capaz. Este fracaso parcial está lleno de valiosísimas lecciones para nosotros.

1. Al principio, la obediencia de Abraham fue parcial solamente. Se llevó consigo a Taré. Realmente se dice que "tomó Taré a Abraham su hijo, y a Lot hijo de Harán, y Sara su nuera; y salieron de Ur de los caldeos" (Génesis 11:31). Cómo fue que Taré decidió dejar la tierra de su predilección y las tumbas de sus muertos, donde descansaban los restos de su hijo Harán, no lo sabemos. En realidad él nunca manifestó mucho interés en el traslado de la familia, y sus aspiraciones manifestaban indecisión y confusión; además, su presencia a lo largo del trayecto produjo un efecto desastroso, puesto que retardó la marcha de Abraham e interpuso un paréntesis de varios años en el cumplimiento de una obediencia cuyo primer impulso había sido tan prometedor.

El clan avanzó lentamente a través del valle del Eufrates, donde abundaban los pastizales y las fértiles praderas, hasta que por fin llegó a Harán, el punto desde el cual partían las caravanas que se dirigían a Canaán a través del desierto. Allí acamparon y permanecieron hasta la muerte de Taré. ¿Se debió esto a que el anciano se encontraba muy cansado para seguir la jornada? ¿Le gustó tanto Harán, que no deseaba abandonarla? Cualquiera que haya sido la razón, la familia no siguió adelante en su peregrinación y probablemente, la obediencia de Abraham estuvo detenida por un período de quince años. Durante todo aquel tiempo, no hubo más órdenes ni promesas, ni santa comunicación entre Dios y su hijo Abraham.

"Y de allí, muerto su padre, Dios lo trasladó a esta tierra" (Hechos 7:4). Tenía que morir Taré para que Abraham pudiera reanudar la marcha por la ruta abandonada. Aquí quizá podamos hallar una solución a los misterios que a veces se nos presentan en las distintas maneras en que Dios trata con nosotros; quizá esto nos ayude a entender por qué no se realizan todas nuestras aspiraciones; por qué se trastornan nuestros planes, nuestros ingresos decaen y nuestros hijos se vuelven contra nosotros. Todas estas cosas han venido estorbando nuestro desarrollo y nuestro progreso en la vida cristiana; hasta que, por su misericordia y para nuestro bien, aunque no lo comprendamos, Dios nos deja libres de todo estorbo.

2. La obediencia de Abraham fue posible solamente por la fe.
"Tomó, pues, Abraham a Sarai su mujer, y a Lot hijo de su hermano, y todos sus bienes que habían ganado y las personas que habían adquirido en Harán, y salieron para ir a tierra de Canaán" (Génesis 12:5). Eso no era cosa fácil. Por la noche, mientras Abraham se paseaba, observando el firmamento y las estrellas, es probable que se sintiera desesperado y con inclinación a desistir del viaje; pero, la promesa firme de Dios venía a su memoria, y entonces se sentía obligado a obedecer. "Por la fe Abraham, siendo llamado, *obedeció* para salir al lugar que había de recibir como herencia" (Hebreos 11:8). Los detalles del viaje no los sabía; pero le era suficiente saber que Jehová Dios estaba con él. No se estaba apoyando en la promesa, sino en Dios, que se la había hecho. No tenía la vista fija en las dificultades, sino en el Rey de los siglos, inmortal, invisible, el único y sabio Dios, que le había marcado el camino y, sin lugar a dudas, iría con él hasta el fin.

Así fue como la caravana inició de nuevo el camino. Los camellos con sus grandes cargamentos; los rebaños, cuyos balidos y gritos cundían el ambiente; las mujeres orientales, con una actitud de tristeza ante la sentimental despedida de parte de sus familiares y la gente de su tierra; y el presentimiento de la posibilidad de peligros y desastres. Es probable que Sara se sintiera triste y manifestara cierta renuencia ante la incertidumbre de la nueva jornada. En cambio, Abraham no vacilaba en nada. No se le veía manifestar sombra alguna de duda o incredulidad. Estaba "plenamente convencido de que [Dios] era también poderoso para hacer todo lo que había prometido".

¡Qué fe tan gloriosa! Una fe activa; una fe con grandes posibilidades; la firme decisión de emprender la marcha con las órdenes selladas, que era señal de una confianza inconmovible en el amor y la sabiduría del altísimo y soberano Dios que lo había llamado. Una actitud voluntaria y decidida que lo llevaba a levantarse, dejarlo todo y seguir al Señor, absolutamente seguro de que lo mejor de esta tierra no se compara ni siquiera con las más pequeñas cosas del cielo.

3. Finalmente, la obediencia de Abraham fue total. "Salieron para ir a tierra de Canaán; y a tierra de Canaán llegaron" (Génesis 12:5). Por muchos días, después de dejar la tierra de Harán, lo único que podían contemplar con su fatigada vista era la monotonía del interminable desierto. Los camellos dejaban impresas en la blanca arena las marcas de sus pisadas, mientras que los rebaños se alimentaban escasamente con la amarillenta hierba que hallaban esparcida por el camino.

Hubo un solo punto en el cual los peregrinos pudieron detener su marcha. En el oasis donde se alza hoy la ciudad de Damasco, existía en aquel entonces un lugar cómodo y acogedor que invitaba a los viajeros a detenerse y descansar. Una aldea adyacente a Damasco lleva hasta el día de hoy el nombre del patriarca. También se encuentran trazos de la efímera estadía de Abraham en este lugar en el nombre de su siervo preferido y de confianza, el damasceno Eliezer, a quien hemos de referirnos más adelante.

No obstante, Abraham no intentó establecerse en Damasco. No podía sentir que aquel fuera el lugar que Dios había escogido para él y su familia. Por lo tanto, pronto lo vemos nuevamente en marcha hacia Canaán, adonde deseaba llegar lo más pronto posible. Nuestro principal objetivo en la vida debe ser seguir siempre la voluntad de Dios y andar por la senda que El ha dispuesto para nosotros. Las cosas marchan bien cuando el peregrino, cuya morada permanente es el cielo, obedece de manera meticulosa las extremas demandas de Dios. Si usted se dirige en este momento hacia la tierra de Canaán, no se detenga hasta llegar a ella. Cualquier actitud de desobediencia

deja totalmente sin valor todo lo que se haya hecho previamente. El
Señor Jesucristo ha de tenerlo todo, o nada; y todas sus demandas
deben ser acatadas al pie de la letra. No tienen nada de imposibles.
Por lo tanto, obedezca a Cristo sin demora y sin reservas,
convencido de que si le ordena andar por el valle de la muerte, no
será por equivocación, sino más bien por alguna legítima y justa
razón, la cual no le permite tratarlo de otra manera, y para la cual
también tendrá una explicación mucho antes de lo que se imagina.

4

LOS PRIMEROS PEREGRINOS
Génesis 12:4-9

A través de toda la historia de la humanidad, siempre ha existido
en una sucesión sagrada e ininterrumpida, un grupo de hombres y
mujeres los cuales han confesado que son peregrinos y advenedizos
sobre la tierra. En ocasiones, han tenido que vivir apartados de los
demás seres humanos en los desiertos y las montañas, morando
entre las rocas y las cavernas de la tierra. Con mayor frecuencia se los
encuentra por las plazas y los mercados, y también por las casas,
distinguiéndose del resto de la gente por su humilde vestimenta, su
control y dominio sobre los apetitos y los deseos de la carne, su poco
interés por las posesiones materiales, su indiferencia hacia los
elogios, las opiniones y el aplauso del mundo que los rodea y la
mirada profunda pero inocente que vislumbran sus ojos, evidencia
de que sus afectos se centran, no en las cosas transitorias de la tierra,
sino en las realidades eternas que, por encontrarse detrás del velo de
lo visible, solamente pueden ser comprendidas por la fe.

Estos son los peregrinos. Para ellos las molestias y dificultades de
la vida no son tan aplastantes ni tan difíciles de sobrellevar, porque
todo esto no puede tocar sus verdaderos tesoros, ni afectar sus más
profundos intereses. Son un pueblo que pertenece a un ámbito más
sublime. Un peregrino no tiene mayor anhelo que transitar lo más
pronto posible la ruta señalada y llegar a su hogar permanente, para
lo cual se empeña en cumplir sus deberes, satisfacer las demandas y
ser fiel a las responsabilidades que pesan sobre él, pero siempre
consciente de que no tiene aquí ciudad permanente, sino que espera
la que ha de venir.

El apóstol Pedro escribió su primera carta a "los expatriados de la
dispersión" (1 Pedro 1:1), recomendándoles "como a extranjeros y
peregrinos" que se abstuvieron de los deseos de la carne. Mucho
tiempo antes de esto, en la edad de oro de la prosperidad de Israel,

David, en nombre de su pueblo, confesó que ellos eran extranjeros y peregrinos como lo habían sido sus padres.

Veíamos cómo el patriarca continuaba su marcha hacia el sur, dirigiéndose a la Tierra Prometida, sin establecer residencia en ningún lugar hasta llegar a Siquem, en el corazón mismo del sitio donde nuestro Salvador, veinte siglos más tarde se sentó a descansar junto al pozo. En los tiempos de Abraham no había allí ninguna ciudad ni aldea. La región estaba muy poco poblada. El único punto de referencia en ese lugar era el venerable encinar de More. Fue allí, a la sombra de los árboles del valle, donde Abraham levantó su tienda; y allí también donde terminó por fin el largo silencio, un silencio que había durado desde su primer llamamiento en Caldea. "Y apareció Jehová a Abraham, y le dijo: A tu descendencia daré esta tierra. Y edificó allí un altar a Jehová, quien le había aparecido" (Génesis 12:7).

Sin embargo, no se quedó allí por mucho tiempo, sino que prosiguió un poco adelante, hasta un lugar situado entre Bet-el y Hai, donde había una llanura extensa y bella que constituía uno de los mejores lugares de pastos de esa región.

Tres cosas pueden atraer nuestra atención en este lugar: la tienda, el altar y la promesa.

1. La tienda. Abraham debe haber tenido unos setenta y cinco años de edad cuando salió de Harán. Cuando murió, tenía ciento setenta y cinco años (Génesis 25:7). Todo ese siglo intermedio lo pasó mudándose de un sitio a otro y habitando en una sencilla tienda, hecha probablemente de pelo de camello. Esa tienda no era más que un perfecto símbolo del espíritu del patriarca.

Abraham se mantuvo siempre apartado de la gente que poblaba aquellos lugares. No se quedó a vivir en un solo lugar, sino que estuvo trasladándose constantemente de un lugar a otro. La tienda, cuya estructura no requería de cimientos y que podía ser plantada y desarmada en una media hora, era el mejor símbolo de su estilo de vida.

Hasta el final de su vida, Abraham habitó en tiendas. De una tienda sacaron sus restos mortales para que reposaran junto a los de Sara en la cueva de Macpela. "Por la fe habitó como extranjero. . . morando en tiendas. . . porque esperaba la ciudad que tiene fundamentos" (Hebreos 11:9, 10). Morar en tiendas es algo típico de aquellos que saben que su herencia está más allá de las estrellas.

Es cosa de primordial importancia que los hijos de Dios lleven este tipo de vida de separación, como testimonio ante el mundo. ¿Cómo nos puede creer la gente cuando hablamos de nuestra esperanza, si ésta no es capaz de desprendernos de la entrega excesiva a las cosas que nos rodean?

No debemos seguir así. Muchos cristianos profesantes se encuentran muy involucrados en los negocios de la vida, en los placeres, en la lujuria y en la autocomplacencia. Hay muy poca diferencia entre los hijos del reino y los hijos del mundo.

¿Cómo podemos cambiar este estado de cosas? ¿Debemos pronunciarnos en contra de la forma de vida actual? ¿Debemos criticar la mundanalidad de nuestros tiempos? Esto no basta para lograr una corrección permanente. Sería mejor que pensáramos en los maravillosos colores y elementos de los que está hecha la ciudad que vio Juan. Descubramos por la fe las glorias del mundo que esperamos, y seguramente habrá cambios profundos en muchas vidas. Estos harán que surja una verdadera separación respecto del mundo, para llevar un tipo de vida que sacuda a los demás con la realidad de lo invisible, como ningún sermón lo podría hacer por elocuente y erudito que fuera.

2. El altar. Dondequiera que Abraham plantara su tienda, allí también levantaba un altar. Mucho tiempo después de que la tienda había sido quitada, el altar de piedra aún permanecía allí, como un testimonio mudo de que allí había habitado este gran hombre de Dios.

Recordemos también que el altar significa sacrificio, holocausto. Es decir, la ofrenda completamente quemada, la negación de sí mismo y la rendición total. En este sentido, el altar y la tienda deben siempre marchar juntos. No podemos llevar la vida peregrina de la tienda sin tener que experimentar algo de dolor, tal como lo sugiere la idea del altar. De este tipo de vida es de donde surgen la entrega más intensa, la fraternidad más profunda y la comunión más bienaventurada.

Si usted reconoce que su oración privada ha sido estorbada últimamente, quizá sea porque no ha vivido lo suficiente el tipo de vida peregrina, "morando en tiendas". Todo lo que tiene que hacer es confesar que usted es peregrino y advenedizo sobre la tierra. Entonces hallará placentero y natural el invocar el nombre de su Dios. No se dice en las Escrituras que Abraham haya erigido un altar durante el tiempo que permaneció en Harán. Esto fue porque no pudo estar en comunión con Dios mientras se encontraba en un estado de desobediencia al mandato que Dios le había dado.

En el altar de Abraham, él no era el único que adoraba a Dios. En ocasiones, toda la familia del patriarca se congregaba allí para participar de la adoración en común. "Porque yo sé," dice Dios, "que mandará a sus hijos y a su casa después de sí, que guarden el camino de Jehová" (Génesis 18:19). Aquel en quien serían benditas todas las familias de la tierra, practicó la religión familiar. En esto, Abraham constituye un elocuente ejemplo que debiera ser imitado por muchos cristianos cuyo hogar carece de altar familiar.

3. **La promesa.** "A tu descendencia daré esta tierra" (Génesis 12:7). Tan pronto como Abraham empezó a actuar en obediencia a las órdenes de Dios, esta nueva promesa resonó en sus oídos. Así es siempre. El que desobedece a Dios se encuentra muy pronto transitando por una senda oscura y tenebrosa, sin una sola estrella que lo ilumine. Empieza a obedecer y vivir de acuerdo con las demandas que Dios hace en su Palabra, y pronto comienzan a resplandecer desde el cielo promesas de triunfo y bendición que iluminan los pasos del creyente, haciéndolos cada vez más firmes y llenos de sentido. La vida peregrina y separada siempre se va llenando de promesas.

No existían probabilidades naturales de que la promesa llegara a realizarse, porque "el cananeo estaba entonces en la tierra" (Génesis 12:6). Fuertes caudillos como Mamre y Escol; ciudades florencientes como Sodoma, Salem y Hebrón, los elementos de la civilización se encontraban allí. Los cananeos no eran tribus nómadas. Eran pueblos que se habían establecido y habían echado raíces. Su poderío aumentaba cada vez más, y parecía imposible que llegara el momento en que pudieran ser derrotados y desposeídos por la descendencia de un pastor de ovejas que no tenía hijos.

No obstante, Dios lo había prometido así; y así exactamente ocurrió. Yo no sé qué promesa estará iluminando su vida con una aureola de esperanza. De una cosa puede estar seguro, y es que si usted cumple las condiciones y vive de acuerdo con sus demandas, dicha promesa se cumplirá en forma literal y maravillosa. No ponga la vista en las dificultades ni en las imposibilidades. Cada promesa traerá nueva luz y esperanza a su vida.

5

"Y DESCENDIÓ ABRAM A EGIPTO"
Génesis 12:10

La senda de los escogidos nunca puede ser fácil. Por lo tanto, es una vida que sólo se puede vivir por fe. Cuando esa fe es fuerte, osamos desatarnos de las amarras que nos unen a la orilla y lanzarnos a aguas profundas, confiados sólo en la palabra y la persona de Aquél a cuyas órdenes navegamos. En cambio, cuando la fe es débil, no nos atrevemos a hacerlo; dejando la senda que lleva a las cimas espirituales, nos congregamos con los hombres mundanos, que tienen su porción en esta vida, y que sólo con eso se contentan.

1. **"Era grande el hambre en la tierra."** ¿Hambre? ¿Hambre en la Tierra Prometida? Para un extranjero en tierra extraña, rodeado de gente hostil y suspicaz, cargado con la responsabilidad de alimentar vastos rebaños y recuas de ganado, no era un asunto trivial encararse con la repentina devastación que produce el hambre.

¿Era esto una evidencia de que Abraham se había equivocado al venir a Canaán? Felizmente, la promesa que había recibido poco antes le prohibía contemplar tal posibilidad. Y esta puede haber sido una de las razones principales por las cuales le había sido dada. Aquella promesa no era sólo una recompensa por el pasado, sino también una preparación para el futuro; para que el hombre de Dios no pudiera ser tentado más allá de lo que era capaz de soportar. No se sorprenda si tiene que afrontar un "hambre" como aquella. Esto no quiere decir que su Padre esté enojado, sino que permite que vengan las dificultades para probarlo, o para que sus raíces profundicen más aún, como el torbellino hace que el árbol penetre con sus raíces más adentro en el suelo.

2. **"Y descendió Abram a Egipto para morar allá."** En el lenguaje figurado de las Escrituras, Egipto significa la alianza con el mundo y la confianza en un brazo humano; en un débil aliado. "¡Ay de los que descienden a Egipto por ayuda, y confían en caballos; y su esperanza ponen en carros, porque son muchos, y en jinetes, porque son valientes; y no miran al Santo de Israel, ni buscan a Jehová!" (Isaías 31:1).

En la historia del pueblo hebreo hubo ocasiones en que Dios mismo les permitió a sus siervos buscar un asilo temporal en Egipto. Mientras Jacob estaba detenido por la indecisión en los confines de Canaán, queriendo ir a ver a José, pero temeroso de repetir los errores del pasado, Jehová le dijo: "Yo soy Dios, el Dios de tu padre; no temas de descender a Egipto, porque allí yo haré de ti una gran nación. Yo descenderé contigo a Egipto" (Génesis 46:3, 4). Muchos años después, el ángel del Señor se le apareció a José en sueños y le dijo: "Levántate, y toma al niño y a su madre, y huye a Egipto" (Mateo 2:13).

En cambio, parece que Abraham no recibió tal dirección divina. Actuó sencillamente según su propio juicio. Fijó la vista en las dificultades. Se asió al primer medio de liberación que se le presentó, como el que está a punto de perecer ahogado y se agarra de una tabla. De este modo, sin tomar el consejo de su Protector celestial, Abraham descendió a Egipto.

¡Qué error tan fatal, y cuántos lo cometen todavía! Aunque sean verdaderos hijos de Dios, en un momento de pánico adoptan para liberarse ellos mismos unos métodos de los que podemos decir que son, cuando menos, dudosos. Hay mujeres cristianas que se precipitan a casarse con enemigos de Dios, para que éstos las saquen de alguna dificultad económica. Hay negociantes cristianos que admiten socios contribuyentes en sus empresas, aunque sean impíos, por amor al capital que traen consigo. ¿Qué es esto, sino descender a Egipto en busca de ayuda?

Hubiera sido mucho mejor que Abraham le entregara la responsabilidad a Dios y le dijera: "Tú me has traído hasta aquí, y ahora necesito que te encargues de proveer lo que necesitamos los míos y yo; aquí me quedo hasta que sepa claramente lo que quieres que haga." Si usted se halla ahora en una posición de extrema dificultad, ponga a Dios entre usted y los desastres que lo amenazan. Eche toda la responsabilidad sobre El. ¿No es El mismo quien lo ha llevado hasta esas dificultades, para tener la oportunidad de fortalecerlo en la fe, mediante una prueba ejemplar de su poder? Espere solamente en el Señor y confíe en El; su nombre es Jehová-jireh; El proveerá (Génesis 22:8, 14).

3. Los pecados van encadenados unos a otros. Cuando Abraham perdió la fe y descendió a Egipto, también perdió su valor, y persuadió a su esposa para que dijera que era su hermana. El había oído hablar de la corrupción de los egipcios y temió que tal vez le quitaran la vida para apoderarse de Sara, quien a pesar de la edad que había alcanzado, todavía debe haber sido muy hermosa.

Era cierto que Sara era medio hermana de Abraham, pero la intención era mentir, y ciertamente engañó a los egipcios, pues ella fue llevada "a casa de Faraón". Este fue un acto cobarde y malvado de parte de Abraham, quien no podía alegar nada en su defensa. También puso así en peligro la simiente prometida. Esto es lo que sucede; cuando perdemos la fe y nos llenamos de pánico, estamos dispuestos a sacrificar todo lo más precioso que tengamos, con tal de escapar.

Es posible que el mundo nos trate bien (Génesis 12:16), pero esa será una miserable compensación por nuestras pérdidas. En Egipto no hay altares, ni comunión con Dios, ni promesas nuevas; sólo un hogar desolado, y un terrible remordimiento de conciencia. Cuando el hijo pródigo sale de la casa paterna, aunque obtenga un momentáneo placer prohibido, pierde todo lo que le da algún valor a la vida y se rebaja al nivel de los cerdos. En tal caso, el único recurso que queda es desandar lo andado, para "hacer las primeras obras". Como Abraham, salir de Egipto para ir "al lugar del altar que había hecho allí antes" (Génesis 13:4). Este fracaso de Abraham en Egipto nos revela la naturaleza original del patriarca, que no era heroica, y deja ver una vena de duplicidad y engaño, similar a la que con tanta frecuencia reapareció en sus descendientes.

Debemos estar agradecidos de que la Biblia no encubra los pecados de sus más nobles santos. ¡Qué prueba tan grande de su veracidad encontramos aquí, y cuánto nos consuela esto! Si Dios pudo sacar a su gran amigo de un material como éste, ¿no podemos aspirar a un privilegio semejante, aunque también hayamos violado tristemente el supremo llamamiento de la fe? La única cosa que Dios demanda de sus santos es una obediencia absoluta y una rendición total a su voluntad. Donde estos están presentes, Dios aún puede hacer alguien semejante a Abraham, aunque por naturaleza nuestro suelo esté inclinado a la esterilidad y a la producción de malezas.

6

SEPARADO DE LOT
Génesis 13:9

"Subió, pues, Abram de Egipto hacia el Neguev, él y su mujer, con todo lo que tenía, y con él Lot" (Génesis 13:1).

1. ¿Quién era Lot? Era el hijo de Harán, el hermano difunto de Abraham. Probablemente había recibido la herencia de su padre. Parece que era uno de aquellos hombres que siempre van en la dirección correcta, no porque vayan movidos por su obediencia a Dios, sino porque esa es la dirección que llevan sus amigos. Lo rodeaban la inspiración de una fe heroica, la fascinante atracción de lo no experimentado y lo desconocido, la agitación de un gran movimiento religioso; y Lot, arrastrado por la corriente, se decidió a seguir la misma dirección también. Era el "Flexible" del más antiguo "Progreso del peregrino" de que tenemos noticia. Es posible que haya pensado que poseía los mismos anhelos de Abraham, pero era un gran error. El no era más que un eco.

En todo gran movimiento religioso, siempre ha habido — y siempre habrá — un cierto número de individuos que se entregan a él, sin conocer el poder que lo inspira. ¡Cuidado con ellos! No pueden soportar la presión de la vida de separación para Dios. La sola emoción pasajera muy pronto se les disipará y, como no tienen principios espirituales que tomen su lugar, se convertirán en estorbos y perturbadores de la paz. Es tan cierto que están sólo refugiados en el campamento, como que si se les da entrada a sus principios en el corazón, rebajarán el nivel espiritual. Recurrirán a normas mundanas, sugerirán métodos que no se nos ocurrirían si no fuera por culpa de ellos y nos conducirán al "Egipto" del mundo.

Solamente los principios espirituales supremos pueden guiar a alguien a través de la vida real, separada y entregada de los hijos de Dios. Si no es esta su motivación, usted se convertirá primero en tropiezo para los demás, y terminará fracasado. ¡Examínese para ver si está en la fe! ¡Pruébese! Si descubre que está actuando conscientemente movido por razones bajas y egoístas, pídale a Dios que lo inspire con su puro amor. No está mal actuar movido por razones inferiores y moverse en la dirección debida, pero es necesario anhelar lo mejor.

2. La necesidad de la separación. Por su propio bien, Abraham nunca debió haber pensado siquiera en descender a Egipto; en ese caso, en la Biblia se hubiera escrito un párrafo diferente, en el que se describirían las proezas de una fe que había osado permanecer firmemente asida de las promesas de Dios, aun bajo la amenaza del desastre y el acoso del hambre, esperando las órdenes de Dios para trasladarse a otro lugar, o su intervención para hacer posible la estadía. Hay algo en esa visita a Egipto que se asemeja a la vida futura de Lot.

La separación exterior y corporal del mundo de los impíos es incompleta, a menos que vaya acompañada y complementada por la separación interior del espíritu. No basta con salir de Ur, Harán y Egipto. Debemos también librarnos del "Lot" que llevamos dentro. Aunque viviéramos en un monasterio, mientras abrigáramos un principio extraño en nuestro corazón, un "Lot" en nuestra alma, no podría existir esa separación para Dios, que es la condición para el crecimiento de la fe y de todas esas sublimes formas de la verdadera vida que le dan a la tierra apariencias celestiales. Nuestro "Lot" debe marcharse. "Sabed, pues, que Jehová ha escogido al piadoso para sí" (Salmo 4:3). Dios no tolera intrusos dentro de los límites de su propiedad.

¿Es usted una de esas almas que suspiran por la santidad como los ciervos que buscan anhelantes las corrientes de aguas? ¿Ha tenido en cuenta el costo? ¿Puede soportar las fuertes pruebas? La fabricación de un santo no es juego de niños. Hay que separar completamente el bloque de piedra de la cantera de la montaña, antes de que el cincel divino pueda comenzar a darle forma. Se debe echar el oro en el crisol y someterlo al fuego purificador antes que se pueda moldear o martillear para convertirlo en un bello ornamento del Rey.

Debemos estar preparados a morir para el mundo, con sus censuras y alabanzas; a la carne, con sus ambiciones e intrigas; a las delicias de ese tipo de amistad que enfría insidiosamente la temperatura del espíritu; a la vida egoísta, con toda su miríada de manifestaciones exteriores y sutiles; y aun, si es la voluntad de Dios, al gozo y el consuelo de la religión.

Todo esto es imposible para nuestras propias fuerzas. En cambio, si nos rendimos a Dios, nos daremos cuenta de que El, poco a poco, con eficacia y con toda la ternura posible, va desenredando los asfixiantes lazos de las malezas venenosas para llevarnos a una unión de corazones consigo mismo.

Es posible que Abraham ya hubiera sentido el efecto pernicioso de su asociación con Lot, y tal vez anhelara librarse de él, no sabiendo cómo se realizaría esa emancipación. Tal vez usted esté en una situación parecida a ésta. Enredado en una alianza que no puede romper, y su única esperanza es soportarla calladamente hasta que Dios lo ponga en libertad. Esa ocasión llegará al fin, pues Dios tiene reservado para usted un destino tan grande, que ninguno de los dos puede dejar que se pierda, sólo por un obstáculo cualquiera, trivial y pasajero.

3. **Cómo ocurrió la separación.** Los valles de los alrededores de Bet-el, que habían sido bastante adecuados para sus necesidades cuando llegaron a Canaán, eran ahora completamente insuficientes. Los pastores se peleaban siempre por la prioridad en el uso de los pozos y de los pastizales. El ganado se mezclaba continuamente. "La tierra no era suficiente para que habitasen juntos" (Génesis 13:6).

Abraham se dio cuenta en seguida de que no podía dejar que continuara ese estado de cosas, especialmente porque "el cananeo y el ferezeo habitaban entonces en la tierra". Si aquellos belicosos vecinos llegaban a enterarse de las disensiones que había en su campamento, caerían sobre él a la primera oportunidad. Unidos, permanecerían en pie; divididos, serían derrotados. ¡Quiera Dios que la cercanía del mundo tenga el mismo buen efecto de evitar las disensiones y riñas entre los que son hijos de un mismo Padre!

Así fue como Abraham llamó a Lot y le dijo: "No haya ahora altercado entre nosotros dos, entre mis pastores y los tuyos, porque somos hermanos. ¿No está toda la tierra delante de ti? Yo te ruego que te apartes de mí. Si fueres a la mano izquierda, yo iré a la derecha; y si tú a la derecha, yo iré a la izquierda" (Génesis 13:8, 9).

La propuesta era *sabia*. Abraham vio que los disturbios tenían una razón de ser, y que se podrían seguir produciendo problemas similares continuamente. Entonces se fue a la raíz del asunto y propuso la separación.

Su acción fue *magnánima*. Sin lugar a dudas, él tenía derecho a escoger primero, pero renunció a su derecho en interés de la reconciliación.

Sobre todo, su gesto estaba *basado en la fe*. ¿Acaso no se había comprometido Dios a cuidarlo y a darle una herencia? El hombre que está seguro de Dios, puede darse el lujo de desprenderse de las cosas del mundo. Dios mismo es su herencia inalienable, y al tener a Dios, lo tiene todo. Al hombre que se "esfuerza" solo, no le va tan bien a la larga como al que, teniendo el derecho de escoger, se lo entrega a Dios y le dice: "Que los demás escojan ellos mismos si quieren. En cuanto a mí, quiero que seas Tú quien escoja mi herencia."

7

LAS DOS SENDAS
Génesis 13:9

Abraham y Lot estaban de pie sobre una de las cimas cercanas a Bet-el. La Tierra Prometida se extendía delante de ellos como un mapa. En tres direcciones por lo menos, no había mucho que pudiera llamar la atención o cautivar la mirada de un pastor de ovejas. Sus ojos recorrían el perfil de las colinas que escondían a la vista los fértiles valles que se anidaban dentro de su abrazo. Había, no obstante, una excepción a esta monotonía de las colinas hacia el sudeste, donde las aguas del Jordán se esparcían por un amplio valle antes de entrar al mar de la Llanura.

Aun a la distancia, los dos hombres podían discernir la rica exuberancia. Esto impresionó a Lot especialmente; estaba ansioso de conseguir lo mejor para sí y decidido a aprovechar al máximo la oportunidad que la inesperada magnanimidad de su tío le había puesto en el camino.

Pero llegaría el día en que deploraría amargamente su decisión, y le debería todo cuanto tenía al mismo hombre de quien ahora estaba a punto de sacar ventaja.

Lot escogió la llanura. No preguntó qué había escogido Dios para él. Su decisión estaba completamente determinada por la concupiscencia de la carne, la concupiscencia de los ojos y la vanagloria de la vida.

No condenemos demasiado a Lot porque no haya decidido según

las condiciones morales y religiosas del caso, no sea que, al juzgarlo, dictemos sentencia sobre nosotros mismos. Lot no hizo más de lo que hacen todos los días muchos que se llaman cristianos.

Por ejemplo, un cristiano le pide que vaya a ver la apartada propiedad que está a punto de comprar en el campo. Ciertamente, es un lugar encantador; la casa es espaciosa y bien situada, el aire perfumado con el aroma de los árboles, la huerta y los extensos pastos; la vista es fascinadora. Cuando usted acaba de ver todo aquello, le pregunta qué va a hacer los domingos. — Bueno — dice él — en realidad, no había pensado en ello. — O tal vez responda —: Creo que por aquí no hay ninguna iglesia cuya alabanza se parezca a lo que acostumbramos, pero es imposible tenerlo todo. Además, dicen que la gente de por aquí es muy buena. — ¿No es este el espíritu de Lot, quien cambió el altar del campamento de Abraham por las llanuras de Sodoma, porque el pasto parecía verde y abundante? Muchos persisten en levantar los ojos para escoger ellos mismos, basados en las más sórdidas consideraciones.

Si Abraham lo hubiera reprendido, tal vez Lot habría respondido con petulancia: — ¿Qué te crees? ¿Que nosotros tenemos menos deseos que tú de servir al Señor? Sodoma necesita el testimonio que nosotros podemos darle. ¿No es necesario que la luz brille en las tinieblas y que se esparza la sal donde hay podredumbre? — Abraham no hubiera podido refutar estos razonamientos, pero hubiera tenido la convicción interior de que aquellas no eran las consideraciones que habían movido a su sobrino a tomar su decisión. Por supuesto, si Dios envía un hombre a Sodoma, lo mantendrá allí, como mantuvo a Daniel en Babilonia, y nada podrá hacerle daño. Pero si Dios no lo envía expresamente a Sodoma, ir sería un disparate, un crimen y un gran peligro.

Observe cómo Lot se precipitó al centro de la corriente: primero vio, luego escogió, después se separó de Abraham, en seguida viajó hacia el oriente, a continuación fue poniendo sus tiendas hacia Sodoma, luego habitó allí y terminó por convertirse en consejero del lugar y sentarse a las puertas. No obstante, su poder como testigo del Señor había desaparecido. Si alzaba la voz en protesta contra los vergonzosos vicios, se reían de él o lo amenazaban con violencia. Fue llevado cautivo por Quedorlaomer. Su propiedad fue destruida en la toma de las ciudades. Su mujer fue convertida en un pilar de sal. La plaga de Sodoma dejó una marca muy evidente en sus hijas. Verdaderamente dolorosos deben haber sido los últimos días de aquel infortunado hombre, encogido en una cueva, despojado de todo, cara a cara con las consecuencias de su vergonzoso pecado.

Ahora pasemos a un tema más agradable, y sigamos considerando las relaciones del Dios Todopoderoso con Abraham, a quien estaba educando para mantener con El la comunión de un amigo.

1. Dios siempre se acerca a sus escogidos. "Y Jehová dijo a Abram, después que Lot se apartó de él." Es posible que Abraham se sintiera muy solo. A todos nos disgusta pensar en separarnos de amigos y compañeros. Es muy duro ver cómo se van de uno en uno y sentirnos obligados a seguir solos por el camino. Pero, si en realidad deseamos ser sólo para Dios, es inevitable que haya muchos eslabones rotos, muchos compañerismos abandonados, y que se dejen muchos hábitos y convencionalismos.

Pero no consideremos solamente el lado oscuro de la nube. Miremos también el otro lado, iluminado por el arco iris de la promesa divina. Entiéndase que, una vez que el espíritu se ha atrevido a aceptar la vida de consagración a la voluntad de Dios a la cual somos llamados, quedará inundado de visiones, palabras de consuelo y voces de las cuales no tenía ni idea.

2. Dios les hará más bien a los que confían en El, que el que pueden hacerse ellos mismos. Dos veces encontramos en el contexto la expresión "alzar los ojos". Pero, ¡qué grande el contraste! Lot alzó sus ojos según el dictado de la prudencia mundanal, para espiar lo que sería para su propia ventaja. Abraham alzó los ojos, no para discernir cuál sería la mejor ganancia para sus intereses materiales, sino para contemplar lo que Dios le había preparado. ¡Cuánto mejor es tener los ojos fijos en Dios hasta que nos diga: "Alza ahora tus ojos, y mira desde el lugar donde estás hacia el norte y el sur, y al oriente y al occidente. Porque toda la tierra que ves, la daré a ti y a tu descendencia para siempre" (Génesis 13:14, 15)!

Dios honra a los que lo honran. El no priva de ninguna cosa buena a los que caminan en rectitud. Si continuamos actuando con rectitud, dándole lo mejor al prójimo para evitar las riñas, poniendo por delante los intereses de Dios, y en último lugar los nuestros, sacrificándonos para la venida y gloria del reino celestial, sabremos que Dios mismo se encargará de nuestros intereses y lo hará infinitamente mejor que nosotros.

Al leer estas refulgentes palabras: "Hacia el norte y el sur, y al oriente y al occidente", nos acordamos de otras: "La anchura, la longitud, la profundidad y la altura, y. . . el amor de Cristo, que excede a todo conocimiento" (Efesios 3:18, 19). Las promesas de Dios siempre van en una escala ascendente. Toda promesa conduce a otra más completa y bendita que ella misma. Así es como Dios nos incita a la santidad. No nos da nada hasta que nos atrevemos a actuar, de modo que El nos pueda probar. No nos lo da todo desde el principio, para no abrumarnos. Además, mantiene siempre a nuestro alcance una infinita reserva de bendiciones.

3. **Dios nos asigna sus dones.** "Levántate, vé por la tierra a lo largo de ella y a su ancho." Con toda seguridad, esto significa que Dios deseaba que Abraham se sintiera tan libre en aquella tierra, como si tuviera los títulos de propiedad en la mano. Debía disfrutarla, viajar por ella y considerarla suya. Por fe, Abraham debía considerarla como si ya estuviera en posesión absoluta de ella.

Hay una lección muy profunda aquí en cuanto a la apropiación por fe. "Mira que te mando que te esfuerces y seas valiente", le dijo Dios a Josué en seis ocasiones diferentes. Las palabras "te esfuerces" son una referencia al poder de las muñecas para sostener lo que las manos han asido. "Seas valiente", se refiere a la tenacidad de las articulaciones de los tobillos para mantenerse firmes en pie. Quiera Dios que nuestra fe sea fuerte para asirse de las bendiciones, y para mantenerlas en pie.

No debe sorprendernos que Abraham se haya trasladado a Hebrón (palabra que significa "fraternidad") y edificado allí un altar dedicado al Señor. Las nuevas mercedes nos exigen una comunicación más profunda con nuestro Amigo Todopoderoso, que nunca deja ni abandona a los suyos.

8

REPOSO ENTRE LAS BATALLAS
Génesis 14:9

El conflicto que se registra en Génesis 14 no era solamente un problema de fronteras. Fue una expedición de represalia y conquista. Quedorlaomer era el Atila, o el Napoleón de su tiempo. Susa, la capital de su imperio, quedaba al otro lado del desierto, más allá del río Tigris, en el Elam. Muchos años antes de que Abraham entrara en Canaán como pacífico emigrante, este temible conquistador se había movido hacia el sur, sometiendo a las ciudades que quedaban en el valle del Jordán, para apoderarse así de la llave maestra del camino que llevaba de Damasco a Menfis. Cuando Lot estableció su residencia en Sodoma, las ciudades de la llanura ya estaban pagando tributo a este poderoso monarca.

Al fin, los habitantes de Sodoma, Gomorra, Adma y Zeboim se cansaron del yugo elamita y se rebelaron. Entonces Quedorlaomer se vio obligado a emprender una segunda expedición para castigar esta revuelta y reafirmar su poder. Su plan, evidentemente, era devastar todos los campos que rodeaban a esas ciudades del Jordán, antes de establecerse en ellas.

Por último, las fuerzas aliadas se concentraron en las vecindades de Sodoma, donde encontraron una resistencia muy fuerte. Animados por la naturaleza asfaltosa del suelo, en el cual los jinetes y los carros se movían con dificultad, los habitantes de las ciudades se arriesgaron a una batalla campal. Sin embargo, a pesar de los pozos de asfalto, la batalla se decidió en contra de los afeminados y disolutos hombres de la llanura. A la derrota de la tropas siguieron la captura y el saqueo de las ricas ciudades, y todos los que no pudieron escapar fueron encadanedados como esclavos y unidos a la caravana del victorioso ejército.

"Tomaron también a Lot, hijo del hermano de Abram, que moraba en Sodoma, y sus bienes, y se fueron" (Génesis 14:12). Entonces uno de los sobrevivientes de aquel día fatal logró llegar hasta el campamento de Abraham: "Oyó Abram que su pariente estaba prisionero, y armó a sus criados. . . y cayó sobre ellos" (Génesis 14:14-15).

1. He aquí la abnegada y exitosa interposición de un escogido a favor de los demás. Oculto por las montañas, Abraham había observado desde lejos los movimientos de los devastadores.

Pero la verdadera separación nunca actúa así. Es cierto que el escogido es separado para Dios, pero a fin de que reaccione con más eficacia en medio del mundo que Dios ama, y para el cual tiene grandes propósitos de misericordia al elegir a sus pocos justos. La separación genuina es consecuencia de la fe, que siempre obra mediante el amor; y este amor anhela tiernamente por el rescate de aquellos que están cautivos en las redes de la mundanalidad y el pecado. La fe nos hace independientes, pero no indiferentes. Fue suficiente para la fe de Abraham el oír que su pariente había sido llevado cautivo, para armarse y emprender la persecución de inmediato.

La interposición de Abraham fue tan exitosa, como abnegada y pronta. Partió con una pequeña fuerza, pero sus rudos reclutas se movieron rápido, y fue así como al cabo de cuatro o cinco días alcanzaron al confiado y orgulloso ejército en medio de las colinas donde el Jordán busca su origen. Adoptando la táctica del ataque nocturno, cayeron de repente sobre las descuidadas huestes y las persiguieron, causándoles el pánico, hasta la antigua y lejana ciudad de Damasco. "Y recobró todos los bienes, y también a Lot su pariente y sus bienes, y a las mujeres y demás gente" (Génesis 14:16).

Los hombres que llevan una vida de separación y entrega a Dios, son los que actúan con más prontitud y éxito cuando llega la hora de la acción.

2. Un momento de gran éxito es con frecuencia la señal para que surja una gran tentación. El rey de Sodoma no había estado entre los prisioneros. Es probable que se salvara gracias a una oportuna huida a las montañas, desde el campo de batalla. Cuando recibió la noticia de la valiente y triunfante expedición llevada a cabo por el patriarca, se dispuso a encontrarlo y darle la bienvenida.

Los dos se encontraron en el valle del Rey, lugar que se volvería famoso con el correr de los años, situado cerca a la ciudad de Salem, título que estaba destinado a convertirse en la palabra "Jerusalén".

Agradecido por el socorro y la liberación dados por Abraham, el rey de Sodoma le propuso que entregara solamente las personas que habían sido llevadas cautivas, y que guardara para él y sus aliados todos los despojos.

Debe haber sido una oferta muy tentadora. No era cosa despreciable para un pastor que se le brindara la oportunidad de apoderarse de un botín procedente de ciudades bien establecidas, grandes y opulentas, especialmente cuando parecía tener cierto derecho a él.

No obstante, Abraham no quiso prestarle oídos a tal tentación ni por un momento. En realidad, parece que ya había pensado en el asunto, puesto que, como si se refiriera a algún negocio anterior, dijo: "He alzado mi mano a Jehová Dios Altísimo, creador de los cielos y de la tierra, que desde un hilo hasta una correa de calzado, nada tomaré de todo lo que es tuyo, para que no digas: Yo enriquecí a Abram." ¡Qué expresión tan majestuosa de la independencia que tiene la fe viva!

Hay un estrecho paralelo entre esta sugerencia del rey de Sodoma y la tentación del Señor en el desierto, cuando Satanás le ofreció todos los reinos del mundo a cambio de un acto de obediencia. Además, ¿no nos asalta a todos esta tentación? ¿No nos tienta a todos el dorado salario de la mundanalidad? El mundo sabe que, con sólo aceptar sus subsidios, habremos entregado nuestra independencia para rebajarnos a su nivel, incapaces ya de testificar contra él. Como Sansón, estaremos despojados de nuestro poder al perder la cabellera de nuestra fuerza, y seremos tan débiles como los demás hombres.

Además, ¿qué derecho tenemos para depender de lo que el mundo nos dé, si somos los herederos del dueño de cielos y tierra, hijos del Gran Rey quien, al darnos a su Hijo, también prometió entregarnos con El todas las cosas? Felices los que prefieran vivir de la pensión que les brinde la providencia cotidiana de Dios, a depender del oro de Sodoma, salario de iniquidad.

3. **La gracia antecedente de Dios.** Es posible que Abraham no se hubiera portado con tanta grandeza de espíritu en el segundo conflicto, si no hubiera sido preparado para él mediante el maravilloso encuentro con un rey más grande que todos los demás que hemos nombrado. Después de la derrota que le infligió a Quedorlaomer, el hebreo se había encontrado con Melquisedec, el rey-sacerdote de Salem. Este trajo consigo pan y vino, y bendijo al fatigado conquistador. ¿Ne es este todavía el trabajo del Señor Jesucristo? El viene a nosotros cuando regresamos cansados del diario batallar. Nos visita cuando sabe que se acerca una gran tentación. No sólo ora por nosotros, como lo hizo por Pedro, sino que nos prepara para el conflicto. Nos pone en la memoria y el corazón alguna nueva revelación, alguna nueva observación acerca de su personalidad, o algún pensamiento profundamente espiritual, para que nos ayuden cuando acuda contra nosotros el enemigo. ¡Qué misericordia tan inigualable! El nos advierte del peligro y nos prepara para la batalla con anticipación; El nos sostiene firmes con las bendiciones de su bondad.

¡Rey de los corazones leales, permite que podamos encontrarnos contigo con más frecuencia en los caminos de la vida, especialmente cuando algún tentador se disponga a tejer alrededor de nosotros las redes del mal; y que, protegidos por tu bendición, estemos preparados para recibir tu gracia a fin de enfrentarnos a todo lo que pueda esperarnos en el futuro aún desconocido!

9

MELQUISEDEC
Hebreos 7:1

En cierto sentido, Cristo fue hecho según el orden de Melquisedec; pero en un sentido más profundo todavía, Melquisedec fue hecho según el orden del Hijo de Dios. El escritor de la epístola a los Hebreos dice que Melquisedec fue "hecho semejante al Hijo de Dios" (Hebreos 7:3) para que entre los hombres hubiera cierta premonición o anticipación de esa vida gloriosa que ya se estaba viviendo en el cielo a favor del hombre y que, a su debido tiempo, se manifestaría en nuestro mundo, en el mismo lugar donde Melquisedec vivió a semejanza de Cristo.

1. **Melquisedec fue sacerdote.** Parece haber tenido esa compasión por las necesidades de sus tiempos que es la verdadera marca de un corazón sacerdotal (Hebreos 4:15). Por este motivo, había adquirido

tanta influencia sobre sus vecinos, que estos reconocían espontáneamente los derechos que le daba su posición exclusiva y especial. El hombre tiene necesidad de un sacerdote. En todas las edades, los hombres han escogido de entre sus semejantes a uno que los represente a ellos delante de Dios, y a Dios delante de ellos. Es un instinto natural que fue satisfecho en la persona de nuestro glorioso Señor quien, al mismo tiempo que nos representa ante Dios, frente al cual se halla cara a cara, intercediendo continuamente, conoce nuestras debilidades, nos socorre en las tentaciones y se compadece de nuestra ignorancia. ¿Por qué seguir buscando entonces?

2. Este sacerdocio también era universal. Abraham no había sido circuncidado. Aún era gentil. En su condición de padre de numerosas naciones, estuvo ante Melquisedec, adoró a Dios y recibió la bendición de las santas manos del rey-sacerdote. No fue así con el sacerdocio de Aarón. Para participar de sus beneficios, había que volverse judío, sometiéndose al rito de iniciación del judaísmo. En el pectoral del sumo sacerdote sólo aparecían nombres hebreos. Sus labios consagrados sólo oraban por las necesidades y pecados de los hebreos. En cambio, Cristo es el sacerdote de toda la humanidad. El atrae a sí *a todos los hombres.* El único derecho que tenemos acerca de El, es que llevamos la naturaleza que El tomó en una unión irreversible con la suya propia; que somos pecadores y penitentes oprimidos por una necesidad consciente. El es nuestro Sacerdote; el nuestro, como si nadie más tuviera derechos sobre El. Todas las razas, pueblos, naciones y lenguas convergen a El, y son bien recibidos.

3. Este sacerdocio fue superior a todos los órdenes sacerdotales humanos. Si alguna vez un sacerdocio tuvo supremacía indiscutible sobre los demás sacerdocios del mundo, éste fue el aarónico. Sin embargo, aun éste tiene que rendir obediencia al sacerdocio de Melquisedec. Y así lo hizo, pues Leví estaba en las entrañas de Abraham cuando el patriarca se encontró con Melquisedec, y en Abraham le pagó los diezmos y se arrodilló delante de él como señal de sumisión, bajo la bendición de quien era mayor que él (Hebreos 7:4-10).

4. Este sacerdocio compartió el misterio de la eternidad. No tenemos que suponer que este misterioso personaje no haya tenido realmente padre, ni madre, ni principio de días, ni final de vida. No se nos da ninguna información al respecto. Sin lugar a duda, estos detalles quedan envueltos en la oscuridad para que haya una aproximación todavía más clara del tipo, que le dé gloria al antitipo, que es el que permanece para siempre. El es el Anciano de días, el Rey de los siglos, el Yo soy. Hecho "según el poder de una vida indestructible. . . viviendo para siempre para interceder." Si en la visión de Patmos el cabello de su cabeza aparece blanco como la nieve, no es por deterioro, sino por el fuego incadescente. "Permanece para siempre, tiene un sacerdocio inmutable." "Es el mismo ayer, y hoy, y por los siglos." El hace por nosotros lo mismo que hizo por los patriarcas del mundo antiguo, y lo que hará por el último pecador que pida su ayuda.

5. Este sacerdocio fue real. "Melquisedec, rey de Salem, sacerdote." Aquí tampoco hay analogía con el sacerdocio levítico.

Las funciones sacerdotales y las reales se mantenían en una cuidadosa separación. Uzías quedó leproso cuando trató de unirlas. En cambio, ¡cuán maravillosamente se combinaron en la vida terrenal de Jesús! Como Sacerdote, tuvo compasion, ayudó y alimentó a los hombres; como Rey, mandó a las olas. Como Sacerdote, pronunció su sublime oración intercesora; como Rey, hizo promesas que son prerrogativa de su poder real. Como Sacerdote, sanó la oreja de Malco; como Rey repudiado en favor del César, se le persiguió hasta la muerte. Como Sacerdote, intercedió por sus asesinos y le habló del Paraíso al ladrón moribundo, en tanto que su realeza era atestiguada por la proclama clavada en la cruz. Como Sacerdote, sopló sobre sus discípulos y les dijo: "Mi paz os dejo"; como Rey, ascendió a los cielos para sentarse en su trono.

¿Cuál es su actitud hacia El? Hay muchos que están dispuestos a tenerlo como Sacerdote, pero se niegan a aceptarlo como Rey. Esto no servirá de nada. El debe ser Rey para poder ser Sacerdote. Este es el orden en que debe ser Rey: primero, lo justificará; después le dará su paz, que sobrepasa todo entendimiento. No desperdicie un tiempo precioso engañándose, ni discutiendo con El; acepte la situación tal cual es, y deje que su corazón sea la Salem, la ciudad de la paz, en la cual El reine para siempre como sacerdote y rey.

6. Este sacerdocio recibe diezmos de todos. "Abraham el patriarca dio diezmos del botín" (Hebreos 7:4). Esta antigua costumbre nos avergüenza a los cristianos. El patriarca dio más al representante de Cristo, que cuanto muchos de nosotros le damos a Cristo mismo. Si nunca antes lo ha hecho, decídase a darle a su Señor el diezmo de su tiempo, sus ingresos y todo. "Traed todos los diezmos al alfolí." No, glorioso Señor, no nos contentaremos con esto solamente. Tómalo todo, pues todo te pertenece.

10

LA FIRMEZA DE LA FE DE ABRAHAM
Génesis 15

En este capítulo aparecen por primera vez en las Escrituras cuatro frases muy importantes, pero cada una de ellas está destinada a ser repetida con frecuencia, y con muchas variaciones atractivas. Primero encontramos la frase "vino la palabra de Jehová". Aquí, por primera vez, se nos dice que el Señor es un escudo. También suena por vez primera la campana de plata de la consolación divina: "No temas". Encontramos también por primera vez en la historia una palabra grande y poderosa: "Creyó." La palabra del Señor vino a Abraham sobre dos asuntos diferentes.

1. **Dios le habló a Abraham acerca de su temor.** Abraham acababa de regresar de la victoria sobre Quedorlaomer y experimentaba la reacción natural al largo e inusitado esfuerzo, al establecerse de nuevo en el curso de la vida pastoril, plácida e imperturbable. En este estado de ánimo, era más susceptible al temor; y tenía una buena razón para sentirlo. Aunque era cierto que había derrotado a Quedorlaomer, al hacerlo se había buscado un acerbo enemigo. El brazo del rey-guerrero había sido bastante largo para alcanzar a Sodoma; ¿por qué no iba a ser tan largo y fuerte como para tomar venganza por su derrota en aquel solitario?

Además de todo esto, como viento nocturno en tierra desértica, pasaba una y otra vez por el corazón de Abraham un sentimiento de solitaria desolación, de desengaño y de esperanza diferida. Ya habían pasado más de diez años desde su entrada a Canaán. Tres promesas sucesivas habían encendido sus esperanzas, pero nunca habían parecido más lejanas de convertirse en realidad. Ni un centímetro cuadrado de terreno era suyo, ni había señal alguna del hijo tan esperado; nada de todo aquello que Dios le había predicho.

Esas eran las circunstancias cuando llegó a él la Palabra del Señor: "No temas, Abram; yo soy tu escudo, y tu galardón será sobremanera grande." Aun así, Dios no se contenta con vagas promesas. Nos da sólidos motivos de consuelo al hacernos nuevas revelaciones de su persona. Nada le habría podido servir de mayor consuelo al indefenso peregrino, sin estacada ni ciudad amurallada para protegerse, con sus rebaños esparcidos a todo lo ancho y largo del campo, que oír que Dios mismo los rodeaba a él y a los suyos, como un escudo vasto e impenetrable, aunque fuera invisible: "Yo soy tu escudo."

Desde que llegó este pensamiento a la humanidad, esta no ha

cesado de alzar la mano para alcanzarlo, y nunca ha dejado que se disipe. Es un pensamiento muy útil para algunos de nosotros. Todos los días andamos en medio de peligros; nos atacan hombres y demonios, ya sea en ataque abierto, o en puñalada artera; insinuaciones despectivas, malas sugerencias, burlas, sarcasmos, amenazas; todas estas cosas se levantan contra nostros. No obstante, si hacemos la voluntad de Dios y confiamos en su protección nuestra vida será maravillosa. La atmósfera divina se derrama alrededor de nosotros para hacernos impenetrables ante cualquier ataque. Bienaventurados los que han aprendido el arte de permanecer dentro de la inviolable protección del Dios eterno, contra quien todos los dardos se quiebran y las espadas se desvían, y todas las chispas de malicia se extinguen con el mismo sonido que una antorcha que se apagara en las salobres aguas del mar.

Ahora bien, la protección de Dios no es sólo externa. El es la recompensa y satisfacción del corazón solitario. Aquello fue como si le hubiera pedido a Abraham que considerara cuánto ganaría al tenerlo a El mismo: — Ven, hijo mío, y medita en esto. Aunque nunca llegaras a tener ni un metro cuadrado de terreno, y tu tienda permaneciera silenciosa mientras alrededor de ella resuenan alegres risas infantiles; con todo, no habrías salido de tu tierra en vano, pues me tienes a mí. ¿No te basta conmigo? Yo lleno los cielos y la tierra; ¿no podría también llenar un espíritu solitario? ¿No soy yo tu recompensa sobreabundantemente grande, a punto de compensarte con mi amistad, a la cual te estoy llamando, por todos los sacrificios que puedas haber hecho?

2. Dios le habló a Abraham acerca de la ausencia de un hijo en su hogar. El patriarca dormía en su tienda de campaña, cuando Dios se le acercó en visión. Al amparo de esa visión, Abraham pudo abrirle su corazón al Señor. En la callada vigilia de aquella noche, Abraham vertió ante Dios la amarga agonía de su corazón. "Mira que no me has dado prole, y he aquí que será mi heredero un esclavo nacido en mi casa." Es como si le hubiera dicho: — Yo esperaba algo más que esto; al reflexionar en tus promesas, creí que con toda seguridad me pronosticaban un hijo de mi propia sangre, pero el lento correr de los años no me ha traído la realización de mis esperanzas, así que me imagino que no te supe entender. Nunca tuviste otra intención que hacer que mi mayordomo heredara mi nombre y mis bienes. ¡Pobre de mí! Es un desengaño muy amargo, pero eres Tú el que lo ha hecho así, y está bien.

Es así como con frecuencia comprendemos mal a Dios e interpretamos sus demoras como negaciones. Esas demoras no son la respuesta final de Dios para el alma que en El confía. Son como el invierno antes del despertar de la primavera. "Luego vino a él palabra de Jehová, diciendo: No te heredará éste, sino un hijo tuyo será el que te heredará. . . Mira ahora los cielos y cuenta las estrellas, si las puedes contar. . . Así será tu descendencia" (Génesis 15:4, 5). Desde aquel momento, las estrellas brillaron con un nuevo significado para él, como símbolos de la promesa divina.

3. **"Y creyó a Jehová."** Es maravilloso que los hombres inspirados de todos los tiempos citen esas palabras con tanta frecuencia.

a. *Creyó antes de someterse al rito de la circuncisión.* El apóstol Pablo insiste de manera especial en esto, al demostrar que los que no son judíos pueden tener fe también, y ser contados entre los hijos espirituales del gran padre de los creyentes (Romanos 4:9-21; Gálatas 3:7-29). La promesa de que heredaría el mundo, le fue hecha a Abraham cuando todavía no era más que un cansado peregrino; por eso es segura para toda su simiente, no sólo la que es según la Ley, sino también la que es según su fe, puesto que Abraham es el padre de todos los que hemos creído.

b. *Creyó a pesar de que lo prometido era prácticamente imposible desde el punto de vista natural.* Parecía imposible que aquel par de ancianos tuviera un hijo. La experiencia de muchos años decía: "No puede ser". La naturaleza y la lógica decían: "No puede ser". Cualquier amigo o consejero humano hubiera dicho al instante: "¡Imposible!" Abraham oyó calladamente todas las opiniones "y no se debilitó en la fe" (Romanos 4:19). Siguió confiando con el mismo ahínco en las promesas divinas. Su respaldo era la fidelidad de Dios. Se apoyaba totalmente en que Dios es digno de confianza. Se apoyaba por completo en que la veracidad divina era totalmente de fiar. Estaba plenamente convencido de que Dios era poderoso para realizar cuanto le había prometido. Usted que es hijo de Dios, por cada vez que le parezca imposible que Dios cumpla sus promesas, ponga diez veces su mirada en ella: este es el modo de fortalecer la fe. "Tampoco dudó, por incredulidad, de la promesa de Dios, sino que se fortaleció en la fe" (Romanos 4:20).

c. *Su fe estaba destinada a pasar por fuertes pruebas.* Si usted ha estado recogiendo piedras durante todo el verano, y las envía al lapidario, es probable que él le devuelva la mayoría de ellas a los pocos días. Sin embargo, tal vez retenga una o dos, y cuando usted le pregunte por ellas, le responderá: — Las que le devolví no tienen mucho valor; no tenían nada que justificara la dedicación de mi tiempo y habilidades. En cambio, estas otras son diferentes; puedo pulirlas y tratarlas durante meses o años y cuando termine el proceso, su belleza compensará todos sus deseos.

Algunas personas pasan por la vida sin soportar muchas pruebas; son de naturaleza liviana y trivial, incapaces de soportar mucho ni de aprovechar la fuerte disciplina que en otros casos es tan necesaria y produce tan rica recompensa después de perfeccionar su obra. Dios no dejará que ninguno de nosotros sea probado más allá de lo que pueda resistir. Ahora bien, cuando tiene en sus manos una naturaleza como la de Abraham, que puede dar grandes resultados, no debe sorprendernos que la prueba continúe por largo tiempo, casi hasta que aquella persona no resista más. El patriarca tuvo que esperar quince años más, con lo que se completaron veinticinco años en total, entre la primera promesa y su realización con el nacimiento de Isaac.

d. *Su fe se le contó por justicia.* La justicia de Abraham no nació de sus obras, sino de su fe. "Así Abraham creyó a Dios, y le fue contado por justicia" (Gálatas 3:6). ¡Qué milagro tan maravillos de la gracia! El que pone toda su confianza en el Señor Jesucristo con una sencillez así, será considerado justo a los ojos del Dios eterno. No podemos comprender todo lo que significan esas hermosas palabras. Sólo esto es evidente: que la fe nos une a El de modo tan absoluto, que somos uno con el Hijo de Dios para siempre.

Hay quienes enseñan que la justicia que Dios nos atribuye es como algo separado de Cristo que se arroja sobre los harapos del pecador para cubrirlos. Es más cierto y mejor considerarla una bendición debida a nuestra identificación con El por medio de la fe; así como El se hizo uno con nosotros al recibir la naturaleza humana pecadora, nosotros nos convertimos en uno con El al ser hechos justicia de Dios en El. Jesucristo se hace justicia para nosotros, y somos aceptos en el Amado. La fe no tiene en sí nada que pueda producir este hecho maravilloso de que se nos atribuya una justicia que no es nuestra; la fe es solamente el eslabón de unión con Cristo, y al unirnos con el Hijo de Dios, nos hace participantes de todo lo que El es: alfa y omega, principio y fin, primero y último.

11

VELANDO CON DIOS
Génesis 15:7

No es fácil velar con Dios, ni esperar por El. Dios está continuamente en camino a lo largo de todas las épocas; nosotros nos cansamos en unas pocas horas. Cuando su modo de tratar con nosotros nos deja perplejos e intrigados, el corazón que se ha enorgullecido de su inalterable lealtad, comienza a desfallecer con recelos y a preguntarse: ¿Cuándo podremos confiar absolutamente y sin temores?

En las relaciones humanas, una vez que un corazón ha encontrado su descanso en otro, puede soportar las pruebas de la distancia y la espera. Pueden pasar años sin escucharse ni una palabra, ni un suspiro que rompa la triste monotonía. Pueden surgir extrañas contradicciones que impidan la comprensión y confundan la mente, pero la confianza nunca vacila ni se abate. Sabe que todo está bien. Se contenta con existir sin una señal, y con estar en silencio sin tratar de explicar ni defenderse. ¿Cuándo trataremos así a Dios? Ciertamente sería glorioso que el corazón del hombre fuera capaz de esperar un milenio, inconmovible a pesar de la demora, incapaz de ser alterado por la duda.

En esta etapa de su educación, Abraham no había aprendido esta lección. Esta fue la amarga queja con que respondió a la promesa divina de que heredaría la tierra de la cual todavía no poseía ni un metro cuadrado: "Señor Jehová, ¿en qué conoceré que la he de heredar?"

¡Qué humano es todo esto! No que él fuera absolutamente incrédulo, sino que quería una señal tangible de que iba a suceder como Dios lo había dicho; algo que pudiera ver, algo que sería como el símbolo sagrado siempre presente de la herencia futura.

1. **Velando junto al sacrificio.** En aquellos tiempos, en que los contratos escritos eran muy raros, si no absolutamente desconocidos, los hombres empeñaban su palabra entre sí con las sanciones religiosas más solemnes. Se le exigía a la parte contratante que trajera ciertos animales, que se mataban y cortaban en pedazos. Estos se colocaban en el suelo de manera que se dejara un pasaje estrecho entre ellos, por el cual pasaba cada parte contratante en ambas direcciones, a fin de ratificar y confirmar su solemne promesa.

A este antiguo y solemne rito se refirió Jehová cuando dijo: "Tráeme una becerra de tres años, y una cabra de tres años, y un carnero de tres años, una tórtola también, y un palomino. Y tomó él todo esto, y los partió por la mitad, y puso cada mitad una enfrente de la otra" (Génesis 15:9, 10).

Todavía era de madrugada. El día comenzaba, y Abraham se sentó a velar. Las horas seguían su curso, pero no había voces, ni nadie que respondiera.

El sol seguía ascendiendo en el cielo y calentando cada vez más los trozos de carne que yacían expuestos sobre la arena, pero todavía no venían ni la voz ni la visión. Los buitres, animales impuros, atraídos por el olor de la carroña, se reunían para devorarla, y exigía constante atención ahuyentarlos. ¿Pensó Abraham en algún momento que estaba sentado allí haciendo el papel de tonto? ¿Evitó las curiosas miradas de sus siervos y de su esposa Sara, porque estaba semiconsciente de haber tomado una posición que no podía justificar?

Todos tenemos que pasar por una disciplina parecida. Horas de espera en Dios; días de vigilia. Preocupémonos por no perder la paciencia, y no les demos tregua a los buitres. No podemos impedir que vuelen emitiendo gritos de desaliento, ni que hagan círculos a nuestro derredor como para atacar; pero podemos impedir que se posen. Esto debemos hacerlo en el nombre y con la ayuda de Dios. "Aunque la visión tardará aún por un tiempo... Aunque tardare, espéralo" (Habacuc 2:3).

2. **El horror de una gran oscuridad.** Al fin se ocultó el sol, y la veloz noche oriental dejó caer su pesado velo sobre la escena. Agotado por el conflicto mental, la vigilia y el esfuerzo del día, Abraham quedó sumido en un profundo sueño. En ese sueño, su alma se debatía en unas densas y aterradoras tinieblas; de modo que casi lo paralizó y quedó sobre su corazón como una pesadilla. "He aquí que el temor de una grande oscuridad cayó sobre él."

Delante de Abraham se desplegó entonces una visión larga y tenebrosa acerca del futuro. Pudo ver la historia de su pueblo a través de los siglos, extranjeros en tierra extraña, esclavizados y afligidos. ¿Acaso no contempló la angustia de sus almas y su cruel sumisión bajo el látigo del capataz? ¿No oyó sus gemidos y vio a las madres llorando por sus bebés condenados a morir tragados por el insaciable Nilo? ¿No fue testigo de la construcción de aquellas ciudades cimentadas en la sangre y el sufrimiento? Esto era en verdad suficiente para llenarlo todo de densas tinieblas.

No obstante, aquel sombrío tejido estaba cruzado por una serie de hilos de plata. Los esclavizados tendrían su éxodo con grandes riquezas, y sus opresores serían derrotados con un juicio aplastante. Volverían a la Tierra Prometida de nuevo. En cuanto a él, se iría a sus padres en paz y sería sepultado en edad avanzada.

La vida humana está compuesta por momentos de esplendor y por neblinas del alma; sombra y sol; oscuro nublado seguido por un esplendoroso día lleno de luz y sin nubes. En medio de todo esto, la justicia divina realiza sus propios planes.

Si usted está lleno de horror a la gran oscuridad debida a los juicios de Dios sobre la humanidad, aprendan a confiar en esa infalible sabiduría que es asesora de su inmutable justicia; y sepa que Aquél que atravesó por los horrores de las tinieblas del Calvario gritando su abandono, está dispuesto a hacerle compañía a través del valle de sombras de muerte, hasta que vea el sol alumbrando en la lejanía.

3. La ratificación de la alianza. Cuando Abraham despertó el sol ya había descendido. Las tinieblas lo cubrían todo. "Estaba oscuro." Una solemne quietud se cernía sobre el mundo. Entonces vino el aterrador acto de la ratificación. Por primera vez desde que el hombre salió por las puertas del Edén, aparecía el símbolo de la gloria de Dios, esa terrible luz que después brillaría en el pilar de nubes, y sería el resplandor de la "shequina".

En la densa oscuridad, la misteriosa luz, una antorcha de fuego, pasó lenta y majestuosamente por entre los pedazos divididos. Mientras esto sucedía, una voz dijo: "A tu descendencia daré esta tierra, desde el río de Egipto hasta el río grande, el río Eufrates"(Génesis 15:18).

Recuerde esa promesa hecha con la más solemne confirmación, nunca revocada desde entonces, y nunca realizada completamente. Durante unos pocos años, en el reinado de Salomón, el dominio de Israel casi llegó a estos límites, pero sólo fue un breve período. La plena realización de esa promesa todavía espera en el futuro.

Por medio de dos cosas inmutables, su palabra y su juramento, Dios nos ha dado una fuerte confirmación a los que estamos amenazados por las tormentas que nos arrojan contra las rocas de la orilla. Sigamos a nuestro Predecesor; lancemos nuestra ancla, que es la esperanza, dentro del velo que nos separa de lo invisible: allí penetrará en un terreno que no cede, se sostendrá hasta que amanezca, y la seguiremos hasta entrar al cielo que nos ha sido garantizado por inmutable disposición de Dios (Hebreos 6:19, 20).

12

AGAR, LA ESCLAVA
Génesis 16:1

Ninguno de nosotros sabe lo que significa separarse de la escena familiar de nuestro Harán para seguir a Dios hasta las tierras de separación que se hallan en el más allá.

He aquí una emocionante manifestación de la tenacidad con la cual la vida interior de Abraham sobrevivió. La larga espera de diez interminables años, las reiteradas promesas de Dios, el hábito de la comunicación con Dios mismo: todo esto ciertamente hubiera sido suficiente para erradicar y quemar todo deseo de ayudar personalmente a convertir en realidad las promesas divinas. De seguro que ahora este hombre experimentado ha de esperar hasta que Dios, en su propio tiempo y a su modo, haga lo que ha dicho. Era de esperar que hubiera resistido con todas sus fuerzas cualquier intento para inducirlo a realizar por sus propias fuerzas e ingenio la promesa de Dios acerca de su simiente. Con toda seguridad esperaría humilde y calladamente a que Dios cumpliera su palabra por los medios que El considerara más adecuados.

En lugar de eso, escuchó el razonamiento de las conveniencias. La fe nacida en un corazón sencillo espera a que Dios realice sus propósitos, segura de que no fallará. En cambio la desconfianza, al reaccionar en la propia vida, nos lleva a tomar los asuntos en nuestras propias manos.

1. **El origen de este razonamiento.** "Dijo entonces Sarai a Abram". Mientras él estaba en comunión con Dios, ella proseguía en silencio la rutina de los quehaceres domésticos, meditando en muchas cosas.

Era evidente que Abraham debía tener un hijo; pero Dios no había dicho en definitiva que el hijo sería de ella. Abraham era monógamo estricto; pero las costumbres más desmoralizadas de aquellos tiempos garantizaban el derecho de llenar el harem con otras mujeres, quienes ocupaban un rango inferior al de la esposa principal y cuyos hijos, según las costumbres generales, eran considerados como los de la propia esposa. ¿Por qué no cedía su esposo a ese concepto del matrimonio? ¿Por qué debía casarse ahora con la sierva? Para ella, era un sacrificio heroico. Sin embargo, su amor por Abraham, su falta de esperanza en la posibilidad de tener un hijo propio y su incapacidad para concebir que Dios cumpliera lo prometido por otros medios que no fueran los naturales, se combinaron para darle forma a su proposición.

Nadie más podía haberse acercado a Abraham con una proposición tal, con la mínima esperanza de éxito. Pero cuando Sara se la hizo, el caso cambió. Parecía ser algo muy adecuado para convertir en realidad la promesa divina, y "atendió Abram al ruego de Sarai".

2. **Las tristes consecuencias.** Tan pronto como se obtuvo el fin propuesto, los resultados, como un cultivo de ortigas, comenzaron a aparecer en aquel hogar, que hasta entonces había sido la morada de la pureza y la felicidad, pero que ahora estaba destinado a ser la escena de la discordia. Al ser puesta en la posibilidad de rivalizar con Sara, y encinta con el hijo que Abraham tanto anhelaba, y que sería el joven amo del campamento, Agar despreció a su estéril ama, y no hizo ningún esfuerzo por ocultar su desdén.

Esto era más de lo que Sara podía soportar. Fue más fácil hacer un acto heroico de sacrificio, que soportar todos los días la conducta insolente de la sirvienta que ella misma había elevado a esa posición. Tampoco fue razonable en su irritación; en vez de asumir la responsabilidad que le correspondía por haber ideado el lamentable suceso tan lleno de amargura para ella, reprendió con gran encono a su esposo, diciéndole: "Mi afrenta sea sobre ti... Juzgue Jehová entre tú y yo" (Génesis 16:5).

De esta conveniencia carnal surgieron muchas tristezas. Penas para Sara, quien en esta ocasión, y en el futuro, debe haber bebido hasta las heces la copa de la amargura, los celos y el orgullo herido, del odio y la malicia. Dolores para Agar, arrojada del hogar del cual había soñado con llegar a ser la ama, y en el que se había considerado imprescindible. Amarguras para Abraham, reacio a separarse de quien, a juzgar por las apariencias humanas, se convertiría ahora en la madre del hijo que bendeciría su vida; enojado, además, por la inusitada amargura de los reproches de su mujer.

3. **La víctima cuya vida fue tan afectada.** Abraham, para mantener la paz de su hogar, no se atrevió a interponerse entre su esposa y su esclava. "He aquí", dijo, "tu sierva está en tu mano; haz con ella lo que bien te parezca." Ella actuó de inmediato, movida por este implícito consentimiento. La airada ama trató tan mal a la muchacha, que ella huyó de su presencia y tomó el camino, marcado por las caravanas, hacia su tierra nativa.

"El ángel de Jehová" (aquí por primera vez se usa la importante expresión que, según muchos, expresa cierta evidencia de manifestación del Hijo de Dios en forma de ángel) "la halló junto a una fuente de agua" que fue muy conocida en los tiempos de Moisés. Allí, cansada, triste y solitaria, se sentó a descansar. ¡Con cuánta frecuencia el ángel del Señor todavía nos halla en nuestros momentos extremos! Sus preguntas no pueden ser más pertinentes, tanto para Agar como para nosotros: "¿De dónde vienes tú, y a dónde vas?" Amable lector: Responda esas dos preguntas antes de continuar con la lectura: ¿Cuál es su origen y cuál su destino?

Después le dio un claro mandato que sigue aplicándose desde entoces: "Vuélvete... y ponte sumisa". Llegará un día en que Dios mismo abrirá la puerta y sacará a Agar de aquel hogar (Génesis 21:12-14). Hasta que ese momento llegue, trece años más tarde, debe regresar al lugar que ha dejado, soportar su carga y realizar su deber de la mejor manera posible: "Vuélvete... y ponte sumisa."

Todos tenemos la inclinación a obrar como lo hizo Agar. Si nuestra carga es pesada, y nuestra cruz es dura, escapamos en un arranque de impaciencia y orgullo herido. Buscamos nuestra propia salida a las dificultades. Sin embargo, no es esta la manera correcta.

Debemos volver atrás en nuestras pisadas; debemos doblegarnos humildemente bajo el yugo. Debemos aceptar lo que Dios nos ha deparado, aunque sea consecuencia de la crueldad y el pecado de otros. Venceremos cediendo. Escaparemos volviendo. Al final, cuando hayamos aprendido perfectamente la lección, la puerta de la prïsión se abrirá sola.

Mientras tanto, el corazón de la fugitiva se alegra con la promesa (Génesis 16:10). El ángel del Señor le muestra cuáles serán los resultados de su obediencia. Va meditando en ellos dentro de su espíritu, y descubre que el camino de regreso al hogar ya no está sembrado de pedernal, sino suavizado con flores.

13

"¡SÉ PERFECTO!"
Génesis 17:1

Transcurrieron lentamente trece interminables años después del regreso de Agar al campamento de Abraham. Su hijo Ismael nació y creció en la tienda del patriarca, como heredero reconocido del campamento, pero dando muestras de la naturaleza ruda de que había hablado el ángel (16:12). Abraham debe haber estado perplejo ante manifestaciones tan extrañas, pero el corazón del anciano se enternecía con el muchacho y se apegaba a él, por lo que intercedía a menudo para que Ismael viviera rectamente delante de Dios.

Durante todo ese largo período no se le apareció Dios, ni le anunció nada nuevo. No había habido una pausa tan larga desde que Dios le había hablado en Harán. Debe haber sido una experiencia terrible, que lo haría volver a la promesa recibida para examinar su corazón y ver si la causa de todo estaba en él mismo.

Al fin, "era Abraham de noventa y nueve años, cuando le apareció Jehová" y le hizo una nueva revelación de sí mismo. Le descubrió las condiciones de su pacto, y le dirigió el memorable encargo que todavía resuena en los oídos y el corazón de todos los creyentes: "Anda delante de mí y sé perfecto."

1. **La orden divina.** "Anda delante de mí y sé perfecto." Los hombres han tropezado tristemente en la palabra "perfecto". No han errado al enseñar que esta expresión habla de una experiencia posible para el ser humano, pero se han equivocado al tratar de imponerle su propio significado a la palabra, y afirmando que Dios espera del hombre que cumpla esta orden por sus propias fuerzas, o que ellos mismos ya han alcanzado esa perfección.

A menudo se supone que la palabra "perfección" denota una moralidad impecable, lo que en el mejor de los casos es un concepto negativo, y deja escondida la fuerza positiva de esta poderosa palabra. Por supuesto que la perfección es más que la impecabilidad. Si se admite esto, y también que contiene la idea de plenitud moral, entonces es aún más absurdo que cualquier mortal afirme que la posee. La propia afirmación demuestra la falta de perfección, y revela poco conocimiento de la vida interior y de la naturaleza del pecado. La impecabilidad absoluta es totalmente imposible para nosotros, porque no tenemos un conocimiento perfecto. Así como nuestra iluminación va en constante aumento, también continuamente estamos descubriendo el mal en cosas que en otras ocasiones nos permitíamos sin ningún remordimiento. Las palabras del apóstol Pablo deberían estar en nuestros labios para que clamásemos con él: "No que lo haya alcanzado ya, ni que ya sea perfecto; sino que prosigo" (Filipenses 3:12).

Además de todo esto, la palabra "perfecto" tiene connotaciones diferentes a las que con frecuencia se le dan. Por ejemplo, cuando se nos dice que el hombre de Dios debe ser perfecto (2 Timoteo 3:17), la idea subyacente es la de un obrero que "está completamente equipado para su trabajo". También cuando nos unimos a la oración en la que se pide al Dios de paz que nos haga aptos o perfectos en toda obra buena para hacer su voluntad, en realidad estamos pidiendo que se nos una al Señor para que El, nuestra gloriosa Cabeza, pueda hacer su voluntad a través de nosotros con toda libertad (Hebreos 13:20, 21).

Entonces, ¿cuál es la verdadera fuerza e importancia de las palabras "Anda delante de mí y sé perfecto"? La comparación de los diversos pasajes donde aparece, aclara su significado sin lugar a dudas y nos lleva a pensar en la "entrega de todo corazón". Denota la entrega absoluta del ser.

Este grado de entrega siempre ha sido muy apreciado por Dios. Abraham por su carácter y obediencia demostró tal entrega. Por tanto, Dios se ligó a él y a los suyos con un pacto eterno.

Aquí cabe preguntarse: ¿Está mi corazón en una relación perfecta con Dios? ¿Estoy consagrado a El de todo corazón? ¿Ocupa El el primer lugar en mis planes, placeres, amistades, pensamientos y acciones? ¿Es su voluntad mi ley; su amor mi luz; son sus asuntos mis asuntos, y su aprobación mi recompensa mayor? ¿Tiene acaso que compartirme con otros?

Sólo se puede mantener esa actitud mediante un gran cuidado al caminar por la vida. "Anda delante de mí y sé perfecto". Debemos tener el propósito de estar constantemente conscientes de la presencia de Dios, dándonos cuenta inmediata cuando la más aterciopelada de las nubes corra su velo por un momento sobre su rostro, y preguntarnos si acaso la causa de eso no habrá sido algún pecado muy sutil. Debemos cultivar el hábito de sentirlo cerca, como el amigo de quien nunca nos separaríamos, en el trabajo, en la oración, en la recreación y en el descanso, aunque esto no quiere decir que vayamos a vivir de modo forzado o afectado. Tampoco debemos vivir con descuido o despreocupación. ¿Le agradaría andar con Dios? Entonces, que no haya nada en su corazón o en su vida, que usted no esté dispuesto a permitir que inspeccionen los santos y misericordiosos ojos de Dios.

2. La revelación que sirvió de fundamento a esta orden. "Yo soy el Dios Todopoderoso" *(El-shaddai).* ¡Qué nombre tan admirable! ¡Cuántas emociones no habrá despertado en el absorto corazón de su oyente! El había conocido a Dios por otros nombres, pero no por este. Esta fue la primera de una serie de revelaciones acerca de las profundidades de significado que yacen en el insondable abismo del nombre divino. Cada una de ellas ha señalado una época en la historia de la humanidad.

En las relaciones de Dios con el hombre se encuentra invariablemente que cierta revelación trascendente precede a la orden divina respecto de algún deber nuevo y difícil. La promesa abre la puerta para el precepto; El da lo que manda, y por lo tanto manda lo que quiere. Dios pone en práctica este principio ahora. No está llamando a su siervo a ningún juego de niños. Andar siempre delante de El cuando el corazón está debilitado, hay pocas fuerzas y la tentación tiene la fuerza necesaria para arrastrarlo a derecha o izquierda. Ser perfecto en entrega y obediencia, cuando hay tantas luces que se cruzan en el camino para distraer, fascinar y dejar el alma perpleja. Renunciar a todos los métodos basados en el esfuerzo propio, aunque sean muy tentadores. Estar separado de todas las alianzas que otros se permiten y siguen. Esto es posible solamente a través del poder del Todopoderoso. Ese es el motivo de que lo tranquilice diciendo: "Yo soy el Dios Todopoderoso."

Todo esto es tan cierto ahora como siempre. Si usted se atreve a aventurarse más dentro de la senda de la separación, rompiendo su dependencia de la ayuda de las criaturas y de todo esfuerzo propio; contentándose con andar solo con Dios, sin ayuda de nadie más, sino sólo de El, verá cómo todos los recursos de la omnipotencia divina serán puestos a su disposición. Entonces sería necesario que los recursos de la Omnipotencia se agotaran, antes de que fracasara su causa por falta de ayuda.

3. **El pacto propuesto por Dios.** "Y pondré mi pacto entre mí y ti". Un pacto es una promesa hecha bajo las ratificaciones más solemnes y que compromete a las partes que la aprueban de modo definido y grandioso. No podemos menos que consentir con el hecho de que el Dios Todopoderoso propuso entrar en un pacto eterno con su criatura, un pacto ordenado en todas las cosas y seguro, y más estable que las colinas eternas.

a. *Se refería a la simiente.* Hubo esta vez un marcado avance. En Harán había sido "Haré de ti una gran nación". En Betel, "Tu simiente será como el polvo de la tierra". En Mamre, "Cuenta las estrellas; así será tu descendencia". En cambio ahora le dice tres veces al patriarca que se convertirá en el padre de muchas naciones, lo cual explicaría más tarde el apóstol Pablo. Según él, en esto quedan incluidos todos los que comparten con Abraham su fe, sean de donde sean, aunque no procedan de su descendencia natural (Gálatas 3:7-29). En recuerdo de aquella promesa, Dios le cambió un poco el nombre para que significara "padre de una gran multitud".

b. *Se refería a la tierra.* "Y te daré a ti y a tu descendencia después de ti, la tierra en que moras, toda la tierra de Canaán en heredad perpetua" (Génesis 17:8). Esta promesa todavía no se ha cumplido. La palabra "perpetua" debe significar algo más que esos pocos siglos de gobierno interrumpido e incierto. Llegará el momento en que nuestro Dios, que es fiel a su pacto, edificará otra vez el tabernáculo de David, que está caído, y reparará sus ruinas, y aquella tierra volverá a ser habitada por la descendencia de su amigo Abraham.

c. *Se refería al niño que habría de venir.* Hasta ese momento, Abraham no pensaba sino que Ismael sería su heredero. Dios le dijo: "Ciertamente Sara tu mujer te dará a luz un hijo, y llamarás su nombre Isaac" (v. 19).

Dios se compromete a ser el Dios de nuestra descendencia. A nosotros nos corresponde reclamar el cumplimiento de su promesa. No con gemidos lastimeros, sino con una fe callada y decidida, pidámosle que cumpla lo prometido.

14

LA SEÑAL DEL PACTO
Génesis 17:2

En las Escrituras se dice tres veces que Abraham es "el amigo de Dios". En el momento de agonía cuando le llegó noticia al rey Josafat de la gran alianza de gentiles que se había formado contra él, se presentó en el templo, y dijo: "Dios nuestro, ¿no echaste tú los moradores de esta tierra. . . y la diste a la descendencia de Abraham tu amigo para siempre?" (2 Crónicas 20:7).

Santiago, al cerrar su comentario acerca de la fe y las obras, afirma que, cuando Abraham creyó en Dios, "le fue contado por justicia y fue llamado amigo de Dios" (Santiago 2:23).

Lo mejor de todo es que Jehová mismo usa este título para reconocer los sagrados lazos que existen entre este espíritu tan probado y El: "Pero tú, Israel, siervo mío eres; tú, Jacob, a quien yo escogí, descendencia de Abraham mi amigo" (Isaías 41:8).

Casi parece que los capítulos 17 y 18 del Génesis se hubieran escrito para mostrar la familiaridad e intimidad que existían entre el Dios eterno y el hombre que tuvo el honor de ser llamado su "amigo". Sin embargo, no debemos suponer que hay algo único y exclusivo en esta maravillosa historia. Su propósito fundamental es convertirse en ejemplo de la manera en que el Dios eterno se relaciona con sus verdaderos santos de todas las épocas. Todo lo que Dios fue para Abraham, lo ha sido para centenares y millares de santos suyos, y sigue queriéndolo ser para nosotros.

Examinemos estas antiguas líneas a la luz que les dan las palabras de nuestro Salvador: "Ya no os llamaré siervos, porque el siervo no sabe lo que hace su señor; pero os he llamado amigos" (Juan 15:15).

Dios nos ofrece gratuitamente su amistad en el Señor Jesucristo. No la merecemos. Simplemente, somos deudores suyos, siempre en bancarrota, y nos maravillamos de la insondable riqueza de su gracia. ¿No diríamos que la causa primera de esa amistad radica en el anhelo del corazón del Eterno por mantener comunión con sus criaturas? Sin embargo, siempre será un misterio que la busque entre nosotros, los hijos caídos de Adán.

¡Qué destino tan maravilloso tenemos a nuestro alcance! Los primeros nacidos de la luz podrían aspirar en vano a él. Cuando más, sólo pueden ser espíritus ministradores, llamas de fuego, corazones amorosos, seres de extraordinario poder, obedientes a su Palabra. En cambio nosotros podemos ser los *amigos* de Dios; hijos e hijas del gran Rey; miembros del cuerpo de Cristo. El cerebro casi se aturde cuando contempla esta realidad que centellea ante él: la bendición que nos espera, tanto en este mundo como en las edades que se vislumbran en la lejanía del futuro.

¡*Amigos de Dios*! ¿Por qué no sacar más provecho de sus trascendentales privilegios? ¿Por qué no hablar con El de todo lo que le preocupa y angustia, con la misma libertad de Abraham? La vida debería ser una larga conversación entre Dios y nosotros. No deberíamos terminar día alguno sin que lo repasásemos con nuestro paciente Señor; sin confesarle nuestras faltas; sin aligerarnos el corazón de penas y amarguras al confiárselo todo a El. Bastaría que nos humilláramos y escucháramos en silencio, para oír el dulce y emocionante acento de su voz, suave y apacible, abriéndonos profundidades que los ojos no han visto, ni el oído ha escuchado, pero que El ha preparado para los que lo aman y esperan en El. No obstante, debemos cumplir tres condiciones para poder gozar de esta bendita amistad: separación, pureza y obediencia. Todas ellas fueron establecidas en el rito de la circuncisión, dado a Abraham en esta ocasión, tanto para él como para sus descendientes.

Sólo en proporción a nuestro conocimiento del significado espiritual de la circuncisión, podemos entrar en la gozosa apropiación de la amistad de Dios. Si queremos, nuestro Señor y Salvador puede producir en nosotros este bendito resultado espiritual. El es capaz de hacerlo, y está dispuesto.

1. La separación. Abraham y sus descendientes quedaron marcados por medio de este rito como un pueblo escogido. Es así como cualquiera de nosotros puede ser admitido a la amistad con Dios. El derramamiento de la sangre de Cristo y su muerte — la cruz y la tumba — deben separarnos de nuestra vida pasada y de toda complicidad con la maldad.

En ocasiones, Dios les pide expresamente a los creyentes que se queden en el lugar donde los llamó por motivos especiales relacionados con el ministerio, y porque las tinieblas necesitan de la luz. En cambio, en la mayoría de los casos las notas del clarín que llama suenan para todos los que desean conocer la dulzura de la comunión divina: "Salid de en medio de ellos, y apartaos, dice el Señor, y no toquéis lo inmundo; y yo os recibiré, y seré para vosotros por Padre" (2 Corintios 6:17, 18).

Esta fue la clave de la vida de Abraham, y es el significado interno del rito de la circuncisión.

2. La pureza. "Al echar de vosotros el cuerpo pecaminoso carnal, en la circuncisión de Cristo" (Colosenses 2:11). Difícilmente se encuentra una gracia que Dios aprecie más que ésta: mantenerse puro en medio de un ambiente impuro, caminar con un traje inmaculado aun en un lugar pervertido como Sardis; ser tan sensible a las manchas de la impureza, como lo es la nariz más delicada a un mal olor. Esta es una condición de gran valor para Dios y en la cual El mismo se revela.

La pureza se puede alcanzar solamente mediante una gracia especial del Espíritu Santo, y haciendo dos cosas: primera, alejarnos al instante de cualquier cosa que haga surgir pensamientos impuros; segunda, buscando perdón inmediatamente, cuando sabemos que nos hemos dejado vencer, aun por un momento, por la insidiosa y mortal fascinación de la carne.

Confiemos en que El va a mantener a los suyos en ese estado de pureza y castidad que Dios tanto aprecia; ésta es la circuncisión de Cristo.

3. **La obediencia.** Para Abraham este rito debe haber parecido menos necesario que para algunos otros de su campamento. Sin embargo, lo llevó a cabo tan pronto como Dios le dio la orden. "En el mismo día fueron circuncidados Abraham e Ismael su hijo." ¿No nos recuerda esto a Aquel que dijo: "Vosotros sois mis amigos, si hacéis lo que os mando"? La obediencia inmediata al deber conocido es una condición indispensable para tener intimidad con Dios; y si el deber es tedioso y difícil, entonces recordemos que le debemos pedir más gracia aún a Dios. No hay ningún deber al cual seamos llamados, que sea demasiado difícil de realizar con que solamente extendamos las manos para recibir la fortaleza que Dios nos ofrece.

No obedecemos para llegar a ser amigos; pero como hemos llegado a ser amigos de Dios, nos apresuramos a obedecer. El amor es más inexorable que la ley, y por amor al que nos llama con un título tan querido, nos produce gozo emprender y realizar lo que el Sinaí con todos sus truenos no podría impulsarnos a intentar.

15

EL HUÉSPED DIVINO
Génesis 18:1

Durante un viaje real, cuando un soberano decide quedarse en el hogar de uno de los súbditos de su dominio, el acontecimiento se convierte de inmediato en tema para los cronistas, y la familia escogida para tan alto honor es tenida en profundo respeto. ¿Qué diremos, pues, en presencia de un episodio como éste, en que el Dios de los cielos se convirtió en huésped de su siervo Abraham?

No hay dudas en cuanto a la augusta personalidad de uno de los tres que visitaron la tienda del patriarca. En el versículo 1 se nos dice claramente que Jehová se le apareció en el encinar de Mamre, estando él sentado a la puerta de su tienda en el calor del día. En el versículo 10 descubrimos el acento de las palabras divinas en la promesa que afirma con toda certeza que Sara tendrá un hijo. Además de eso, se nos dice que dos ángeles llegaron a Sodoma por la noche. Es evidente que eran dos de los tres que se sentaron como huéspedes de Abraham junto el árbol que le daba sombra a su tienda bajo el ardiente sol. En cuanto al otro, quien durante aquellas horas maravillosas había sido el único en hablar, su dignidad se revela en la asombrosa discusión que tuvo lugar en las alturas de Mamre, cuando Abraham, de pie en presencia del Señor, intercedió ante Aquél que es el Juez de toda la tierra.

Parece que al principio Abraham no se dio cuenta de toda la importancia del episodio en el cual estaba tomando parte. Así también nosotros con frecuencia no juzgamos rectamente a los personajes que conocemos. A veces, sólo cuando ya se han ido para siempre, pensamos en ellos y nos damos cuenta que hemos estado agasajando ángeles sin saberlo. Actuemos siempre y en todo lugar de tal manera que, al rememorar el pasado, no tengamos de qué lamentarnos, y no tengamos que reprocharnos por haber dejado de hacer algo que hubiéramos hecho, si nos hubiéramos dado cuenta de la oportunidad que teníamos delante.

1. **Abraham atendió a los visitantes con genuina hospitalidad oriental.** Corrió a encontrarlos y se inclinó a tierra. Les ofreció agua para los pies, y descanso para su extenuado cuerpo, bajo la amplia sombra de la tienda. Le pidió a su esposa que comenzara a amasar la harina para cocinar el pan sobre las piedras calientes. El mismo escogió el becerro más tierno, sin delegar este trabajo en nadie. También fue él quien les sirvió la comida a los visitantes, y como buen siervo, permaneció en pie a su lado bajo el árbol, mientras ellos comían. Los cristianos tenemos muy poco de qué enorgullecernos — y mucho que aprender — si consideramos las acciones de este santo de la antigüedad, y el trato que les dio a los tres extraños que llegaron hasta su tienda.

2. **¿Podría venir Cristo a nosotros disfrazado como un extraño?** Por supuesto, que si viniera en todo su esplendor de Hijo del Altísimo, todo el mundo lo recibiría y lo atendería con suntuosa hospitalidad. Sin embargo, esto no serviría para revelar nuestra verdadera personalidad. Así que, para probarnos, El nos visita como caminante, hambriento y sediento; o como extraño, enfermo y desnudo. Los suyos le mostrarán misericordia, sin importar cómo venga disfrazado, aunque no lo reconozcan y se sorprendan después al saber que le ministraron a El. En cambio, los que no son verdaderamente suyos no podrán discernirlo, lo dejarán ir sin prestarle ninguna ayuda y al ser juzgados escucharán la sentencia del Señor: "En cuanto no lo hicisteis a uno de estos más pequeños, tampoco a mí lo hicisteis" (Mateo 25:45).

3. **Dios nunca queda en deuda con nosotros.** El se cuida de pagar por los agasajos que se le hagan, con esplendidez de Dios y Rey.

Cuando usa el barco pesquero de Pedro, se lo devuelve casi sumergido por el peso de los pescados que El había conducido a las redes. Se sienta con sus amigos en una fiesta de bodas de campesinos, y paga sus sencillas atenciones con varios cántaros que rebosan agua convertida en vino. Usa los cinco panes de cebada y los dos peces de un muchacho, pero éste recibe una abundante comida. Envía a su profeta a quedarse en la casa de una viuda, y les suple harina y aceite por muchos días. Abraham tampoco salió perdiendo con su diligente hospitalidad, pues mientras comían, el Señor le predijo el nacimiento del hijo de Sara: "De cierto volveré a ti; y. . . he aquí que Sara, tu mujer, tendrá un hijo" (v. 10).

Sara escuchaba detrás de la delgada cortina de pelo de camello y, al oír las palabras, se rió con incredulidad. Aquél de quien nada se puede ocultar y cuyos ojos son como llamas de fuego, notó inmediatamente su risa: "Entonces Jehová dijo a Abraham: ¿Por qué se ha reído Sara diciendo: ¿Será cierto que he de dar a luz siendo ya vieja? ¿Hay para Dios alguna cosa difícil? (Génesis 18:13, 14).

Con extraña simplicidad, ella respondió a través de la cortina, negando que hubiera reído, pues tuvo miedo. Su respuesta provocó una severa y firme reprensión: "No es así, sino que te has reído" (v. 15). Estas son las únicas palabras audibles que sepamos, que se cruzaron entre Dios y la esposa de Abraham. Sin embargo, parece que la llevaron a encontrar la verdadera fe, pues se dice: "Por la fe también la misma Sara, siendo estéril, recibió fuerza para concebir; y dio a luz aun fuera del tiempo de la edad, porque creyó que era fiel quien lo había prometido" (Hebreos 11:11).

4. **Esta es la verdadera ley de la fe.** No ponga la mira en su fe o en sus sentimientos. Dirija su mirada hacia las palabras de la promesa y, sobre todo, hacia Aquél que promete. El es el Omnipotente. ¿Ha prometido alguna vez algo que no pudiera realizar? "Fiel es el que prometió." Pase los ojos de la fe a la promesa, y de ésta al que la hizo.

5. **"¿Hay para Dios alguna cosa difícil?"** Esta es una de esas preguntas de Dios que quedan sin respuesta. Quizá le parezca difícil, casi imposible, que Dios deba cumplir su palabra, por ejemplo, en la conversión de ese amigo por quien ha orado de acuerdo con 1 Juan 5:16. Tal vez le parezca difícil triunfar de las calumnias que le hayan hecho, o mantener dominada su naturaleza pecadora y arrojar de sí los malos pensamientos, sometiéndolos todos a cautividad por obediencia a Cristo; difícil volverse dulce y gentil, perdonador y amable; difícil producir en sí mismo los frutos de una naturaleza santa y hermosa. Todo esto podrá ser difícil, pero nunca demasiado para el Señor: "Para Dios todo es posible" (Mateo 17:26). Tal como

Sara lo experimentó, para los que creen, todas las cosas son posibles. La única cosa que le estorba a Dios es nuestra incredulidad. Recuerde que la fe es la actitud receptiva del alma, engendrada y mantenida por la gracia de Dios. Cristo es el autor y consumador de la fe; no sólo en lo abstracto, sino también en la experiencia personal del alma. La fe es un don de Dios. Para recibirla, lo que necesita es identificar su voluntad con la de Cristo. Que no se trate sólo de un deseo pasajero, sino de toda la fuerza de voluntad de su ser. La voluntad dispuesta a creer paciente, perseverante y anhelosamente. Dirija su mirada siempre hacia el Señor. Estudie sus promesas; piense acerca de la naturaleza divina; esté siempre dispuesto a desprenderse de todo cuanto contriste a su Santo Espíritu. Tan cierto como las verdades proclamadas por Cristo, es que estará haciendo nacer y sustentando en su interior ese tipo de fe que puede mover montañas y reírse de los imposibles.

16
INTERCESIÓN POR SODOMA
Génesis 18:22, 23

Al terminar aquel día, los misteriosos huéspedes se fueron por las colinas hacia Sodoma y Abraham se fue con ellos para encaminarlos. Sin embargo, no llegaron los tres hasta la culpable ciudad sobre la cual ya habían comenzado a acumularse las nubes cargadas de tormenta. Esa noche entraron en ella dos ángeles solos. ¿Dónde quedó su compañero? Se había quedado atrás para seguir conversando con su amigo. La tradición señala todavía el sitio en medio de las montañas, en la cabecera de una larga y pendiente quebrada que lleva a las salinas aguas del mar Muerto. Allí se quedó rezagado el Señor para decirle a Abraham todo lo que guardaba en su corazón.

Abraham era el "amigo de Dios", y la amistad nos da derecho a escuchar los secretos que se encubrirían de los demás. La Biblia griega de los Setenta ha presentado muy bien el espíritu de la discusión divina, al poner la pregunta de este modo: "¿Encubriré yo a *mi siervo* Abraham lo que voy a hacer?" (v. 17). El Señor no hace nada que no haya revelado primero a sus santos siervos y profetas.

Las palabras siguientes nos muestran una razón más para revelarle todo lo que iba a suceder: "Porque yo sé que mandará a sus hijos y a su casa después de sí, que guarden el camino de Jehová, haciendo justicia y juicio" (Génesis 18:19). ¿Tendría temor de que Abraham y sus hijos dudaran de la equidad de sus juicios, si los justos eran destruidos juntamente con los impíos, y si las ciudades de la llanura eran arrasadas sin que se les revelara su pecado por un lado, y el despliegue de la misericordia divina por el otro?

1. **El peso del anuncio hecho por Dios.** "El clamor contra Sodoma y Gomorra se aumenta más y más." Al oído del patriarca no llegaba ningún sonido. Aunque Sodoma pareciera tranquila, Dios escuchaba un clamor: el de una tierra obligada a soportar semejante cicatriz; el de la creación inanimada que gemía angustiada; el de los oprimidos, de los humillados, de las víctimas de la violencia y la lascivia humanas. Estos eran los clamores que habían llegado a los oídos del Señor Dios de los ejércitos.

"Descenderé ahora, y veré." Dios es el único que conoce completamente la verdadera situación antes de poner en marcha sus sentencias. El está no solamente listo, sino deseoso de darnos el beneficio de cualquier excusa, pero un pecado tan notorio como el que se manifestó en Sodoma aquella noche, es suficiente para decidir de una vez para siempre el destino de una comunidad impía cuando comparezca ante Aquél que es juez y testigo a la vez.

"Y si no, lo sabré." Había algo terrible en estas palabras que para Abraham fueron una clara indicación de que se aproximaba la destrucción del lugar, puesto que en su oración alude una y otra vez a la inminencia de su suerte. Pero, ¿qué hay que Dios no sepa? Sí; es necesario que lo recordemos todos, y en especial los que no han aceptado a Cristo en su vida: de Dios no se puede esconder nada. El investigará las ramificaciones más secretas de los pecados del impío, exponiéndolos ante las miradas del universo con el fin de mostrar que son justos sus juicios, que no quedarán sin ejecutar.

2. **La impresión que esta revelación dejó en la mente de Abraham.** Tan pronto como los ángeles partieron, dejando a Abraham a solas con el Señor, un tumulto de emociones llenó su mente. Apenas se atrevía a argumentar con Dios; ¿qué era él, sino "polvo y ceniza"? Sin embargo, se vio impulsado a tratar de evitar la destrucción que amenazaba a las ciudades de la llanura.

Los motivos que lo impulsaban tenían dos aspectos. En primer lugar, sentía una natural inquietud por su sobrino Lot. Ya habían pasado veinte años desde que Lot se había separado de él, pero no había dejado de seguir sus movimientos con el afecto más tierno. El fuerte impulso del afecto natural lo animó a hacer un gran esfuerzo para salvar a Sodoma, no fuera a ser que su sobrino también pereciera en la destrucción. La verdadera religión no tiende a destruir los impulsos del verdadero amor natural, sino a realizarlos.

También tenía temor de que la destrucción total de las ciudades de la llanura pudiera crear prejuicios contra Dios en los pueblos vecinos. Abraham no negaba que muchas de las personas de aquel enervante y lujurioso valle merecían el destino que estaba a punto de cumplirse en las ciudades; pero no podía pensar que todos los pobladores del valle fueran igualmente inmorales. Temía que si todas eran borradas del mapa, las naciones de alrededor tendrían un motivo para hacer reproches contra la justicia de Dios, y lo acusarían de injusticia, por destruir juntamente al justo con el impío.

Esta pasión por la gloria de Dios ardía con una llama fuerte y clara en el corazón de Abraham, y de allí salió su maravillosa intercesión. Cuando lleguemos a estar tan íntimamente identificados con los intereses de Dios como lo estuvo él, llegaremos a sentir como él. Desearemos anhelantes que la naturaleza de Dios sea respetada en medio de los hijos de los hombres. De ser necesario, nos contentaremos con yacer agonizantes en el surco, con tal de oír los gritos de triunfo en medio de los cuales nuestro Rey cabalga sobre nosotros rumbo a la victoria.

3. **Los elementos de la intercesión de Abraham.**

a. *Fue una oración solitaria.* Esperó hasta que no hubiera nadie que oyera la maravillosa forma en que derramó su alma: "Abraham estaba aún delante de Jehová." Es fatal, aun para la devoción más intensa de todas, orar siempre en la presencia de otra persona, aunque sea la persona más amada. Todo santo debe tener un lugar en el que pueda encerrarse a orar al Padre que está en lo secreto.

b. *Fue una oración prolongada.* "Abraham estaba aún delante de Jehová." Aunque leamos la historia en unos pocos minutos, la escena puede haber durado horas. No podemos ascender de prisa a los pináculos más elevados de la oración. Por supuesto, nuestro Dios siempre está listo para oír y responder las oraciones cortas que le hacemos durante el día, pero no podemos mantener esta costumbre de hacer oraciones jaculatorias, a menos que cultivemos las prolongadas. ¡Cuánto perdemos por no saber esperar delante del Señor!

c. *Fue una oración muy humilde.* "He aquí ahora que he comenzado a hablar a mi Señor, aunque soy polvo y ceniza." "No se enoje ahora mi Señor, si hablare solamente una vez." "No se enoje ahora mi Señor, si hablare." "He aquí ahora que he emprendido el hablar a mi Señor." Mientras más cerca nos encontremos de Dios, más conscientes estaremos de nuestra propia indignidad; delante de El, los ángeles se cubren el rostro, y ni los cielos parecen limpios en su presencia.

d. *Su oración se basó en la creencia de que Dios tenía los mismos principios morales que él.* "¿Destruirás al justo con el impío?. . . Lejos de ti el hacer tal. . . El Juez de toda la tierra, ¿no ha de hacer lo que es justo?" Hay un interés infinito en todo esto. Fue como si

Abraham hubiera dicho: — Dios Todopoderoso, yo no consideraría justo el destruir juntamente al justo con el impío; y estoy seguro de que cualquier número de justos que hubiera me impediría hacerlo. Si esto es obligatorio para el hombre, por supuesto que debe serlo mucho más para ti, que eres el Juez de la tierra. — Dios no se enojó, sino que consintió en lo que Abraham le rogaba. Por lo tanto, podemos decir que, aunque Dios pueda actuar de modos que estén por encima de nuestro entendimiento, El no contradice los principios morales que ha colocado en nuestro corazón.

e. *Fue una oración perseverante.* Abraham insistió seis veces. Cada vez que se le concedía su petición, crecían su fe y su valor y sacaba ventaja de su éxito en la oración, al repetir con insistencia su ruego. A primera vista, parece como si hubiera forzado a Dios a contestar sus peticiones de mala gana. No es cierto. En realidad, *Dios lo estaba animando a seguir,* y si se hubiera atrevido a pedir al principio lo que pidió al final, hubiera conseguido más que todo lo que pidió o imaginó cuando comenzó a interceder. ¡Qué lástima que se haya detenido en el número diez! No podemos imaginarnos todo lo que hubiera alcanzado, si hubiera continuado. Tal como sucedió, el Todopoderoso estaba obligado, por las exigencias de su propia naturaleza, a superar los límites puestos por Abraham, al sacar de Sodoma las únicas personas que tenían alguna posibilidad de ser consideradas como "justas".

No había diez justos en Sodoma; pero Lot, su esposa y sus dos hijas fueron salvados, aunque las tres mujeres estaban profundamente infectadas con el contagio moral del lugar. Así, la justicia de Dios quedó claramente afirmada y defendida a los ojos de los pueblos vecinos.

Observamos uno de los grandes principios de la forma en que Dios gobierna al mundo. Toda una ciudad se hubiera salvado, si se hubieran encontrado sólo diez justos dentro de sus murallas. Los impíos se dan muy poca cuenta de cuánto le deben a la presencia de los hijos de Dios entre ellos. ¡Cuán poco sabe el mundo de la deuda que tiene con los santos, que son la sal que impide su corrupción y la luz que detiene la restauración del caos y la tiniebla! No podemos menos que lamentarnos por el mundo, a medida que avanza hacia su triste y tenebroso destino. Intercedamos por él desde las alturas de Mamre. ¡Que nosotros y nuestros seres queridos seamos sacados de él por el Salvador, antes de que las plagas finales se desaten con toda su fuerza sobre él, para producir la inevitable destrucción!

17
TRABAJO DE ÁNGELES EN UNA CIUDAD IMPÍA
Génesis 19

Las aguas del mar Muerto ondean sobre parte del lugar donde estuvieron una vez las ciudades de la llanura, con su agitada vida, pensamientos y negocios. *Todos* los sonidos de la alegría, la tristeza o la industria humanas, la marcha del soldado, los llamados de los pastores, el murmullo del mercado y las voces de los niños que juegan al aire libre, han quedado silenciados por esa terrible desolación, cuyo aspecto es un aplastante testimonio a favor de la veracidad de la Palabra inspirada.

El mar Muerto se halla en medio de desoladas montañas, a casi cuatrocientos metros por debajo del nivel del mar Mediterráneo. Mientras el viajero camina por sus alrededores, viene irremisiblemente a su memoria el día en que "Jehová hizo llover sobre Sodoma y sobre Gomorra azufre y fuego de parte de Jehová desde los cielos; y destruyó las ciudades, y toda aquella llanura, con todos los moradores de aquellas ciudades, y el fruto de la tierra" (vv. 24, 25).

1. **Las razones que justificaron este acto supremo de destrucción.**

a. *Fue una misericordiosa advertencia para el resto de la humanidad.* La lección del diluvio ya casi se había borrado de la memoria del hombre. La familia humana, desenfrenada, había hecho terribles progresos en el campo del vicio desvergonzado y abierto. Por lo tanto, era totalmente sabio y misericordioso lanzar una advertencia para recordarles a los transgresores que hay unos límites, más allá de los cuales el Juez de toda la tierra no les permitiría pasar.

Las advertencias de Dios son movidas por la misericordia, aun cuando no se les preste atención. Bien se ha dicho que esta catástrofe de Sodoma pertenece a esa clase de terrores en los que el hombre sabio puede ver "la amorosa bondad del Señor".

b. *Además, con este terrible acto, lo único que hizo el Todopoderoso fue adelantarles las consecuencias de sus propias acciones.* Las naciones no son destruidas hasta que estén podridas hasta la médula de los huesos. A cualquier observador inteligente le hubiera parecido claro, de aventurarse a salir en Sodoma durante la noche, que la ciudad estaba inevitablemente a punto de desmoronarse. Sus horribles delitos contra la naturaleza ya le habían carcomido el corazón y, en el curso natural de los acontecimientos, la destrucción completa no se haría esperar mucho tiempo.

Entre a las tiendas de Abraham y encontrará la sencillez y la hospitalidad, adornos de un carácter verdaderamente noble, que garantizan la perpetuidad de su nombre y el futuro glorioso de sus hijos. Ahora vaya a Sodoma y en aquella sofocante atmósfera encontrará toda una población enervada en el lujo, corrompida hasta lo más íntimo con los vicios, entre la cual no hay siquiera diez justos, en tanto que "pureza" y "santidad del hogar" no son allí más que palabras necias.

Esto nos inspira una solemne lección. El oleaje de los imperios siempre se ha movido hacia el occidente. Babilonia, Egipto, Grecia y Roma han sostenido sucesivamente el poder supremo para sumirse más tarde en el olvido. ¿Se apartará ese poder de quienes lo detentan actualmente, como se apartó de los demás? No es imprescindible que así sea, pero si observamos cómo aumentan la extravagancia y el lujo, los gastos desmedidos en placeres, el vicio que se exhibe desvergonzadamente en las calles, la adulación a las riquezas, la obsesión con los juegos de azar, la destrucción progresiva de los lazos matrimoniales, bien podemos abrigar los temores más tétricos acerca del futuro. La única esperanza de estas sociedades se halla en el importante papel que pueden desempeñar en la evangelización del mundo. Si fracasan en esto, nada podrá impedir su caída.

c. *Esta destrucción sólo tuvo lugar después de una cuidadosa investigación.* "Descenderé ahora y veré." En estas sencillas palabras entrevemos uno de los principios más sagrados de la actuación divina. Dios no actúa de prisa, ni de oídas. El ve por sí mismo para tener en cuenta todas las circunstancias atenuantes. Esta es una deliberación característica de Dios. El no quiere que nadie se pierda, y es lento para la ira. Los juicios son su manera extraordinaria de obrar. El no ha hecho *sin causa* nada de lo que ha hecho (Ezequiel 14:23).

d. *Mientras estuvo pendiente el juicio, Dios les envió numerosas advertencias.* En primer lugar, la conquista de Quedorlaomer, unos veintisiete años antes de la época sobre la cual estamos escribiendo. También, la presencia de Lot, debilitada por su poca firmeza, pero que aun así era una protesta a favor de la justicia (2 Pedro 2:7, 8). Finalmente, la liberación y restauración obtenidas mediante la enérgica actuación de Abraham. Una y otra vez les había advertido Dios a los hombres de estas ciudades cuál sería su inevitable fin si no se arrepentían.

Dios no trata de modo diferente a las personas en particular. El camino del pecado está sembrado de señales de peligro, de luces rojas y señales explosivas que le advierten al pecador el peligro que corre si continúa por esa vía. Dios dispuso las cosas de tal manera, que no podemos dar ningún paso hacia abajo sin que comience a sonar un innumerable conjunto de timbres que nos adviertan el peligro que nos espera. ¡Todas las señales están en contra de los transgresores!

Atender a estas advertencias es acercarse a la salvación. Despreciarlas, perseverando en el pecado a pesar de todo, conduce al silenciamiento del alma y el endurecimiento del corazón, y se corre el riesgo de caer en la blasfemia contra el Espíritu Santo, puesto que ese pecado imperdonable no es un acto, sino un estado, la situación en que cae un alma que no siente, ni puede sentir; que está completamente insensible y despreocupada respecto de su estado. El que cae en él no es perdonado, sencillamente porque no admite el perdón ni siente la necesidad de él y, por lo tanto, no lo pide.

e. *Vale la pena recordar que Dios salvó a todos los que pudo.* Lot era un triste náufrago que había tenido un comienzo noble. Cuando salió de Ur en compañía de Abraham, prometía una vida de poder y frutos poco comunes, pero era uno de esos personajes que no soportan el éxito.

Cuando descendió a Sodoma, atraído al principio solamente por sus buenos pastos, no hay duda de que sus intenciones eran mantenerse separado de sus habitantes, y vivir fuera de sus murallas. Sin embargo, la mariposa no puede revolotear alrededor de la llama sin exponerse al peligro de morir quemada. Con dificultad fue sacado de Sodoma, como cuando se separa el hierro candente de la quemadura, y por pura decencia ponemos un velo a las escenas finales de su vida. No obstante, aun un fracasado como él fue salvado de la destrucción.

No sólo él fue rescatado, sino también su esposa, quien no había caminado mucho trecho fuera de la ciudad antes de mirar atrás con una mezcla de desobediencia y desprecio, con lo que demostró que no le quedaba esperanza alguna. También lo fueron sus dos hijas, cuyos nombres llevan el estigma eterno de la infamia. Si Dios tuvo tanto cuidado de garantizarles la seguridad a ellos, ¡cuán malos deben haber sido aquellos que dejó abandonados a su suerte! ¿No está claro que El salvó a todos los que estaban al alcance de las posibilidades de su misericordia? Entre los definitivamente perdidos, no habrá uno solo que pueda alegar el más débil de los derechos a ser contado entre los salvos; en cambio, entre los salvos habrá muchos cuya presencia nos sorprenderá mucho. "Vendrán del oriente y del occidente... pero los hijos del reino serán echados fuera".

2. **Los motivos de la visita de los ángeles.** Fueron tres:

a. *La causa inmediata fue su propio amor por el ser humano.* Los ángeles nos aman. Aunque saben que nosotros estamos destinados a una dignidad ante la cual palidece la de los más elevados serafines, ninguna envidia afecta la pura benevolencia que palpita dentro de esos santos espíritus. Para ellos, basta que Dios lo quiera así, y que seamos amados por su dulce Amo, el Señor Jesucristo.

b. *La causa eficiente fue la oración de Abraham.* "Así, cuando destruyó Dios las ciudades de la llanura, Dios se acordó de Abraham, y envió fuera a Lot de en medio de la destrucción" (Génesis 19:29). Siga orando. No deje de orar por ese ser amado que se encuentra en tierras lejanas en medio de una Sodoma de iniquidad. Tal vez le parezca imposible descender a rescatarlo, o ayudarlo de cualquier otro modo; pero como respuesta a su oración, Dios enviará a sus ángeles al lugar donde se encuentre ese ser amado suyo. Los ángeles de Dios van a todas partes. Toda una Sodoma no es capaz de impedir que sus víctimas sean tocadas por los ángeles, del mismo modo que es imposible que los ambientes corrompidos por los cuales pasan, puedan manchar su brillante presencia. Mientras usted está orando, los ángeles de Dios se hallan ya en camino para cumplir sus deseos, aunque su progreso pueda ser estorbado por causas escondidas a nuestra vista o conocimiento (vea Daniel 10:12, 13).

c. *No obstante, la causa fundamental fue la misericordia de Dios.* "Según la misericordia de Jehová para con él" (v. 16). La misericordia: ese es el último eslabón de la cadena. No hay nada más allá de ella. Este será también el tema de nuestra alabanza por toda esa eternidad cuya estrella matutina ya ha brillado en nuestro corazón.

El mundo todavía está lleno de Sodomas; y hay personas como Lot, a quienes conocemos o amamos, o tienen alguna relación con nosotros, sentadas a sus puertas. ¿Por qué quedarnos por detrás de los ángeles en nuestro celo por arrancarlos de la maldad como se desprende el hierro candente de la piel quemada?

3. Los ángeles fueron al lugar donde se encontraba Lot. "Llegaron, pues, los dos ángeles a Sodoma a la caída de la tarde" (v. 1). ¿Qué? ¿Fueron los ángeles a Sodoma? Sí, a Sodoma, y a pesar de que eran ángeles. Un rayo de luz es capaz de pasar a través de la atmósfera fetida de algún patio sucio, y salir de ella sin que su pureza haya sido manchada. También los ángeles pueden pasar una noche en Sodoma, rodeados de una caterva de pecadores, y seguir siendo ángeles inmaculados.

Este es el espíritu del Evangelio de Cristo: "Va en busca de la [oveja] perdida hasta que la encuentra." No debemos esperar a que los pecadores vengan a nosotros; debemos ir nosotros a ellos. Dondequiera que haya personas, debemos ir a predicar el Evangelio. Aun en los lugares menos pensados puede haber algún Lot que habría muerto en sus pecados, si alguien no hubiera ido en su busca.

4. Se contentaron con trabajar para unos pocos. Las frutas que se arrancan del árbol con la mano tienen un valor especial. Todos los seguidores más selectos del Señor fueron resultado de su ministerio personal. Uno tras otro, les dijo: "Sígueme." Su vida estuvo llena de encuentros personales. El iba en busca de cada cual, individualmente (Mateo 4:19, 21; 9:9; Lucas 14:5). Lo vemos dedicar gran tiempo y conversación para ganar a una solitaria mujer de dudosa reputación (Juan 4). Creía en el valor de ir tras la oveja perdida. El apóstol Pablo afirma que él amonestaba y enseñaba a todos "a fin de presentar perfecto en Cristo a todo hombre" (Colosenses 1:28).

Es muy probable que sean más las personas salvas a través del evangelismo personal, que por medio de la predicación de sermones. No es el sermón el que las gana, sino la sosegada conversación con un obrero cristiano, una carta de sus padres o las palabras de un amigo.

Nunca sabemos las consecuencias y los frutos que habrá cuando ganamos un alma para Cristo. James Brainerd Taylor pasó a la presencia de Dios en plena juventud, pero no antes de haber ganado centenares de almas a través del evangelismo personal. De su biografía tomamos el siguiente ejemplo, que representa muy bien a muchas otras circunstancias similares.

En cierta ocasión, le quitó el freno a su caballo para que pudiera beber de un pozo que estaba a la orilla del camino. Otro jinete hizo lo mismo en ese momento. El siervo de Dios, mientras los caballos saciaban su sed, se volvió al extraño y le dijo algunas ardientes palabras acerca del deber de ser discípulo de Cristo y el honor que representa. Un momento más tarde se habían separado y viajaban en diferentes direcciones, pero la Palabra de Dios quedó sembrada como semilla incorruptible, y produjo la conversión de aquél que la recibió a la orilla del camino, quien se convirtió en cristiano y se hizo misionero. Con frecuencia se preguntaba quién habría sido el instrumento de su conversión, y en vano lo buscaba. No logró identificarlo hasta años más tarde, cuando en un paquete de libros que le enviaron desde su tierra natal, descubrió la historia de aquella vida consagrada, y vio en la portada el rostro que siempre había contemplado, en sueños y despierto, desde aquella corta pero memorable entrevista.

Se ha dicho que el método verdadero para ganar almas es poner todo el corazón en el alma de alguien, y perseguirla hasta que haya aceptado o rechazado definitivamente el Evangelio de la gracia de Dios. Felipe fue sacado del gran avivamiento de Samaria para internarse en un camino desierto y ganar a una sola persona temerosa de Dios.

¿Les ha hablado alguna vez del Señor al cartero, a su compañero de trabajo o a su vecino? La evangelización del mundo no tardaría mucho en completarse si todos los hombres enseñaran a sus vecinos y a sus hermanos, diciendo: "¡Conoce al Señor!"

5. **Los ángeles le advirtieron claramente a Lot el peligro en que se encontraba.** "¿Tienes aquí alguno más?... Sácalo de este lugar; porque vamos a destruir este lugar, por cuanto el clamor contra ellos ha subido de punto delante de Jehová; por tanto, Jehová nos ha enviado para destruirlo" (Génesis 19:12, 13). Hoy en día, tenemos miedo de hablarles a los hombres de este modo. Nuestros labios no están acostumbrados a ello. Nos hemos propuesto ser más diplomáticos que Cristo. Sin embargo, El no usó palabras disimuladas para hablar del gusano que no muere y del fuego que no se consume. El crujir de dientes; el llanto desesperado; la llamada ante la cual ninguna puerta se abrirá, son argumentos que salieron más de una vez de sus labios. (Vea Mateo 8:12; 13:42, 50; 22:13; 24:51; 25:10-12, 30; Marcos 9:43-48; Lucas 13:25-28.) Es evidente en su enseñanza que consideraba al hombre capaz de cometer un error irreparable.

Es posible que el final del día de gracia esté más cerca de lo que pensamos. Escape para salvar su vida; no mire a lo que queda atrás, ni se aparte del costado abierto de Jesús, que es el único refugio contra el justo juicio sobre el pecado. No descanse hasta que haya puesto al Señor Jesús entre usted y la justicia que lo persigue.

6. **Los ángeles obligaron a Lot a apresurarse.** "Y al rayar el alba, los ángeles daban prisa a Lot" (19:15). Se quedaron de mala gana en su casa, a diferencia de la presteza con la que habían aceptado la hospitalidad de Abraham. Pasaron aquella corta y sofocante noche convenciendo a Lot acerca de la certeza y el terror de la inminente destrucción. Tanto, que lo hicieron ir a despertar a sus yernos. Sin embargo, una vida carente de firmeza interna no es capaz de detener al descarriado, ni despertar al que duerme para que se preocupe de su alma. Se suele decir que debemos conformarnos un poco con las costumbres de nuestros días si queremos ejercer una influencia salvadora sobre los hombres. Esto es un fatal error. Si vivimos en Sodoma, no tendremos poder para salvar a la gente de Sodoma. Tenemos que estar separados de sus habitantes para poder salvarlos de las cataratas de perdición eterna. "Mas pareció a sus yernos como que se burlaba" (v. 14).

Cuando volvió de su fracasada misión, Lot parecía contagiado con el escepticismo de los que habían ridiculizado sus advertencias. "Y deteniéndose él." ¿Cómo dejar a su familia, las cosas de su casa y todas sus propiedades, por lo que parecía ser una tonta aventura? "Y

deteniéndose él, los varones asieron de su mano."
Fue una ayuda manual. Era la urgencia del amor que no toma un "no" por respuesta. Los dos ángeles tenían las manos ocupadas, cada una de ellas aferrada a la mano de un pecador demorado. ¡Quiera Dios que conozcamos más a fondo este santo entusiasmo que salva a los hombres del fuego! (vea Judas 23).
Apresuremos a los pecadores. Digámosles a todos: "Escapa para salvar la vida; es mejor perderlo todo, que perder el alma. No te detengas en ningún lugar hasta llegar a la ciudad de refugio, que es el mismo Jesucristo. ¡Apresúrate!" Este es el momento aceptable; hoy es el día de salvación.

18

UN POCO DE LA NATURALEZA VIEJA
Génesis 20:9

Un mal puede permanecer latente, permitido e impenitente en nuestro corazón por muchos años, hasta engendrar el fracaso y la tristeza en nuestra vida. No obstante, lo que escapa a nuestro conocimiento, está patente en toda su desnuda deformidad ante los ojos de Dios. Una vez que El descubra el foco canceroso, puede poner en nosotros el deseo de someternos a una cirugía que nos libre del cáncer del pecado para siempre.

Estas palabras han sido inspiradas por el versículo trece de este capítulo, que indica una malvada conspiración entre Abraham y Sara hecha unos treinta años antes. Al hablar con el rey de los filisteos, el patriarca deja ver una clave que nos permite comprender mejor el fracaso que tuvo cuando entró por primera vez a la Tierra Prometida y, bajo la presión del hambre, descendió a Egipto; y también la repetición de ese fracaso que vamos a ver ahora. Esto fue lo que dijo: "Y cuando Dios me hizo salir errante de la casa de mi padre, yo le dije: Esta es la merced que tú harás conmigo, que en todos los lugares adonde lleguemos, digas de mí: Mi hermano es."

Este pacto secreto entre Abraham y su esposa en los primeros días de su éxodo, se debió a su débil fe en el poder de Dios para cuidarlos, consecuencia de su limitada experiencia con su todopoderoso Amigo.

Sin embargo, la existencia de este convenio secreto era contraria a la nueva relación que él tenía con Dios. Era un defecto secreto de su fe, que destruiría su eficacia en las tenebrosas pruebas que se acercaban. Dios podía haberlo ignorado en esos primeros días, cuando la fe de Abraham era aún joven, pero no lo podía permitir cuando esa fe llegaba a una madurez tal, que cualquier defecto sería detectado al instante.

El juicio y la erradicación de este mal latente ocurrieron de la siguiente manera: El día anterior a la caída de Sodoma, el Todopoderoso le dijo a Abraham que, llegado cierto momento del año siguiente, tendría su heredero. Era de esperarse que pasara los meses de embarazo de Sara bajo el encinar de Mamre, que estaba repleto de tantos gratos recuerdos. Sin embargo, "de allí partió Abraham a la tierra del Neguev, y acampó entre Cades y Shur, y habitó como forastero en Gerar" (Génesis 20:1).

Gerar era la capital de una raza de hombres que habían desposeído a los habitantes originales de esa tierra, y estaban pasando gradualmente de la vida pastoral nómada a la de nación guerrera sedentaria. Su jefe ostentaba el título de Abimelec, que significa "mi padre el rey".

Aquí el acuerdo entre Sara y Abraham era un oportuno recurso, aunque ya estuviera casi olvidado, y detrás de él se escondió la incredulidad de Abraham. El conocía la inmoralidad de su época. Por eso temía que el monarca pagano, enamorado de la belleza de Sara, lo matara por causa de su esposa. Entonces recurrió de nuevo a la mentira, al llamarla hermana. Actuó como si Dios no pudiera haberlos defendido, librándolos de toda maldad, como había hecho en días pasados.

1. Su conducta fue muy deshonrosa para Dios. Entre aquellas primitivas tribus, Abraham gozaba de la reputación de ser el siervo de Jehová. Por tanto, podían juzgar la personalidad de Aquél a quien no podían ver, por las tendencias que podían discernir en su siervo. ¡Qué triste que las normas morales de Abraham demostraran ser inferiores a las de ellos! Tanto, que el mismo Abimelec se vio en condiciones de reprenderlo.

Es muy triste que un inconverso censure al que profesa tener una piedad superior, por decir mentiras. Es lamentable también confesar que es bastante frecuente que estos hombres tengan normas morales más elevadas que las de muchos que se consideran piadosos. El hindú abstemio se escandaliza de las embriagueces de algunos que se llaman cristianos y hasta lo invitan a abrazar la religión de ellos. El trabajador aborrece el credo que profesa su jefe un día a la semana, pero no pone en práctica en los otros seis. Portémonos prudentemente con los inconversos, para no manchar nuestro testimonio cristiano.

2. Su conducta también quedó en posición de inferioridad en comparación con el comportamiento de Abimelec. Aquí se nos presenta este rey como el más noble de los dos. Lo vemos levantarse muy temprano, dispuesto a corregir de inmediato su gran error. Pone a sus siervos en conocimiento de lo ocurrido. Compensa a Sara con abundantes presentes. Expresa su reproche y reprensión en un tono notablemente amable y gentil. Sencillamente, le dice a Sara que su posición como esposa de un profeta bastaría para servirle de seguridad y velo (v. 16). En su comportamiento hay una atmósfera de elevada nobleza que se gana toda nuestra admiración y respeto.

Al concluir este capítulo, consideremos algunas lecciones prácticas:

a. *Nunca estaremos completamente seguros mientras estemos en este mundo.* Abraham ya era anciano. Habían pasado treinta años desde la última vez que había cometido aquel pecado. Nunca se gloríe de que ya no comete los pecados del pasado: sólo la gracia de Dios hace que se mantengan bajo control. Si usted deja de permanecer en Cristo, revivirán y volverán a visitarlo.

b. *No tenemos ningún derecho a lanzarnos delante de la tentación que con frecuencia nos ha dominado.* Los que a diario piden: "No nos metas en tentación", deberían preocuparse por no darle ocasión de entrada a la tentación contra la cual oran. No debemos esperar que los ángeles nos tomen en sus brazos cada vez que decidamos arrojarnos por un precipicio.

c. *La actitud de Dios ante el pecado de Abraham debe animarnos.* Aunque Dios tiene una controversia secreta con su hijo, no lo aparta de sí. Al rey Abimelec le dijo que era hombre muerto; lo detuvo por medio de una terrible enfermedad y le pidió que buscara la intercesión del mismo hombre que lo había engañado tan gravemente y quien, a pesar de todos sus fracasos, todavía era profeta y gozaba de poder delante de El.

¿Ha pecado, haciendo caer una mala reputación sobre el nombre de Dios? No se desespere. Apártese de ese pecado y confiéselo con lágrimas de arrepentimiento y confianza infantil, como debe haber hecho Abraham. Confíe entonces en la paciencia y el perdón de Dios, y deje que su amor, como fuego consumidor, lo libre de todo pecado oculto o disimulado.

19

LA EXPULSIÓN DE AGAR E ISMAEL
Génesis 21:10

El Todopoderoso amador de las almas conocía la prueba que esperaba a su hijo, y se dispuso a prepararlo para ella, librándolo de ciertas inconsecuencias que persistían aún, y que habrían paralizado la actuación de su fe en la hora de la prueba. Ya hemos visto cómo una de ellas — el pacto secreto entre Abraham y Sara — fue expuesta a la luz y juzgada. Ahora veremos cómo Dios resolvió otro asunto más: la conexión del patriarca con Agar y su hijo.

No podemos entender completamente de qué modo la presencia de Agar e Ismael estorbaba en Abraham el desarrollo de una vida de fe más noble. ¿Estaba su corazón todavía apegado a la joven que le había dado su primer hijo? ¿Había en este arreglo alguna satisfacción secreta porque al menos había logrado lo que deseaba, aunque sin la bendición de Dios? ¿Tenía algún temor de que si se le pedía que entregara a Isaac, le sería más fácil hacerlo, pues le quedaría Ismael como hijo y heredero? Así le fueron arrebatados los ídolos que acariciaba, uno tras otro, para que se entregara, desnudo e incapaz de nada, a la omnipotencia del Dios eterno. "Este dicho pareció grave en gran manera a Abraham" (v. 11).

La separación definitiva de Abraham respecto de aquellas cosas que habrían sido perjudiciales para el ejercicio máximo de la fe, se realizó al nacer el hijo por tanto tiempo prometido, hecho al que se alude al principio de este capítulo (Génesis 21), y que lo llevó a la crisis de la que hablamos.

"Visitó Jehová a Sara, como había dicho, e hizo Jehová con Sara como había hablado" (Génesis 21:1). Nunca será excesiva nuestra confianza en Dios. La palabra más insignificante de Dios es como una estaca de madera incorruptible clavada en la Roca de la Eternidad, que nunca cederá, y a la cual podemos asirnos confiadamente para siempre.

1. Debemos estar preparados para esperar el momento escogido por Dios. "Y Sara concibió y dio a Abraham un hijo en su vejez, en el tiempo que Dios le había dicho" (v. 2). El tiempo llegó al fin; y entonces la risa que llenó el hogar del patriarca hizo que los dos ancianos olvidaran la larga y tediosa vigilia. "Y llamó Abraham el nombre de su hijo que le nació, que le dio a luz Sara, Isaac" (v. 3). Isaac significa "risa". Si usted está esperando, anímese, pues Aquél en quien espera no lo defraudará, ni llegará cinco minutos tarde a la cita que tiene con usted. Muy pronto su tristeza se convertirá en gozo.

La risa de incredulidad con la cual Sara recibió el primer anuncio de su cercana maternidad (18:12) se transforma ahora en la risa de la esperanza convertida en realidad.

¡Alma, bienaventurada serás cuando Dios te haga reír! Entonces la tristeza y el llanto huirán para siempre, como la oscuridad al llegar el alba.

La paz del hogar de Abraham permaneció intacta al principio, aunque es posible que se hayan presentado algunos ligeros síntomas de la ruptura que se acercaba. El disgusto que Sara había manifestado por Agar muchos años antes, nunca se había extinguido; sólo se había convertido en brasas en su corazón, en espera de algún pequeño incidente que lo avivara y lo encendiera en llamas otra vez. Tampoco la apasionada naturaleza de Agar había olvidado jamás el duro tratamiento que la había impulsado a escapar para tratar de sobrevivir de la mejor manera posible en el inhóspito desierto. Es posible que Abraham haya tenido que interceder sufridamente con frecuencia para mantener la paz entre ellas. Al fin las habitaciones de las mujeres no pudieron seguir encerrando aquella discordia, y salió a luz el escándalo.

2. La ocasión inmediata de esta abierta ruptura fue el destete de Isaac. "Y creció el niño, y fue destetado; e hizo gran banquete el día que fue destetado Isaac" (v. 8). Pero en medio de toda la alegría de la feliz ocasión, de repente una sombra se robó la escena, y se posó sobre el alma de la madre. Los celosos ojos de Sara vieron a Ismael burlándose. ¡Y no era de sorprenderse! Esto despertó todos los celos de Sara que habían permanecido latentes y que seguramente habían sido probados fuerte y frecuentemente durante los últimos pocos años por el carácter arrogante e independiente de Ismael. No iba a soportarlo más. ¿Por qué debía ella, la esposa del jefe y madre de su heredero, tolerar la insolencia de un esclavo? Entonces le dijo a Abraham, con todo el escarnio y el sarcasmo que le inspiraban sus viejos celos: "Echa a esta sierva y a su hijo, porque el hijo de esta sierva no ha de heredar con Isaac mi hijo" (v. 10).

3. Recordemos aquí el uso que el apóstol Pablo hace de este incidente. En sus días, los judíos, orgullosos de ser los descendientes directos de Abraham, no querían aceptar la posibilidad de que alguien que no perteneciera a su grupo pudiera ser hijo de Dios y heredero de la promesa. Se adjudicaban unos privilegios y una posición exclusivos. Cuando comenzaron a nacer de nuevo multitudes de gentiles en el seno de la Iglesia cristiana al iniciarse la predicación del Evangelio entre ellos, y afirmaron que eran la simiente espiritual, con todos sus derechos, fue cuando los que, como Ismael, habían nacido solamente según la carne, persiguieron a los que, como Isaac, habían nacido según el Espíritu. En todos los lugares hubo judíos dispuestos a resistirse a la predicación del Evangelio, que les negaba la exclusividad de sus privilegios, y a perseguir a los que no entraran a la Iglesia a través de los ritos del judaísmo. Muy pronto, la nación judía se vio rechazada, echada a un lado. Las edades sucesivas han visto el crecimiento de la Iglesia de entre los que fueron perseguidos entonces, mientras los hijos de Abraham según la carne han tenido que vagar por el desierto, desfalleciendo de sed por la verdadera agua de vida (Gálatas 4:29, 30).

4. Hay otro significado más profundo aún. La esclava Agar, quien quizá naciera en el desierto del Sinaí, puesto que parecía conocerlo bien, es un buen símbolo del espíritu de legalismo y esclavitud que busca la vida mediante la observancia de la ley, dada desde aquellas venerables alturas. Agar es el pacto del monte Sinaí, en Arabia, "el cual da hijos para esclavitud", y "junto con sus hijos está en esclavitud" (Gálatas 4:24, 25). En cambio Sara, la mujer libre, representa el pacto de la gracia. Sus hijos nacen de la fe, la esperanza y el amor; no están atados por el espíritu del "deber", sino por los impulsos de la gratitud espontánea; su hogar no está en las ceñudas hendiduras del Sinaí, sino en la Jerusalén de arriba, que es libre, y es la madre de todos nosotros. En aquellos momentos, señala el apóstol, no había lugar para Agar y Sara, con sus respectivos hijos, en la tienda de Abraham. Si Ismael estaba allí, era porque Isaac no había nacido todavía, pero al llegar Isaac, Ismael debía salir. Igualmente, los dos principios — el legalismo, que insiste en el desempeño del rito externo de la circuncisión; y el de la fe, que acepta la obra realizada por el Salvador — no pueden coexistir en un mismo corazón. Es una imposibilidad moral. Por eso, al dirigirse a los conversos de la Galacia, quienes eran tentados por los maestros judaizantes a mezclar el legalismo y la fe, el apóstol les pide que sigan el ejemplo de Abraham, y que echen fuera el espíritu de esclavitud que mantiene al alma en una agonía perpetua de inquietud.

5. El resto de la historia es narrado con brevedad. Con mucha tristeza, Abraham sacó a Agar y a su hijo de su hogar, dándoles una última y dolorosa despedida. Salieron muy de mañana, antes de que el campamento despertara. Abraham debe haber sufrido profundamente al poner el pan en su mano, atar con sus propios dedos el odre de agua en su hombro, y besar a Ismael una vez más.

Fue mejor así. Dios atendió a las necesidades de ambos. Cuando ya se le acababan las esperanzas a la madre, y el hijo yacía moribundo por la sed en el abrasador sol del mediodía bajo la delgada sombra de un arbusto del desierto, el ángel de Dios calmó sus suspiros, le indicó el pozo de agua que sus lágrimas le impedían ver y le prometió que su hijo se convertiría en una gran nación. "Entonces dijo Dios a Abraham: No te parezca grave... En todo lo que te dijere Sara, oye su voz" (v. 12).

Así fue desechado un obstáculo más, y Dios dio un paso adelante en la preparación de su "amigo" para la victoria suprema de su fe, que ya estaba cerca, y de la cual toda su vida había sido una preparación.

20

Un lugar tranquilo para descansar
Génesis 21:33, 34

Ya hemos visto que el todopoderoso Amigo de Abraham, con sabiduría y ternura, lo había estado preparando para la prueba cercana; primero, al sacar a luz su pacto secreto con Sara; y luego, librándolo de la presencia de Agar y su hijo. Ahora tendría que preparar su espíritu aún más, a través de este período de pacífico descanso junto al pozo del juramento. Saliendo de Gerar, el patriarca viajó con sus lentos rebaños a lo largo del fértil valle que se extiende desde el mar hacia el campo. Al llegar a un lugar apropiado para acampar, Abraham cavó un pozo que probablemente sea uno de los que todavía hay allí, y cuya agua, que se encuentra a unos cuarenta pies de profundidad, es pura y potable. Los abrevaderos del ganado se encuentran esparcidos muy cerca de la boca del pozo, cuyas piedras están gastadas profundamente por la fricción de las cuerdas que se usan para sacar el agua a mano. Es probable que estas mismas piedras fueran talladas originalmente siguiendo las indicaciones del patriarca, aunque su posición haya sido alterada por obreros árabes en fecha posterior. Poco tiempo después de establecerse Abraham allí, el rey Abimelec, acompañado de Ficol, el príncipe de su ejército, llegó al campamento con la intención de hacer un tratado que los obligara, no solamente a ellos, sino también a sus hijos: "Júrame aquí por Dios, que no faltarás a mí, ni a mi hijo ni a mi nieto" (v. 23). Antes de comprometerse formalmente bajo estas sanciones solemnes, Abraham expuso un asunto que todavía es tema de disputa en el Oriente Medio. Los pastores de Abimelec habían arrebatado violentamente el pozo de agua que los siervos de Abraham habían cavado. El rey negó de inmediato tener conocimiento alguno de aquella acción realizada sin su conocimiento y permiso. En el tratado hecho por los dos príncipes se puso lo que nosotros llamaríamos una cláusula especial con referencia a este pozo, destinado a ser tan famoso en el futuro. Se llamó "Beerseba", "el pozo del juramento" o "de siete", número que se refiere a las siete ofrendas o víctimas sobre las cuales se hizo el juramento. Para conmemorar aún más el tratado, Abraham plantó un tamarisco. Puesto que este es un resistente árbol que permanece siempre verde, perpetuaría por mucho tiempo la memoria de la transacción en aquellas tierras, donde la mente humana se fija anhelosa en todo lo que interrumpa la monotonía del paisaje. Allí también edificó un altar o santuario e "invocó el nombre de Jehová Dios eterno. Y moró Abraham en tierra de los filisteos muchos días". ¡Qué días tan felizmente largos! ¡Quién hubiera sabido que la prueba más grande de toda su vida todavía estaba por llegar, y que del despejado firmamento estaba por caer un rayo que amenazaba destruir toda su felicidad de un solo golpe!

1. **Vivamos junto al pozo.** Existe entre los cristianos contemporáneos una tendencia a magnificar lugares y escenas especiales, asociados con momentos de bendición; pero muchos están en peligro de olvidar que, en vez de hacer un peregrinaje anual al pozo, deberían establecer su residencia junto a él y vivir allí.

El agua de este pozo nos habla de la vida de Dios, que está en el Señor Jesucristo, y permanece guardada para nosotros en las insondables profundidades de la Palabra de Dios. El pozo es profundo, pero el balde de la fe puede alcanzar su precioso contenido y traerlo al labio sediento y al corazón anhelante. ¡Si pudiéramos darnos cuenta de modo práctico de lo que Jesús quiso decir cuando afirmó: "El agua que yo le daré será en él una fuente de agua que salte para vida eterna"!

Abra su corazón a las enseñanzas del Espíritu Santo. No se contente con menos que con un profundo y grato conocimiento de la Biblia.

2. **Protejámonos bajo el pacto.** Abraham no temía ningún mal, debido al juramento de Abimelec. Tanto más segura y tranquila debería estar el alma del creyente, que se protege bajo ese pacto eterno que es "ordenado en todas las cosas, y será guardado" (2 Samuel 23:5). Hay cristianos que dudan de su salvación eterna y están temerosos de caer de la gracia y perderse. Para ellos, este consejo es especialmente apropiado: "Viva junto al pozo del juramento".

La pregunta básica es: ¿Cree en Jesucristo? Digámoslo en palabras más sencillas aún: ¿Está dispuesto a que el Espíritu Santo cree en usted una fe viva en el Salvador del mundo? Si es así, usted puede apropiarse de las bendiciones del pacto confirmado por la decisión y el juramento de Dios.

Si creemos, todo esto se vuelve real para nosotros. Somos perdonados; nuestro nombre está inscrito en la lista de los salvos;

somos adoptados y recibidos en la familia de Dios; tenemos dentro de nosotros el principio de una vida que es eterna, como la vida de Dios. ¿No ha de confortarnos esto en medio de tantos sufrimientos desgarradores? Regocíjese con todas las cosas buenas que le da el Señor su Dios. Plante sus árboles; acomódese a su sombra y aliméntese de su fruto. Escuche la sonora risa de su Isaac. No tema al futuro; confíe en el gran amor de Dios. Viva junto al pozo, y abríguese bajo el pacto. Así, si las pruebas se acercan, podrá afrontarlas mejor, con un corazón fuerte y sereno.

21
LA MAYOR DE LAS PRUEBAS
Génesis 22:2

Mientras haya hombres sobre la tierra, volverán a este relato con inextinguible interés.

1. **"Probó Dios a Abraham."** No quiere decir esto que Dios tentara a Abraham, sino que lo puso a prueba. Es Satanás quien nos tienta para sacar a luz la maldad que hay en nuestro corazón. En cambio, Dios lo que hace es ponernos a prueba, para que salga a relucir lo bueno.

Tanto los incidentes comunes de la vida diaria, como las incesantes oportunidades de ejercitarnos y fortalecernos, y las crisis excepcionales, están planeados para que recibamos a través de ellos las gracias de la vida cristiana.

2. **Dios no nos manda las pruebas, sean grandes o pequeñas, sin prepararnos de antemano.** El "os dará juntamente con la tentación la salida, para que podáis soportar" (1 Corintios 10:13). Por lo tanto, las pruebas son el voto de confianza de Dios acerca de nosotros. El nos envía muchos sucesos insignificantes para probarnos, antes de permitir que nos sobrevenga una prueba mayor. "Aconteció después de estas cosas, que probó Dios a Abraham."

3. **A menudo, Dios nos prepara para las pruebas venideras dándonos alguna nueva y bendita revelación de sí mismo.** Observamos que, al concluir el capítulo anterior, se dijo que Abraham "invocó allí el nombre de Jehová Dios eterno". No sabemos que él se haya referido a Dios de este modo anteriormente. Lo había conocido como el Dios todopoderoso (17:1), pero no como el Dios eterno. La inmutabilidad, la eternidad, la independencia respecto del cambio y

del tiempo, que son características esenciales de Jehová, se presentaron todas de repente ante su alma en aquellos momentos de una forma nueva y más vívida. El nombre nuevo lo capacitaría para resistir mejor la fuerte impresión de la tristeza que lo esperaba.

4. La prueba tocó el punto más sensible de Abraham. Tenía que ver con su hijo Isaac. Nada más de cuanto lo rodeaba pudo haber constituido una prueba tan dura como algo concerniente al heredero de la promesa, el hijo de su ancianidad y la risa de su vida. Su amor fue puesto a prueba. El había hecho mucho por amor a Dios. Sin que le importara el precio, siempre había puesto a Dios en primer lugar, contento de sacrificarlo todo por amor a El. Por esto había salido de la casa paterna; había renunciado a las esperanzas que tenía puestas en Ismael, sacándolo al desierto para que no regresara, como se haría más tarde con el macho cabrío expiatorio. Sin embargo, si se le hubiera preguntado si creía que amaba a Dios por encima de todas las cosas, tal vez no se hubiera atrevido a decir que sí. Nunca podemos medir nuestro amor por los sentimientos. La única prueba verdadera de amor la da lo que somos capaces de hacer por la persona a quien decimos amar. En cambio, Dios sabía cuán verdadero y fuerte era el amor de su hijo, y que lo amaba a El más que a todo. Entonces lo sometió a la prueba suprema, para que en adelante todos los hombres supieran que un hombre mortal puede amar tanto a Dios, que le da el primer lugar, aunque en el otro plato de la balanza se encuentre su ser más amado.¿No le gustaría amar así a Dios? Entonces dígale que está dispuesto a pagar el precio, si El hace surgir ese amor dentro de usted.

5. También fue una prueba muy dura para su fe. Isaac era el hijo de la promesa. "En Isaac te será llamada descendencia." Una y otra vez, aquel niño había sido mencionado por Jehová como el eslabón esencial entre aquel par de ancianos y la vasta posteridad que les prometía. En cambio, ahora le pedía al padre que sacrificara a su único hijo. Fue una gigantesca prueba para su fe. ¿Cómo podría Dios cumplir su palabra, y al mismo tiempo hacer que Isaac muriera? Aquello era totalmente inexplicable para el pensamiento humano. Si Isaac hubiera sido de edad suficiente para tener un hijo que perpetuara la simiente de futuras generaciones, la dificultad habría desaparecido. En cambio ahora, ¿como podría morir Isaac sin hijos, y aún así cumplirse la promesa de una posteridad que surgiría de él y sería innumerable, como las estrellas y los granos de arena? Dice la epístola a los Hebreos que la mente del anciano estaba cautivada por un solo pensamiento: Dios es poderoso. "Pensando que Dios es poderoso para levantar aun de entre los muertos, de donde, en sentido figurado, también le volvió a recibir" (Hebreos 11:19). El sabía que de algún modo Dios iba a cumplir su palabra. No tenía que razonar acerca de esto, sino limitarse a obedecer. Ya había visto el poder de Dios en acción dando vida, en Isaac, cuando en su ancianidad no quedaban esperanzas. ¿Por qué no depositar toda su confianza en Dios otra vez? De todos modos, debía seguir haciendo lo que se le había ordenado, y descansar en la inagotable abundancia almacenada en el secreto de las manos de Dios. ¡Quién tuviera una fe así! Creer con toda sencillez lo que Dios dice; estar seguro de que Dios lo hará todo tal cual lo ha prometido. No alarmarse. Quitar la mirada de las circunstancias que amenazan con imposibilitar la realización de la promesa, y ponerla en la inmutable veracidad de la palabra empeñada por Dios.

6. **Fue una prueba para la obediencia de Abraham.** La palabra del Señor debe haber venido a él en una visión nocturna, y a la mañana siguiente, muy de madrugada, el patriarca ya estaba en camino. La noche anterior, al acostarse, no tenía la menor idea de la misión con la que iba a salir al amanecer. No obstante, actuó inmediatamente. "Y Abraham se levantó muy de mañana" (v. 3). No permitió que nadie más ensillara el asno, cortara la madera, ni interfiriera con la rapidez de su actuación. "Enalbardó su asno... y cortó leña para el holocausto, y se levantó, y fue al lugar que Dios le dijo."

7. **Esta prueba no violentó ninguno de los instintos naturales de su alma.** En primer lugar, estaba muy familiarizado con la voz de Dios para equivocarse. La había escuchado con demasiada frecuencia para cometer un error en esta solemne crisis. También estaba seguro de que Dios tendría alguna manera de liberar la vida de Isaac. Además, en su época este tipo de sacrificio era muy común, y nunca se le había enseñado específicamente que su todopoderoso Amigo los aborrecía. Uno de los primeros principios de la antigua religión cananea exigía que los hombres sacrificaran a sus primogénitos por sus transgresiones; el fruto del cuerpo por el pecado del alma. No que los padres fueran menos sensibles que en nuestros días, sino que tenían un sentido más profundo de terror del pecado no perdonado, y se inclinaban ante dioses desconocidos, a quienes atribuían sed de sangre y sufrimiento. Ningún precio era demasiado alto para apaciguar las terribles demandas de la ignorancia, la superstición y la conciencia de pecado.

Tal vez Abraham hubiera presenciado ritos similares poco tiempo antes, y al hacerlo, habría pensado en Isaac. Quizá se había preguntado si debía hacer lo mismo con él, y se maravillaba de que nunca se le hubiera pedido ese sacrificio. Así que no se sorprendió mucho cuando Dios le dijo: "Toma ahora tu hijo. . . y ofrécelo." Iba a aprender que, aunque Dios exigía tanto amor como el que los gentiles les daban a sus crueles dioses imaginarios, no permitía sacrificios humanos, ni ofrecimientos de hijos. Ya tendría lugar un sacrificio mayor que todos los demás, destinado a quitar los pecados. Por eso, Dios permitió que la obediencia de Abraham llegara hasta cierto punto, para detenerlo con toda urgencia. Así sabríamos en el futuro que Dios no exige, permite ni acepta la sangre humana como sacrificio; mucho menos la de un joven inteligente y noble. El no se deleita en tales cosas.

Nunca sabremos lo que fueron esos tres días de silencioso viaje para Abraham. A pesar de la preocupación del patriarca por sus propias penas, tuvo necesidad de disimularlas bajo una apariencia de resignación, y aun de felicidad para que ni su hijo ni sus siervos adivinaran la agonía que le estaba royendo el corazón.

Por último, al tercer día vio a lo lejos la meta de su viaje. Dios le había indicado que le diría cuál de las montañas era el sitio asignado para el sacrificio. La tradición, que parece bien confirmada, ha asociado ese monte de la "tierra de Moriah" con el lugar en el cual siglos más tarde estuvo la era de Arauna el jebusita, y después el templo de Salomón. Esto es muy adecuado, porque así este gran acto de obediencia habría tenido lugar en el mismo sitio donde una multitud de víctimas y ríos de sangre serían sombra del sacrificio supremo que prefigura este pasaje.

Tan pronto como pudo ver el monte indicado, Abraham les dijo a sus jóvenes siervos: "Esperad aquí con el asno, y yo y el muchacho iremos hasta allí y adoraremos, y volveremos a vosotros" (v.5). ¡Cuán significante es esa palabra "adoraremos" en este texto! Refleja el estado de ánimo que llenaba la mente del patriarca. Estaba preocupado con el bendito ser por cuya orden había emprendido aquella misión tan dolorosa. Consideraba que su Dios, en el momento de pedirle este sacrificio tan grande, sólo merecía adoración completa. Le parecía que su tesoro más amado y costoso no era demasiado grande para dárselo a ese Dios grande y glorioso que era el único objetivo de su vida.

Es de especial importancia que notemos las palabras de absoluta confianza que Abraham les dirigió a sus siervos antes de dejarlos: "Yo y el muchacho iremos hasta allí y adoraremos, y volveremos a vosotros." Esto fue algo más que una profecía inconsciente: fue la seguridad que tenía su fe inconmovible, de que Dios se interpondría de alguna manera para salvar a su hijo, o por lo menos, levantarlo de los muertos si era necesario. En todo caso, Abraham estaba seguro de que Isaac y él regresarían muy pronto.

8. El hijo de Abraham sintió la influencia de la conducta de su padre. Se contagió de su mismo espíritu. No sabemos cuántos años tenía; tendría por lo menos edad suficiente para soportar el esfuerzo de una marcha larga a pie, y sería bastante fuerte para cargar la leña al subir al monte, pues su padre la había puesto sobre sus hombros. Muy contento, doblegó su fortaleza juvenil bajo el peso de la leña, así como Aquél que sería más grande que él, habría de cargar la cruz en la Vía dolorosa. Es hermoso ver el evidente interés que el muchacho puso en los procedimientos mientras iban juntos.

En todos los sacrificios anteriores, Abraham había llevado consigo un cordero, pero en esta ocasión la inquisidora atención de Isaac se centró en el hecho de que no había cordero para el holocausto, y con una sencillez que debe haber tocado lo más sensible del corazón de Abraham, le dijo: "Padre mío... he aquí el fuego y la leña; mas ¿dónde está el cordero para el holocausto?" Debe haber sido como una puñalada para el dolorido corazón de Abraham. Con indicios de un conocimiento profético mezclado con una fe inconmovible en Aquél por cuyo amor estaba sufriendo, el padre respondió: "Dios se proveerá de cordero para el holocausto, hijo mío. E iban juntos."

9. Llegó el momento en que no pudo seguir guardando el secreto. "Y cuando llegaron al lugar que Dios le había dicho, edificó allí Abraham un altar, y dispuso la leña." ¿Se puede imaginar al anciano recogiendo lentamente las piedras, trayéndolas de lo más lejos posible, colocándolas con reverente y juiciosa precisión y atando la leña con toda deliberación? Pero al final, cuando todo estuvo listo, Abraham tuvo que volverse a su hijo para descubrirle el fatal secreto que lo sacara de su perplejidad. La inspiración echa un velo sobre esa última y tierna escena: el momento en que el padre le da a conocer las órdenes que ha recibido, los entrecortados suspiros, los besos humedecidos por las lágrimas, la inmediata sumisión del hijo, bastante fuerte y crecido para rebelarse si lo hubiera querido. Luego, ató el joven cuerpo sin mayor esfuerzo, porque el corazón de su hijo ya había aprendido el secreto de la obediencia. Finalmente, lo levantó para ponerlo sobre la leña del altar. Era un espectáculo que debe haber reclamado toda la atención del cielo. Era una prueba de todo cuanto el hombre mortal es capaz de hacer por amor a Dios. Era también una evidencia de fe infantil que debe haber conmovido el corazón del Dios eterno, y haber hecho vibrar las fibras más íntimas de su ser. ¿Amamos usted y yo a Dios de esta forma? ¿Es El para nosotros más que nuestros seres más amados y cercanos? Supongamos que ellos estuvieran a un lado, y Dios al otro. ¿Iría usted con El, aunque le costara perderlos a todos ellos? Usted piensa que sí. Pensarlo solamente es ya una gran cosa.

El cuchillo estaba en alto, relampagueando con los rayos del sol matutino, pero Dios no permitió que cayera. Junto con la prueba, Dios había ideado también la escapatoria. "Entonces el ángel de Jehová le dio voces desde el cielo, y dijo: Abraham." Seguramente, Abraham estaba deseoso de aferrarse a cualquier cosa que le ofreciera la oportunidad de suspender o demorar aquello, y dijo mientras volvía contento a su costado la mano que ya tenía levantada: "Heme aquí." Luego siguen unas palabras que hablan de liberación: "No extiendas tu mano sobre el muchacho, ni le hagas nada; porque ya conozco que temes a Dios, por cuanto no me rehusaste tu hijo, tu único" (v. 12).

"Y llamó Abraham el nombre de aquel lugar, Jehová proveerá" (Jehová-jireh). Esto se convirtió en proverbio, y los hombres se decían: "En el monte de Jehová será provisto." Son palabras ciertas. No habrá verdadera liberación hasta que hayamos llegado al monte del sacrificio. Dios no nos da la liberación completa hasta que lleguemos al punto más extremo de nuestra necesidad. Cuando nuestro Isaac está en el altar, y el cuchillo está a punto de descender sobre él, es cuando el ángel de Dios se interpone para liberarnos.

Cerca del altar había un zarzal. Cuando Abraham levantó los ojos para mirar alrededor, vio un carnero trabado allí por los cuernos. Nada hubiera sido más oportuno. El había querido mostrar su gratitud y la plenitud de la entrega de su corazón, y con mucho gozo fue, tomó el carnero y lo ofreció en holocausto en lugar de su hijo. Aquí hallamos muy clara la gran doctrina de la sustitución. Se nos enseña que sólo se puede conservar la vida cuando se entrega por completo.

Este acto de Abraham nos capacita mejor para entender el sacrificio hecho por Dios para salvarnos. La humilde sumisión de Isaac, acostado sobre el altar con la garganta descubierta para ser degollado, nos da una idea más clara de la obediencia de Cristo al morir. La restauración de Isaac a la vida, como quien regresa de entre los muertos, después de haber estado muerto por tres días en la mente de su padre, simboliza la resurrección de Cristo en la tumba de José de Arimatea.

Antes de que partiera de la montaña, Dios le dijo: "Por mí mismo he jurado. . . por cuanto has hecho esto, y no me has rehusado a tu hijo, tu único hijo; de cierto te bendeciré, y multiplicaré tu descendencia como las estrellas del cielo y como la arena que está a la orilla del mar; y tu descendencia poseerá las puertas de sus enemigos. En tu simiente serán benditas todas las naciones de la tierra, por cuanto obedeciste a mi voz" (vv. 16-18). No piense que esta experiencia es única y aislada. Dios jamás acortará su mano a favor de todo hombre que se atreva a lanzarse a algo que le parece niebla cerrada, para darse cuenta después de que debajo de él hay roca sólida donde afirmar sus pies.

10. Todos los que creemos, somos hijos del fiel Abraham. Nosotros, aunque gentiles y separados de Abraham por el correr de los siglos, podremos heredar las bendiciones que él ganó; tanto más, cuanto más de cerca sigamos sus pisadas. Esa bendición es para nosotros, si la reclamamos. Abraham volvió a sus siervos con una luz nueva en el corazón. "Y se levantaron y se fueron juntos a Beerseba; y habitó Abraham en Beerseba", pero el halo de aquella visión iluminó los lugares más comunes de su vida, como lo hará también en la nuestra, cuando de los montes del sacrificio regresemos a los valles del deber cotidiano.

22

MACPELA Y SU PRIMERA OCUPANTE
Génesis 23:4, 19

Cuando Abraham descendió por la ladera del monte Moriah, acompañado por Isaac, todavía le quedaban por delante cincuenta años de vida. De estos, pasaron veinticinco antes del suceso que aparece en este capítulo. Es posible que todos esos años le parecieran iguales. Fueron pocos los acontecimientos que rompieron su monotonía.

Tal vez nunca podremos darnos cuenta de cómo se relacionaban entre sí los miembros de un hogar como el de Abraham. Vivían juntos a través de largos e ininterrumpidos períodos, y todas sus relaciones sociales eran entre ellos. Así pues, cuando la muerte se llevaba un rostro amado y familiar, tiene que haber dejado tras sí un vacío que nunca se llenaría, y que difícilmente se olvidaría. No es de asombrarse, por lo tanto, que se haga resaltar tanto la muerte de Sara, el suceso principal de ese medio siglo en la vida de Abraham.

1. Lo primero que llama nuestra atención son las lágrimas de Abraham. "Y murió Sara en Quiriat-arba, que es Hebrón, en la tierra de Canaán." Parece que Abraham estaba ausente de su hogar, tal vez en Beerseba, cuando Sara exhaló el último suspiro; pero vino inmediatamente "a hacer duelo por Sara, y a llorarla". Esta es la primera vez que vemos llorar a Abraham. Sara yace inerte ante él, y brota incontenible su tristeza.

Sara había sido la compañera de su vida durante unos setenta u ochenta años. Era el único vínculo con el hogar de su infancia. Sólo ella podía apreciar lo que decía cuando él hablaba de Taré y Nacor, o de Harán y de Ur de los caldeos. Sólo ella quedaba, de todos los que treinta años antes habían compartido las durezas de su peregrinaje. Mientras estaba de rodillas a su lado, ¡qué cúmulo de recuerdos debe haber pasado por su mente; sus planes comunes y sus esperanzas, temores y alegrías! La recordaba como su inteligente y hermosa esposa joven, como su compañera de peregrinaje, como la estéril perseguidora de Agar, como la prisionera del faraón y de Abimelec, como la amante madre de Isaac, y cada recuerdo hacía brotar nuevas lágrimas.

Hay quienes dicen que los hombres no deben llorar, o que no es de cristianos hacerlo. Nos consuelan con un frío estoicismo, aconsejándonos que nos enfrentemos a los momentos más agitados de nuestra vida con el rostro rígido y sin lágrimas. Hay muy poca relación entre estos y el verdadero espíritu del Evangelio y de la Biblia. La fe no nos hace inhumanos o desnaturalizados, sino que purifica y ennoblece todas esas emociones naturales de las cuales está revestida nuestra compleja naturaleza. Jesús mismo lloró. Pedro lloró amargamente. Los efesios lloraron sobre el cuello de Pablo, cuyo rostro pensaban que nunca más volverían a ver. Cristo todavía está en pie junto a cada enlutado y le dice: "Llora, hijo mío, que yo también lloré."

2. Observe la confesión de Abraham. "Y se levantó Abraham de delante de su muerta, y habló a los hijos de Het, diciendo: Extranjero y forastero soy entre vosotros; dadme propiedad para sepultura entre vosotros" (vv. 3, 4). ¿Ve cómo la tristeza revela lo que hay en el corazón? Cuando vemos a Abraham como el patriarca rico y poderoso, el emir, el príncipe de un poderoso clan, no podemos adivinar sus pensamientos secretos. El ha estado en esa tierra durante sesenta y dos años, y probablemente está tan enraizado en ella como cualquiera de los príncipes vecinos. Así podemos pensar, hasta que lo vemos enviudar de su amada Sara. Entonces, en medio de su tristeza, se oye al verdadero hombre expresando su pensamiento más secreto: "Extranjero y forastero soy entre vosotros."

Estas palabras son extraordinarias y nunca fueron olvidadas por sus hijos. Se grabaron tan profundamente en el pensamiento de su pueblo, que el autor de Hebreos las convierte en la inscripción que domina sobre el cementerio donde yacen los buenos y grandes de la nación judía: "Conforme a la fe murieron todos éstos sin haber recibido lo prometido, sino mirándolo de lejos, y creyéndolo, y saludándolo. y confesando que eran extranjeros y peregrinos sobre la tierra" (Hebreos 11:13).

Podemos preguntarnos qué sería lo que mantuvo este espíritu en Abraham por tantos años. Hay sólo una respuesta: "Porque los que esto dicen, claramente dan a entender que buscan una patria" (Hebreos 11:14). Desarraigado de su tierra natal, el patriarca nunca pudo volver a echar raíces en ningún país terrenal, y su espíritu siempre estuvo alerta, y se extendió anhelante hacia la cuidad de Dios. No quiso contentarse con nada menos que esto, y por lo tanto, Dios no se avergonzó de llamarse su Dios, puesto que le había preparado una ciudad. ¡Cuánto nos avergüenza a algunos de nosotros la grandiosidad de esta alma! Decimos que buscamos una ciudad, pero nos cuidamos bien de asegurarnos una posición entre los ciudadanos de este mundo. Decimos que consideramos todas las cosas como basura, pero el entusiasmo con el que nos esforzamos por acumular los tesoros terrenales rastrillo en mano, es un sorprendente comentario sobre nuestras palabras.

3. **Observe la fe de Abraham.** Los hombres suelen enterrar a sus muertos junto a sus antepasados. Las tumbas de pasadas generaciones son heredadas por su posteridad. A los descendientes de emigrantes que viven en todas las naciones de América les gusta visitar los tranquilos cementerios de pueblo donde yacen sus ancestros europeos. Al judío le gusta viajar a Palestina cuando ya es anciano, para poder ser enterrado si muere allí en un suelo consagrado por el remanente de su raza. Es posible que Abraham pensara primero en la lejana tumba de la ciudad de Harán, donde estaban enterrados Taré y Harán. ¿Debía llevar los restos de Sara allá? Decidió que no. Aquel país ya no tenía nada que ver con él. La única tierra en la que tenía algún derecho, era aquella en la que había vivido como extranjero. Allí vivirían sus hijos en los años venideros, y las generaciones que llevarían su nombre se extenderían como las arenas de las orillas del mar, y como las estrellas en el firmamento de medianoche. Por consiguiente, era nencesario que fijara la tumba en la que yacerían Sara, madre del pueblo y él, padre suyo, en el corazón mismo de aquella tierra. Así sería como el núcleo alrededor del cual se reunirían sus descendientes en el porvenir.

Cuando los príncipes oyeron su petición, al instante le ofrecieron que escogiera el lugar para el sepulcro, afirmando que ninguno de ellos podría retener su sepulcro y negárselo a un príncipe tan poderoso. Más tarde, cuando buscó su intercesión con Efrón hijo de Zoar para obtener la cueva de Macpela, que estaba al extremo de su campo, y Efrón prometió regalársela en presencia de los hijos de su pueblo, Abraham se negó con firmeza. Así, después de muchos discursos de cortesía, en el digno estilo que todavía prevalece entre los orientales, "quedó. . . la heredad con la cueva. . . y todos los árboles. . . como propiedad de Abraham, en presencia de los hijos de

Het y de todos los que entraban por la puerta de la ciudad" (vv. 17, 18). Su testimonio tenía el mismo efecto de obligatoriedad en aquellos rudos tiempos, que los documentos legales tienen en los nuestros.

Allí Abraham enterró a Sara; allí Isaac e Ismael enterraron a Abraham; allí fueron enterrados Isaac y su esposa Rebeca; allí Jacob enterró a Lea, y allí José enterró a Jacob su padre. Es muy posible que sea allí donde, guardados por celosos mahometanos, intactos después de tantos tormentosos cambios que han barrido el paisaje que rodea su tranquilo lugar de reposo, duermen esos restos aún, manteniendo posesión de esa tierra y anhelando la llegada del momento en el cual, a una escala mayor y más prominente, se realizará la promesa hecha por Dios a Abraham.

23

LA RESPUESTA DEL ALMA
AL LLAMAMIENTO DIVINO
Génesis 24:58

Remóntese treinta y tres siglos en el pasado. La suave luz de un ocaso oriental cae delicadamente sobre los fértiles pastizales bañados por el gran Eufrates. Mientras su penumbra ilumina el paisaje donde se esparcen como puntos rebaños, casas y aldeas, llena con una especial riqueza de color la aldehuela de Harán, fundada cien años atrás por Taré, quien, mientras viajaba hacia el norte de Ur, resolvió no avanzar más. El anciano estaba profundamente apesadumbrado por la reciente pérdida de su hijo menor, y le dio su nombre al pueblecito naciente. Allí murió Taré, y de allí salió la caravana siguiendo las órdenes de Dios a través del desierto en busca de la ignota tierra prometida. No obstante, una rama de la familia —la de Nacor— todavía vivía allí. Su hijo Betuel era el jefe de la familia. En el momento de la narración, había al menos una madre, un hermano llamado Labán y una hija joven, Rebeca.

Rebeca ocupa el centro de la bucólica escena que contemplamos. Había pasado toda su juventud en su pueblecito. Conocía por su nombre a todos sus habitantes, y había oído hablar de aquellos familiares suyos que, antes de su nacimiento, se había ido más allá del gran desierto, y de quienes no habían sabido casi nada durante tantos años. Nunca se había imaginado la vastedad del mundo, y en sus sueños más extraños no pensó sino en vivir y morir dentro de los estrechos límites de su tierra natal. De pies ligeros y modales modestos, de corazón puro, amable, generosa y de rostro hermoso, como nos cuenta la historia sagrada, ¡cuán poco se imaginaba que la providencia de Dios la sacaría pronto de su tranquilo hogar y la lanzaría al poderoso mundo exterior que quedaba más allá de las arenas del desierto que cubrían el horizonte!

Al atardecer de un día muy especial, un extraño se detuvo junto al pozo de las afueras de la aldehuela. Traía consigo una imponente caravana de diez camellos, ricamente enjaezados y con la apariencia de venir de un viaje muy largo. Allí esperaba la pequeña caravana, como si nadie supiera qué hacer a continuación. Es muy probable que su jefe fuera el anciano Eliezer, el mayordomo de la casa de Abraham. El patriarca ya estaba avanzado en años, su hijo Isaac tenía cuarenta años de edad, y el anciano padre deseaba verlo bien casado. Aunque su fe nunca ponía en duda que Dios cumpliría su promesa de darle descendencia, sin embargo deseaba llegar a tener también en sus brazos el segundo eslabón entre él y su posteridad. Por eso había comprometido a su fiel siervo con un doble juramento: primero, que no tomaría esposa para Isaac de entre las hijas de los cananeos vecinos, sino de su propia familia que moraba en Harán; y segundo, que nunca sería cómplice del regreso de Isaac a la tierra de la cual él había salido.

Puesto que había llegado al pueblo a la caída de la tarde — "a la hora de la tarde, la hora en que salen las doncellas por agua" — el devoto jefe de la caravana le pidió a Dios que le enviara un "buen encuentro". Se dirigió al Todopoderoso como "Jehová, Dios de mi señor Abraham", diciéndole que si prosperaba su camino le estaría mostrando misericordia a su señor. La sencillez y confianza de su oración son hermosas, y seguramente son reflejo de la piedad que reinaba en aquel vasto campamento establecido alrededor del pozo de Beerseba, y que había sido consecuencia de la profunda relación entre Abraham y Dios, quienes llevaban tanto tiempo caminando juntos.

Nosotros también tenemos el privilegio de poder hablar con El acerca de los detalles más pequeños de nuestra vida. Las cosas más diminutas no son demasiado pequeñas para Aquél que tiene contados hasta los cabellos de nuestra cabeza. Fue santa y feliz la inspiración que dirigió al piadoso siervo a pedir que aquella doncella que respondiera con cortés prontitud a su petición de agua, fuera la señalada por Dios para novia del hijo de su señor. Le sucedió lo que siempre les sucede a quienes han aprendido a confiar como niños. "Antes que él acabase de hablar", la respuesta lo estaba esperando junto a él.

No necesitamos explicar en detalle todo lo que siguió: los regalos de valiosas joyas; el reconocimiento reverente de la bondad de Dios al responder a su oración, al inclinar la cabeza para adorarlo; la rápida carrera a la casa; la admiración de la madre y el hermano por los espléndidos regalos; el emocionado relato del inesperado encuentro; la hospitalidad de Labán, acentuada por sus habilidades de negociante, y cuyas palabras de bienvenida fueron más vehementes ante la vista de los opulentos arreos de los camellos; el heno y el forraje para los animales, el agua para los pies de los cansados viajeros y la comida para el jefe de la partida, quien se negó a comer hasta revelar el mensaje que traía y cumplir su misión; la relación en elocuentes y atractivas palabras, de la grandeza de Abraham; el relato de la forma maravillosa en que Dios había guiado al mensajero y le había señalado a Rebeca; la petición final de que sus familiares hicieran misericordia y verdad con su señor, y el rápido y decidido consentimiento en palabras que hicieron inclinar al anciano siervo a tierra en santo éxtasis de adoración ante Jehová. Estas fueron las palabras: "He ahí Rebeca delante de ti; tómala y vete, y sea mujer del hijo de tu señor, como lo ha dicho Jehová" (v. 51).

Entonces él sacó de sus tesoros joyas de oro y plata y vestidos para adornar a Rebeca; su madre y Labán también recibieron valiosos regalos, según los deseos de su corazón. "Y comieron y bebieron él y los varones que venían con él, y durmieron." Al amanecer, rechazando todas las invitaciones a quedarse más tiempo, el mayordomo de Abraham emprendió el camino de regreso, llevando consigo a Rebeca y a su nodriza. A través de la fragancia del aire matutino llegó a ella la última voz de su hogar, que le decía: "Hermana nuestra, sé madre de millares de millares, y posean tus descendientes la puerta de sus enemigos" (v. 60).

Debemos pasar por alto los detalles de la historia, pero saquemos en conclusión dos o tres lecciones que nos ayuden a comprender el llamamiento divino y la respuesta del alma.

1. Una lección para aquellos que llevan consigo el llamamiento de Dios.

a. *Saturemos nuestra obra con oración.* Así como su señor, el siervo no daba ni un paso sin antes orar. Tenía una misión muy difícil. ¿Sería posible que una jovencita dejara el hogar paterno para cruzar el vasto desierto en compañía de un hombre completamente extraño, y convertirse en esposa de uno a quien no había visto nunca antes? Quizá no quisiera seguirlo, y aunque ella hubiera querido, tal vez sus familiares se opusieran. A pesar de todo, Eliezer oró una y otra vez, y la bendición de Dios coronó su encomienda con un éxito completo.

También a nosotros se nos envía a veces a misiones imposibles. Humanamente hablando, parece que nuestra misión está destinada al fracaso, pero los que confiamos en Dios no tenemos la palabra "fracaso" en nuestro vocabulario. Triunfamos aunque nos amenace el desánimo. Obrero cristiano: ¡Nunca salga a ninguna misión divina, ya sea en busca de una sola alma, o de toda una congregación, sin la oración "Envíame un buen encuentro hoy"!

b *Digamos mucho en alabanza de nuestro Señor.* Es hermoso ver con cuánta elocuencia habla el anciano de su amo y señor. No dice nada de sí mismo, ni se exalta en lo más mínimo, porque está totalmente absorto en el relato acerca de su señor distante y ausente. ¿No fue esta también una de las características de los apóstoles, que no se predicaron a sí mismos, sino al Señor Cristo Jesús? Sus palabras son como un cristal transparente, cuyo propósito es dejar que lo atraviese solamente la gloria del Señor. ¡Perdámonos usted y yo también en este tema! Además, cuando se les adjudique algún éxito a nuestras palabras, debemos estar seguros de darle toda la gloria a Aquél de quien proceden.

2. El llamamiento mismo fue dirigido a una pobre y sencilla joven. Se la invitaba a unirse en matrimonio con un hombre de la más rica y noble aristocracia de la tierra. No se le hizo el llamamiento por sus merecimientos, riqueza ni belleza, sino porque era el deseo del corazón y la decisión de Abraham. Este es el llamamiento que reciben todas las almas que escuchan el Evangelio. El tiene su Hijo unigénito y muy amado. Ha decidido llamar a los hombres sin merecimiento alguno de parte de ellos, para que formen la Iglesia verdadera, que será su esposa para siempre. Este llamamiento le llega a usted, no por que tenga bienes de fortuna, dignidad o belleza; sino porque así El lo ha decidido en su propio corazón.

El pecador que obedece ese llamamiento, pierde su propio nombre para tomar el de El. En su nombre, será adornado con sus mejores alhajas; compartirá sus riquezas; se sentará con El en su trono; todas las cosas serán suyas. Si aún no lo ha hecho, ¿sería usted capaz de seguir a ese Hombre? ¿Lo dejaría todo para ser de Cristo? Póngase bajo la escolta del bendito Espíritu Santo, quien intercede por la causa de Jesús como hizo el siervo de Abraham por Isaac; y deje que el Espíritu lo lleve hasta Jesús.

3. Lo que debemos hacer con el llamamiento.

a. *Debemos encontrar lugar para él.* El Señor nos pregunta dónde está el cuarto de huéspedes. No había lugar para Cristo en el mesón, pero nosotros debemos alojarlo en nuestro corazón.

b. *Debemos dar testimonio de El.* "Y la doncella corrió, e hizo saber en casa de su madre estas cosas" (v. 28). Tan pronto como usted haya oído su llamado, y recibido las arras de la promesa, que son los símbolos de su herencia, debe ir a su casa y a sus amigos para decirles cuán grandes cosas ha hecho el Señor con usted.

c. *No debemos tardarnos, ni buscar el consejo de los hombres.* Los hombres y las circunstancias tienden a hacernos dejar para después la salida hacia nuestro peregrinaje. Sin demora, tan pronto se nos haga la pregunta "¡Irías con este Hombre?", debemos responder con toda rapidez: "Iré."

El viaje fue duro y agotador, pero por todo el camino, el corazón y el ánimo de la jovencita eran sostenidos por la información que le daba el siervo fiel, quien llenaba la distancia que la separaba todavía de su destino con relatos del hogar al cual iba, y del hombre con quien iba a unir su vida. Ya lo amaba, y anhelaba ardientemente verlo.

En el crepúsculo de un día llegó el encuentro. Isaac había salido a meditar a la hora de la tarde, lamentándose con tristeza por la muerte de su madre, esperando con anhelo la llegada de su esposa, y entrelazando todo con pensamientos piadosos. Cuando alzó la mirada por encima de los pastizales, vio que venían unos camellos, y las dos almas jóvenes saltaron de gozo. ¡Qué encuentro tan feliz! Rebeca olvidó en aquel instante todas las pruebas y durezas del viaje, y la pérdida de sus amigos.

Muy pronto, en el antes silencioso hogar había de nuevo bullicio de voces infantiles. Por varios años, el patriarca gozó de la presencia de sus nietos, a quienes les contaba la historia de su pasado, en el que su alma anciana quería vivir. Los niños no se han de haber cansado de escuchar en especial una de las historias: la de cuando su padre subió una vez a una cumbre del monte Moriah, para volver como si hubiera resucitado de entre los muertos.

24

ABRAHAM ES UNIDO A SU PUEBLO
Génesis 25:8

Ningún ser humano puede rivalizar con Abraham en la reverencia universal que ha evocado entre todas las razas a través de los tiempos. ¿Cuál es el secreto de esta fama universal? No se debe a que haya encabezado uno de los movimientos más grandes en pro de la familia humana, ni a que diera muestras de vigor varonil e intelectual, ni tampoco a que poseyera vastas riquezas. Fue más bien la extraordinaria nobleza y grandeza de su vida religiosa la que le aseguró un venerado recuerdo en medio de todas las generaciones de la humanidad.

1. **La base de su carácter fue una fe poderosa.** "Abraham creyo a Dios." Con esa fe dejó su tierra natal y viajó a la que le fue prometida, aunque no se le indicara con toda claridad. Con esa fe esperó muchos años, seguro de que Dios le daría el hijo de la promesa. Por esa fe vivió una vida nómada, morando en tiendas de campaña y sin tratar de regresar al desarrollado país del que había salido. Por esa fe estuvo preparado para ofrecer a Isaac y enterrar a Sara.

2. **A su fe se añadían su virtud y su varonil valor.** ¿Qué pudo haber sido más varonil que la rapidez con que armó a sus siervos, salió con ellos y rescató a Lot y sus bienes, o el heroísmo que mostró el atacar al disciplinado ejército de Asiria con un grupo de pastores sin disciplina, y volver victorioso por el largo valle del Jordán?

3. **Al varonil valor se añadió su conocimiento.** Toda su vida fue discípulo de la escuela de teología de Dios. Creció en el conocimiento de Dios y de la naturaleza divina, que al principio había sido para él un terreno desconocido. Un panorama antes ignorado se abrió ante su vista.

4. **Al conocimiento se añadió el control de sí mismo.** La forma en que rechazó la oferta del rey de Sodoma es prueba de que tenía control de sí mismo. También supo dominarse a pesar de los problemas causados por los pastores de Lot. No hay otro tipo de carácter más atractivo, que el del hombre que tiene control de sí mismo porque es siervo de Dios; y puede gobernar bien a otros porque se gobierna bien a sí mismo.

5. **Al control de sí mismo, se añadió la paciencia.** Al hablar de él, la voz inspirada del Nuevo Testamento afirma que esperó con paciencia (Hebreos 6:15). No era una paciencia corriente la que le permitió esperar tantos años sin murmurar ni quejarse, sino la paciencia del que espera el momento perfecto de Dios (Salmo 131:2, 3).

6. **A esta paciencia, añadió la piedad.** Una de las principales características de Abraham fue su piedad: un constante sentido de la presencia de Dios en su vida, unido al amor por El y la entrega a El. Dondequiera que levantaba sus tiendas, su primera preocupación era levantar también un altar a Dios. Siquem, Hebrón y Beerseba, presenciaron por igual estas pruebas de su reverencia y amor al Señor. En todos los momentos de angustia, se volvió a Dios con la misma naturalidad de un niño que busca a su padre; y existió una relación tan santa entre su espíritu y el de Dios, que el nombre por el cual es más conocido en la actualidad en todo el Oriente Medio, es *el amigo.*

7. A la piedad añadió la bondad hacia los suyos. Algunos hombres que son entregados a Dios carecen sin embargo de las tiernas cualidades que los deberían relacionar con sus familiares allegados. No fue así con Abraham. Era un hombre lleno de afecto. Bajo la apariencia exterior de serenidad y severidad de aquel poderoso jefe, palpitaba un corazón amoroso y lleno de afecto. Escuche su apasionada exclamación: "¡Oh, que Ismael viva delante de ti!"

8. A la bondad con los suyos se añadió su amor. En sus relaciones con los hombres podía ser generoso, sincero y dadivoso; dispuesto a pagar la gran suma que se le pidió por la cueva de Macpela sin regateos ni quejas; despojado de todo falso orgullo; justificado delante de Dios y, por lo tanto, capaz de derramar sobre los hombres la benéfica influencia de un corazón noble, tranquilo y genial.

9. Todas estas virtudes abundaban en él, y no lo dejaron estéril o sin fruto; le dieron seguridad a su llamamiento y elección y le prepararon una amplia entrada al reino eterno de Dios nuestro Salvador.

10. Abraham "exhaló el espíritu". No luchó con la muerte; no se aferró a la vida. Estaba contento de irse; y cuando el ángel mensajero lo llamó, sin ninguna resistencia y con la prontitud del que consiente con alegría, su espíritu volvió a Dios.

11. "Fue unido a su pueblo." Esto no puede referirse a su cuerpo, puesto que no fue enterrado junto a sus antepasados, sino junto a Sara. Por tanto, se refiere con toda seguridad a su espíritu.

¡Qué hermoso sinónimo de la palabra "muerte"! Morir equivale a unirnos a nuestro pueblo; pasar a un mundo donde se está reuniendo el gran clan, dando gritos de bienvenida a todos los que van llegando a través de las sombras de la muerte. ¿Dónde está su pueblo? ¡Ojalá que sea el pueblo de Dios! Si es así, los que llevan su nombre, de pie en la otra orilla, son más numerosos que los pocos que lo rodean aquí; muchos a quienes usted nunca ha conocido, pero que son sus hermanos; muchos a quienes ha amado y perdido por un poco de tiempo; muchos que quieren compartir con usted la felicidad de que ya disfrutan. Allí están, esperando alborozados su llegada. Cerciórese de no defraudarlos.

12. "Y lo sepultaron Isaac e Ismael sus hijos en la cueva de Macpela." Había grandes diferencias entre ellos. Ismael era el hijo de la esclava; Isaac, el de la esposa. Ismael, el hijo de la conveniencia; Isaac, el de la promesa. Ismael, silvestre y libre, "asno salvaje", individualista, orgulloso, independiente, pronto para airarse y dispuesto a la venganza; Isaac, callado y reservado, sumiso y humilde, dispuesto a cargar la leña, a quedar en la oscuridad, a ser atado, a entregar sus pozos y a dejar que su esposa manejara su hogar. Sin embargo, todas las diferencias se borran en ese momento de supremo dolor. Saliendo de las fortalezas del desierto rodeado de sus rudos seguidores, Ismael se unió al otro hijo del padre común, quien lo había desplazado como heredero y era tan diferente a él. En aquella hora se suavizaron todas las diferencias.

Los restos del hombre que se había atrevido a confiar en Dios al precio que fuera, y quien había caminado como peregrino tan largas distancias, fueron depositados solemnemente junto al polvo dejado por el cuerpo de Sara, su fiel esposa. Con toda probabilidad, allí reposan todavía, y de allí serán levantados a la llegada del Rey.

De un material ordinario, Dios levantó un hombre con quien poder comunicarse en estrecha amistad y una vida que ha ejercido una profunda influencia en todos los pueblos desde aquel entonces.

JACOB

Príncipe con Dios

1

LAS PRIMERAS IMPRESIONES
Génesis 25

Hay muchas razones para incluir la historia de Jacob entre los interesantes relatos acerca de los grandes hombres de la Biblia. **1. Jacob fue el padre de la raza hebrea, y un hebreo característico.** Los hebreos se llaman a sí mismos con el nombre de Jacob; y se apellidan con el nombre de Israel (vea Isaías 44:5). Hablamos de Jacob en vez de Abraham, como el fundador del pueblo al cual dio el nombre porque, aunque Abraham fue su antepasado directo, no lo fue de modo exclusivo. Ismael, el silvestre hijo del desierto, también lo reclama como padre, del mismo modo que el industrioso judío. Eso no es todo. También los gentiles tenemos razones para estar orgullosos de poder remontar nuestro linaje hasta aquel gran hombre, el peregrino a quien Dios llamó su amigo.

Ninguna persona inteligente puede ignorar este pueblo maravilloso. Su historia es, sin duda, la clave de las complicaciones de la política moderna, y es posible que su redención sea el fruto de esos grandes dolores de parto que están empezando a agitar a todos los pueblos, y que se anuncian mediante todas las calamidades nacionales que se ven hoy en día.

Si podemos entender la vida de Jacob, podremos entender también la historia de su pueblo. Los extremos que nos asombran en ellos están todos presentes en él. Como ellos, él es el intrigante más exitoso de su tiempo; y como ellos, tiene también esa profunda espiritualidad y esa penetrante fe que son las más grandes de todas las cualidades y capacitan al hombre para el más elevado cultivo del que es capaz el espíritu humano. Como su pueblo, él pasa la mayor parte de su vida en el exilio, y en medio de duras situaciones de trabajo y penas; y también como él, está inseparablemente apegado a esa amada tierra, a la cual está asido únicamente por la promesa de Dios y las tumbas de sus héroes.

No obstante todo esto, el carácter de Jacob fue purificado mediante una fuerte disciplina. Su pueblo ha estado pasando por esa disciplina a través de los siglos; y de seguro, gracias a su fuego purificador serán expulsados los elementos más bajos de su naturaleza hasta que reconozca a Jesús, el verdadero José que es sangre de su sangre.

2. **Jacob también tiene mucho en común con nosotros.** Sus fracasos nos recuerdan los nuestros. Se aprovecha de su hermano cuando este está dominado por el hambre. Engaña a su padre. Responde con sus propios engaños a los engaños de Labán. Cree que puede calmar la ira de Esaú hacia él con regalos. Tacaño, astuto y débil son tres buenos términos que le podemos aplicar, pero nadie está libre de los gérmenes de esta cosecha en su propio corazón. "También yo pertenezco a ese grupo, pero me hallo bajo la gracia de Dios", podríamos decir con verdad.

Sus *aspiraciones* son las nuestras. También nosotros tenemos sueños en los que vemos ángeles y hacemos nuestras promesas cuando salimos de casa. También nos parece algo insignificante el trabajo duro cuando nos impulsa un amor que lo domina todo.También nos aferramos en anhelante paroxismo al ángel que se va a marchar, para que nos bendiga antes de irse. También nosotros volvemos a nuestro Bet-el a enterrar los ídolos. Confesamos también que somos peregrinos y extraños en la tierra. También reconocemos que Dios nos cuida como un pastor (Génesis 48:15), y también esperamos de El la salvación (Génesis 49:18).

Nos identificamos además con sus *tristezas*. En toda vida hay un momento en que se deja un hogar para luchar solo, una agotadora lucha por la existencia, una cojera que nos trae a la memoria alguna terrible crisis, y unas canas que ha hecho nacer el dolor. Todos hemos sollozado por las esperanzas que nunca se han realizado, y por las cuales nos sentimos burlados. "No han llegado" (Génesis 47:9).

Es un consuelo muy grande saber que los santos de la Biblia, que brillan ahora como estrellas en el cielo, fueron hombres con pasiones semejantes a las nuestras. Anímese; si Dios pudo tomar hombres como Jacob y Simón hijo de Jonás, para convertirlos en príncipes y reyes, de seguro podrá hacer lo mismo con usted. Quizá la disciplina llegue a ser tan intensa como el fuego, pero el resultado final será glorioso.

3. **En Jacob podemos seguir las huellas de la obra del amor divino.** "Y amé a Jacob" (Malaquías 1:2). Fue un amor prenatal. Antes de que Jacob naciera, ya era objeto del amor de Dios (Romanos 9:11). No comenzó por lo que nosotros éramos, y continuará a pesar de lo que hayamos sido.

Fue un amor ferviente. Fue tan fuerte en comparación, que el amor que rodeó a Esaú bien podría llamarse aborrecimiento (Romanos 9:13), pues Dios amaba a Esaú en la misma forma en que ama a todos los hombres. El no odia nada de lo que ha hecho, pero había tanta diferencia de temperatura entre su amor por Jacob y el que le profesaba a Esaú, como la diferencia que hay en el corazón humano entre el amor y el aborrecimiento.

Fue un amor disciplinario. Solemos tener una idea muy pobre del amor. Pensamos que amor es solamente lo que acaricia, calma y dice cosas dulces. Conocemos muy poco ese amor que puede decir "no"; que puede usar la vara, el azote y el fuego; así es el amor de Dios.

Si se nos hubiera pedido que dijéramos cuál de estos dos hombres era el favorito del cielo, con toda seguridad habríamos escogido el que no lo era.

Ante nosotros tenemos a Esaú: velludo, de amplias espaldas, pelirrojo y amigo de la caza; lleno de impulsos de generosidad, afectuoso con su anciano padre, capaz de perdonar al hermano que le había hecho un mal tan grande. Llegó a ser un príncipe famoso, y el ancestro de un linaje real (Génesis 34). Al contemplarlo, nos sentimos inclinados a imitar las palabras de Samuel cuando el hijo mayor de Isaí entró a su presencia: "De cierto delante de Jehová está su ungido" (1 Samuel 16:6).

Ahora vemos a Jacob. Exiliado de la casa paterna en su juventud; en su edad madura, peón al servicio de un pariente; en el atardecer de su vida, desgastado por la ansiedad y los problemas; en su ancianidad, extranjero en tierra extraña. Sin embargo, es el amado de Dios; y es ese mismo amor especial el que lo expone a tan dura disciplina.

4. La vida de Jacob nos da un indicio acerca de la elección divina. Aquí hay elección divina. Jacob era el menor, y su vida tiene tanta enseñanza para los hijos menores, como la incomparable parábola del hijo pródigo. Todavía no ha nacido un niño, cuando Dios ya tiene un plan perfecto para él.

Es imposible ignorar que Dios quiere de algunos hombres que sean líderes, maestros y gobernantes de la humanidad. ¿Por qué los elige? ¿Para la comodidad, el ocio y el éxito? No, puesto que estas cosas le caen en suerte a Esaú, y no a Jacob. Aquellos a quienes Dios escoge para una misión, parecen destinados a soportar los embates del dolor, la tristeza y las preocupaciones.

Tenemos que afirmar que esa elección divina está pensada para que aquellos que son objeto de ella *sirvan* a los demás a lo largo de la historia. Son escogidos, no para ellos mismos ni para su propio beneficio futuro, sino para el bien de la obra que, por su posición privilegiada, pueden hacer a favor de la humanidad.

Ciertamente, este ha sido uno de los resultados de la elección de Jacob y su pueblo. Fueron escogidos para que fueran los maestros y líderes espirituales de la humanidad. No para su propia comodidad, sino por amor a un mundo moribundo y en tinieblas. Para eso les dio

Dios luz y vida, mantuvo su existencia contra una suerte adversa, y los preparó y fortaleció con su energía espiritual, como se carga de electricidad una poderosa batería.

Así se explica también la dura disciplina por la cual han pasado. Era necesaria, no solamente para su beneficio, sino por toda la humanidad, a la que estaban destinados a servir; para que estuvieran libres de influencias dañinas y surgieran como vasos escogidos de Dios, desbordantes de bendiciones para el mundo.

2
LA VENTA DE LOS DERECHOS DE PRIMOGENITURA
Génesis 25

Estos dos hombres eran hermanos gemelos, pero nunca los ha habido tan diferentes. Antes de que nacieran ya se había predicho que serían muy distintos. En el momento de nacer, esto se hizo evidente. Después, las diferencias se hicieron cada vez mayores.

Tenían un aspecto físico distinto. Esaú tenía la piel áspera y velluda. Daba la impresión de tener una gran fortaleza física, notable capacidad para resistir la fatiga, y un temperamento que lo inclinaba a emprender aventuras peligrosas y emocionantes. Jacob era lo contrario: de piel más delicada, suave, rasgos oscuros y más frágil de constitución, no era rival para su corpulento hermano en fuerza física, pero lo aventajaba en astucia.

Tenían intereses distintos. Esaú era un hábil cazador, hombre del campo y el bosque. En cambio, a Jacob le agradaba el sosiego de la vida doméstica. El ejercicio violento y los peligros que buscaba Esaú, no tenían fascinación para él. Mientras Esaú estaba ausente, él se contentaba con las pacíficas ocupaciones de una tranquila vida de pastor. Cada cual con su gusto.

Eran de caracteres totalmente opuestos. Muchas de las cualidades de Esaú hacen que nos caiga bien, y seguramente su personalidad nos hubiera atraído más pronto que la de su hermano. Era impetuoso, pero generoso; irreflexivo, pero franco. Aunque le faltara fervor religioso, sabía ser buen hijo. Si bien los deseos de su corazón estaban en los placeres de la caza, era además una buena compañía y un hombre cabal. No obstante, y a pesar de todo esto, era sobre todo sensual. Las Escrituras lo llaman profano (Hebreos 12:16). Es decir, era un esclavo de los sentidos; acogía cualquier cosa que lo hiciera vibrar de placer, aunque éste fuera pasajero.

En cambio Jacob era un hombre común, tranquilo, bajo cuya calmada apariencia se escondían profundas capacidades. En medio de toda la astucia y doblez de su naturaleza, había una capacidad inmensa de fervor y fe religioso. A diferencia de Esaú, fue capaz de comprender lo que significaba el derecho de primogenitura, con todo su resplandor y su gloria espiritual. Mientras Esaú andaba ocupado en sus placeres, Jacob sentía en su interior la extraña agitación de una naturaleza que no se satisfacía con nada dentro de los estrechos límites de su campamento, sino que suspiraba por esa herencia espiritual que encerraba en sí el derecho de primogenitura. Veamos ahora este derecho de primogenitura, el trato y el amargo grito de Esaú.

1. La primogenitura. ¿En qué consistía? No en la prosperidad mundana, pues es muy probable que Esaú, el que la perdió, tuviera más que Jacob, el que se quedó con ella.

No era tampoco inmunidad a las penas. Cuando Jacob la recibió, cayeron sobre él todos los males humanos posibles. Cayado en mano, se desprendió de su hogar para buscar un país distante. Pasó los mejores años de su vida de peón en la casa de un pariente. Cojeando a causa del tendón que le tocó el ángel, tuvo que inclinarse delante de Esaú; enterró a Raquel, su esposa favorita; sufrió con las llagas abiertas en su propio hogar; fue despojado de sus hijos, y se quejó de que los años de su peregrinaje habían sido malos y pocos. Fue una triste y angustiada vida la que exhaló en la tierra de los faraones, quizá en una cámara repleta de jeroglíficos. Cualquier cosa que fuera la primogenitura, es evidente que no era la exención del dolor y la tristeza, pues de estos, Jacob, que se quedó con ella, tuvo infinitamente más que Esaú, que la perdió.

La primogenitura era una herencia espiritual. Daba el derecho de llegar a ser el sacerdote de la familia o del clan. Convertía a su posesor en un eslabón dentro del linaje que traería el Mesías al mundo.

2. El trato. Un día Jacob estaba en pie junto a una olla de delicioso potaje, hecho con esas lentejas rojas que hasta el día de hoy son el elemento esencial de un plato altamente apreciado en Siria y Egipto. En ese momento, apareció Esaú, desfallecido de hambre. "Te ruego que me des a comer de ese guiso rojo", le dijo con impaciencia.

Aunque Jacob no era tan egoísta como parece, de repente se le ocurrió que aquella era un buena oportunidad para quedarse con el derecho de primogenitura y convertirse en el líder espiritual del clan. Entonces, sabiendo que su hermano estimaba en poco su primogenitura, le hizo la extraordinaria propuesta de trocarla por su potaje.

Esaú aceptó la propuesta. Dijo el petulante cazador: "He aqyí yo

me voy a morir; ¿para qué, pues, me servirá la primogenitura?"
Entonces le pasó a Jacob su primogenitura. Este le dio a cambio pan y
potaje de lentejas; Esaú comió y bebió, y siguió su camino.
No podemos exonerar de culpa a ninguno de esos hombres. Jacob
no fue solamente traidor con su hermano, sino también infiel a Dios.
¿No se le había dicho al oído a su madre con toda claridad que el
mayor de los hermanos serviría al menor?

En cuanto a Esaú, nunca podremos olvidar las advertencias de las
Escrituras: "Mirad bien. . . no sea que haya algún fornicario, o
profano, como Esaú, que por una sola comida vendió su primogenitura" (Hebreos 12:15, 16). Entre nosotros hay muchos que, venidos al
mundo con maravillosos talentos, desechan todas esas posibilidades
de bendecir y ser bendecidos a cambo de una breve zambullida en la
laguna Estigia de una indulgencia sensual y egoísta.

Si hubiéramos estado junto a Esaú, nos habríamos apresurado a
ponerle la mano en el hombro y pedirle que se detuviera a pensar
antes de trocar lo espiritual por lo físico, lo eterno por lo temporal, lo
invisible por lo visible. El potaje del diablo humea; tiene un
delicioso olor y promete hacer más por nosotros que toda la Biblia.

3. **El amargo grito de Esaú.** Cuando Esaú vio que Dios le había
quitado de veras la primogenitura, "clamó con una muy grande y
muy amarga exclamación" (Génesis 27:34), pero su grito llegaba
demasiado tarde. "No hubo oportunidad para el arrepentimiento,
aunque lo procuró con lágrimas" (Hebreos 12:17).

"No hubo oportunidad para el arrepentimiento." En muchos
corazones, esas palabras son señal de que ha muerto la esperanza.
Cuando el compungido pecador rememora con lágrimas y lamentos
su negro pasado, el adversario de las almas le susurra al oído que él
ha pecado demasiado profundamente para arrepentirse, y se ha
desviado demasiado del camino para que pueda volver sobre sus
pasos. El enemigo respalda su insinuación con estas terribles
palabras: "No hay oportunidad para el arrepentimiento."

¿Es cierto eso? ¿Es posible que un alma, a este lado de la muerte
aún, llegue a alcanzar una situación tal que sus lágrimas y oraciones
choquen contra un cielo inconmovible que sólo le devuelva un eco?
No puede ser. Es posible que un hombre se endurezca tanto, que no
desee la salvación: este es el pecado de muerte; el pecado que nunca
tendrá perdón; y no lo tiene porque el pecador no lo desea ni lo
busca. En cambio, es imposible que un hombre que desee arrepentirse no encuentre pronta ayuda en la gracia del Espíritu Santo.

El "arrepentimiento" mencionado en Hebreos 12:17 no se relaciona con la salvación, sino con el deseo de cambiar el pasado. Esaú no
podía deshacer lo que había hecho. Por mucho tiempo había

despreciado su primogenitura, y el trueque que hizo con ella no fue un acto aislado, sino una consecuencia del estado de su corazón. El pasado de pecado es irrevocable. Todos lo sabemos. Daríamos cuanto tenemos por borrar un mal pasado, y hacer como si nunca hubiera existido, pero es imposible. No hay oportunidad de arrepentimiento, a menos que lo busquemos diligentemente y con lágrimas. No podemos deshacer los hechos de la vida pasada. En cambio, aunque el pasado sea irrevocable, no es irreparable. Dios mismo no puede deshacer el pasado, pero puede y quiere perdonar. "Y os restituiré los años que comió la oruga" (Joel 2:25). El nos dará nuevas oportunidades para demostrar que es genuino el arrepentimiento que mostramos acerca de las decisiones tomadas en el pasado, y el grado de lealtad con que deseamos servirlo en las decisiones del futuro. Como en el caso de Pedro, no mencionará siquiera nuestras tres negaciones, pero nos dará tres oportunidades para decirle cuánto lo amamos.

3
LA BENDICIÓN HURTADA
Génesis 27

No debe asombrarnos saber que a Jacob le vino la tentación de una fuente inesperada, que lo halló desprevenido.

1. La tentación tuvo como origen una carnal petición de Isaac. A veces nos cuesta trabajo pensar que el Isaac de este capítulo sea el mismo que de niño fue sumiso, llevó sobre sus fuertes y jóvenes hombros la leña para el altar, mientras se preguntaba acerca del cordero, y se sometió humildemente a que su padre lo atara para sacrificarlo. Aquella vida humana tuvo un radiante amanecer que, por alguna razón, se cubrió rápidamente de nubes.

¿Cuál fue esa razón? ¿Fue la prosperidad acerca de la cual leímos en el capítulo anterior? ¿Fue un afecto desordenado por los placeres de la mesa? Parece haber habido mucho de esto en su carácter. Le dijo a Esaú: "Hazme un guisado como a mí me gusta." Rebeca conocía muy bien la debilidad de su marido a este respecto: "Haré de ellos viandas para tu padre, como a él le gusta." Hay una insinuación triste en todo esto, y bastante para dar cuenta de todo. El hombre que, a punto de morir, piensa primero en un delicioso plato, no es probable que brille como estrella de resplandor especial en el firmamento celestial.

Muchos años habían pasado desde aquel memorable día en el

monte Moriah, y muchas señales le decían a Isaac que su sol estaba llegando al ocaso. La señal principal era la pérdida de la vista. Dios ha dispuesto misericordiosamente que tales señales, como campanadas de alerta, suenen para mostrarnos hasta dónde hemos viajado, y qué tan cerca estamos del término de la vida. Muchas personas que de no ser por esto, hubieran descendido descuidadamente a la tumba, han despertado ante esas señales y han dicho: "Ya soy viejo, y no sé cuándo moriré. Debo prepararme para el acto final."

Hallamos indicios de lo mejor del carácter de Isaac en la triple preparación que hizo para su fin.

Hizo su última disposición testamentaria. Si usted no lo ha hecho, hágalo de una vez. No hay momento mejor que el presente. No deje nada incierto; nada al azar ni razón alguna para que haya disensión o tristeza entre sus herederos. *Puso a un lado los cuidados terrenales.* Aunque vivió varios años después de esto, estaba retirado. Fue el crepúsculo de su vida, el mejor tiempo para la meditación y la oración. *Transmitió su bendición.* Aunque se haya propuesto ir contra los propósitos de Dios, es hermoso ver que el anciano tuviera el deseo de transmitir su bendición antes de morir.

2. La tentación llegó a Jacob a través del amor sin escrúpulos de Rebeca. Jacob era su hijo favorito. Tenía una relación mucho más estrecha con él, que con el aventurero Esaú. Tan pronto como oyó la petición hecha por Isaac a Esaú, resolvió de una vez ganar su bendición para su hijo menor.

No podemos menos que admirar su amor. Se sacrificó por el hijo que no veía ya más. No le importaron las consecuencias personales. No le importó lo que le pudiera sobrevenir, con tal de que Jacob ganara. "Hijo mío, será sobre mí tu maldición." Por él sacrificó esposo, hijo mayor, principios; todo. Esa es la prodigalidad de afecto con que muchas mujeres se entregan constantemente por sus seres amados.

Sin embargo, el amor de Rebeca no estaba basado en principios. Un amor así es tan terrible como un fuego que se desprende del control de las barras de hierro para dejar tras sí una senda chamuscada y ennegrecida. El amor es la felicidad o la ruina de la vida; su felicidad, si está arraigado y cimentado en una entrega penetrante y dominante a la pureza, la verdad y los principios: en una palabra, a Dios; su maldición, si conduce el barco de la vida según sus propios e incontrolados caprichos. Mantengamos el corazón por encima de todo lo que nos es más precioso, porque eso es lo que le da sentido a la vida.

3. La astuta y débil naturaleza de Jacob reaccionó ambiciosa-

mente ante la tentación. Jacob no era un hombre completamente malo, pero tenía una deplorable debilidad. El mismo no habría tramado este plan ni lo hubiera puesto en marcha, pero no tuvo el valor de negarse a la fuerte voluntad y el deseo de su madre, especialmente cuando vio que ella estaba dispuesta a cargar con todo el riesgo. Cuando ella lo presionó, obligándolo por la obediencia debida a ella como hijo (v. 8), fue débil, y no quiso negarse por considerar aquello un acto ilegal; sino que sugirió que era inoportuno, y corrían el riesgo de ser descubiertos. "He aquí, Esaú mi hermano es hombre velloso, y yo lampiño. Quizá me palpará mi padre, y me tendrá por burlador, y traeré sobre mí maldición y no bendición." Cuando el hombre cede y se aparta de lo recto bajo la presión de lo que parece conveniente o ventajoso, se halla a punto de caer.

Tal fue la caída de Jacob. Mientras mantengamos nuestra posición a favor de lo que es legal, nos mantendremos firmes. En cambio, cuando comencemos a discutir con el tentador en el nivel inferior de que puedan descubrirnos y fracase nuestro intento, nos encontraremos dominados por sus cálculos, y conducidos como bueyes adornados hacia el matadero. Jacob cayó en esta falta, a la que están expuestos todos los hombres débiles; y así, cuando su madre le mandó por segunda vez que obedeciera a su orden (v. 13) y fuera al rebaño a buscar dos buenos cabritos, "fue y los tomó, y los trajo a su madre".

El primer paso dado, fue seguido rápidamente por otros que parecieron necesarios.

Se vistió como su hermano e imitó su piel. Mientras se cocinaba la carne, Rebeca fue al ropero de Esaú, a buscar ropas apropiadas y olorosas. Hecho esto, preparó las delicadas pieles de los cabritos para cubrir las manos y la nuca de Jacob. Todo se hizo con rapidez, antes de que llegara Esaú. Cuando todo estuvo listo, Jacob se preparó para desempeñar su papel.

Engañó a su padre con una abierta falsedad: "Yo soy Esaú tu primogénito; he hecho como me dijiste... Come de mi caza, para que me bendigas."

Usó el nombre de Dios de modo impío. Como respuesta a la pregunta de Isaac acerca de lo rápido que había encontrado caza, se atrevió a decir: "Jehová tu Dios hizo que la encontrase delante de mí."

Debe haberse llenado de terror cuando se vio forzado a seguir adelante paso a paso, consciente de que era arrastrado por una rápida corriente, pero sin atreverse a parar. Se le debe haber paralizado el corazón de susto por un momento, cuando el anciano entró en sospechas, dudó de su voz e insistió en tocarlo, olerlo y tenerlo cerca. ¡Qué horror que Dios lo hiciera caer muerto! Fue un alivio muy grande salir otra vez a respirar el aire fresco, aunque las palabras de la deseada bendición lo compensaron muy escasamente por la agonía que había padecido. Se debe haber aborrecido a sí mismo. Le debe haber parecido que el sol había perdido la mitad de su fulgor.

No obstante, este es el hombre que llegó a ser príncipe de Dios. Si así le sucedió a él, ¿acaso no habrá esperanza para nosotros, que tanto nos parecemos a Jacob? Si el todopoderoso Hacedor pudo convertir esa arcilla en un vaso tan hermoso, ¿qué no podrá hacer por nosotros?

Recuerde esto, sin embargo: Dios debe implantar la naturaleza que El educa en Israel, el príncipe. Cuando hablamos de la educación de Dios debemos poner mucho cuidado en lo que queremos decir, y cómo lo decimos, no sea que favorezcamos un error. En medio de todo su pecado, debe haber habido en Jacob buenas cualidades personales que lo hicieran capaz de recibir la educación de Dios y de convertirse en Israel. La posesión de esa naturaleza mejor fue la que capacitó a Jacob para levantarse a un nivel espiritual para el cual Esaú no tenía aptitud ni gusto.

Sin duda, el Dios de amor amaba a Esaú, pero no había en la naturaleza de aquel mundano la fe ni los elementos de nobleza que, por medio de esa fe, habían sido implantados en el corazón de su hermano. Aunque pongamos una roca en un tiesto, la cubramos con musgo, le echemos agua, la saquemos al sol y le demos luz y aire, seguirá siendo una roca. Si Esaú hubiera pasado por la disciplina de Jacob, habría seguido siendo Esaú. La disciplina de la gracia de Dios no puede hacer nada en una vida, a menos que exista en ella el germen de esa nueva naturaleza divina de la cual Nuestro Señor le habló a Nicodemo: "Lo que es nacido de la carne, carne es; lo que es nacido del Espíritu es espíritu. . . Os es necesario nacer de nuevo" (Juan 3:6, 7).

4

LA ESCALERA Y LOS ÁNGELES
Génesis 28

Cuando Esaú se dio cuenta de que Jacob le había hurtado su bendición, sintió odio por él y decidió matarlo. Era de esperar de su naturaleza dura e impetuosa. Las amenazas llegaron a oídos de Rebeca y la llenaron del temor de ser privada de ambos en un mismo día: Jacob, la niña de sus ojos, a manos de su hermano; y Esaú, al ser obligado como un segundo Caín a convertirse en prófugo de la justicia por el asesinato de su hermano.

Sin embargo, Rebeca entendía perfectamente el temperamento de Esaú. Si Jacob se ausentaba por un corto tiempo, todo quedaría olvidado. Así que decidió que Jacob debía atravesar el desierto hasta Harán; para vivir por un tiempo con su hermano Labán. No le dio a su esposo todas las razones por las cuales Jacob debía marcharse rumbo a Harán, pero adujo algunas buenas y obvias, como la necesidad de conservar incorrupta la santa simiente, y de conseguirle a Jacob una esposa idónea.

Isaac aceptó la propuesta. "Llamó a Jacob, y lo bendijo, y le mandó diciendo: No tomes mujer de las hijas de Canaán. Levántate, ve a Padán-aram... y toma allí mujer de las hijas de Labán, hermano de tu madre. Y el Dios omnipotente te bendiga." Jacob, no sin antes derramar muchas lágrimas, salió de Beerseba y se fue hacia Harán. En el camino recibió una revelación por medio del sueño de los ángeles y la escalera.

1. Circunstancias en que recibió la revelación. Jacob se sentía solo. No era tan joven, pues ya había llegado a la madurez, pero es casi cierto que esta era la primera vez que salía del abrigo de su hogar. Con las primeras luces de la aurora, al comenzar su viaje, es posible que haya tenido una estimulante sensación de independencia, frescura y novedad. En cambio, cuando la noche corrió sus cortinas sobre el mundo, trajo a su mente la soledad y la melancolía. Este fue el momento especial en que Dios se acercó a su espíritu. Así ha sido a menudo con otros hombres. Recuerde por un momento su primera noche fuera del hogar, ya fuera escolar, aprendiz, trabajador o estudiante, y dígame si no fue un momento sagrado de su historia personal, en el que Dios tomó los colgantes zarcillos recién desprendidos de la enredadera de su amor, para envolverlos alrededor de sí mismo. Entonces, usted se dio cuenta de su presencia, y se aferró a El como nunca antes.

Jacob estaba atravesando el umbral de la independencia. Es solemne el momento en que un hombre se hace independiente, y es en ese momento cuando el Todopoderoso, se encuentra con nosotros como un caminante que nos ofrece su compañía para la senda no recorrida. Feliz el que acepta esa ayuda, y transfiere su sentimiento de dependencia de los padres terrenales al Amigo celestial. Cuando una persona se dispone a dejar que El la lleve, cesan para ella las ansiedades y los cuidados, pues tan pronto como un espíritu se entrega al Dios de amor, El lo toma para sí, asume toda la responsabilidad y se encarga de todas sus necesidades. ¡Ojalá que todos los hijos de Dios supieran lo que significa pasarle a su compasivo Señor todas las preocupaciones, ansiedades y cuidados momento a momento, en el mismo instante en que surgen, con la seguridad de que El las recibe directamente en sus manos! Para el creyente no hay en realidad una verdadera independencia. Hacerse independiente de Cristo es ser cortado como una rama que luego se seca. El secreto del reposo, el fruto y el poder es una unión permanente con El, una unión que el tiempo no puede dañar y la muerte no puede disolver.

También tenía miedo. ¿Qué le impediría a Esaú perseguirlo, cuando se diera cuenta de su huida? El conocía bien aquellos parajes; era ligero de pies, o podría usar perros para rastrearlo y alcanzarlo. Además, el campo estaba lleno de ladrones y bestias salvajes. Fue entonces cuando Dios calmó sus temores al mostrarle que aquel lugar solitario estaba lleno de huestes de ángeles, dispuestos y deseosos de favorecerlo con su vigilancia y protección celestial. Aun el lugar más solitario es tan seguro para nosotros como el más concurrido, pues Dios está allí. Este consuelo nos viene de Aquél que no puede mentir: "¡No temas!" Por eso nos atrevemos a decir: "El Señor es mi ayudador; no temeré lo que me pueda hacer el hombre" (Hebreos 13:6).

2. Los elementos constitutivos de esta revelación. El Espíritu de Dios siempre transmite su enseñanza a sus siervos con el idioma que toma de sus alrededores. Bet-el era una tierra desolada en el corazón de Canaán. No tenía ninguna cosa extraordinaria. Las colinas y laderas estaban salpicadas de grandes placas de roca pelada.

Al huir hacia el norte, el viajero se encontró cubierto de repente por la veloz noche oriental. No podía hacer otra cosa que acostarse en el duro suelo y ponerse una roca de almohada en la cabeza. Así durmió y soñó. En su sueño, su mente entretejió muchos de los pensamientos de la vigilia en una fantástica mezcla. El imponente aspecto de aquellas enormes rocas, el recuerdo de que Abraham había construido uno de sus primeros altares allí, su última mirada a ese firmamento maravilloso, tachonado con las brillantes constelaciones de una noche oriental; todas estas cosas se tejieron en sus sueños. Parecía que las grandes losas de caliza se habían juntado para convertirse en una gingante escalera que iba desde el lugar donde estaba acostado hasta las estrelladas profundidades que estaban por encima de él. Por esa escalera, los ángeles subían y bajaban, poblando con sus multitudes la desolada región. Era evidente que estaban muy preocupados por el hombre que yacía dormido en el suelo, pero esto no era todo. Desde el extremo

superior de la escalera, se dejó oír como una música la voz de Dios.
Hay aquí tres puntos interesantes:

a. *La escalera.* Jacob se debe haber sentido oprimido por un complejo de inferioridad y pecado, y por la distancia que lo separaba de su hogar. Fue muy agradable saber que había un medio de comunicación entre él y Dios.

Aun el más débil y pecador puede escalar a través de Jesús desde las cercanías del infierno hasta el pie del trono eterno.

A Dios gracias, no quedamos a la deriva, a merced de cualquier corriente; nuestro ennegrecido barco se halla amarrado junto al resplandeciente barco de la gracia celestial, y hay una plancha para pasar del uno al otro.

b. *Los ángeles.* Los ángeles subían: así ascienden nuestras oraciones. Los ángeles descendían: así descienden las respuestas de Dios. Esto nos recuerda los nervios sensores y motores del cuerpo: los primeros suben con el mensaje de dolor desde las extremidades hasta el cerebro; los segundos descienden con indicaciones acerca de lo que se debe hacer. Nos sería conveniente meditar con más frecuencia sobre el servicio que nos prestan los ángeles. Dios les encarga que nos guarden en todos nuestros caminos; ellos nos llevan en sus brazos, puesto que son "enviados para servicio a favor de los que serán herederos de la salvación" (Hebreos 1:14).

¡Qué consuelo tan grande debe haber experimentado Jacob! Supo, para su gran sorpresa, que aquel paraje solitario era "la puerta del cielo", pues parecía que toda la población celestial lo rodeaba, y había en él multitudes en movimiento. Ya no tendremos necesidad de dejarnos dominar por sentimientos de soledad si recordamos que, aun en las horas de retiro, vivimos en el corazón mismo de una vasta hueste de ángeles. Oiríamos sus cantos y los veríamos, si nuestros sentidos no se hallaran obstruidos a causa del pecado.

c. *La voz de Dios.* Dios dio respuesta a sus pensamientos. El se sentía solo, pero Dios le dijo: "Yo estoy contigo." Tenía temor de Esaú, pero Dios le prometió: "Te guardaré." No sabía qué dificultades le aguardaban, pero Dios le prometió traerlo sano y salvo de regreso. Las apariencias parecían contradecir la promesa divina, pero Dios le dijo: "No te dejaré hasta que haya hecho lo que te he dicho."

¿No es maravilloso que Jacob no viera estas gloriosas realidades hasta cuando se quedó dormido? Dios se movía tanto en aquel campo antes de que él se durmiera, como después, pero él no lo sabía. Sólo lo supo cuando se quedó dormido.

Hay una lección para nosotros en este antiguo relato en que el Señor esperó hasta que su elegido se durmiera antes de revelarle el secreto de su presencia. ¿No estamos quizás demasiado despiertos, demasiado a la expectativa de las cosas terrenales y pasajeras? ¿No sería mejor que nos olvidáramos más de estas cosas, para que nuestra visión espiritual pudiera contemplar las cosas invisibles y eternas? No podremos caminar con Dios, a menos que tengamos estos períodos de tranquila visión espiritual. Necesitamos escapar de nosotros mismos, de nuestros cuidados e intereses, de nuestra propia individualidad, para estar abiertos a las revelaciones de Dios. Este bendito sueño puede ser un regalo de Dios, en respuesta a la infantil confianza que depositamos en El.

Jesucristo nos busca, y viene a nuestro encuentro, precisamente al lugar donde nos encontramos. Uno de los extremos de esta escalera es el oro de su divinidad; el otro es la plata de su humanidad. Los peldaños son la serie de acontecimientos que lo llevaron desde la cuna de Belén hasta la diestra poderosa del Padre, donde se sienta hoy. ¡Cuánto podría ganar usted si enviara a Dios su carga de pecado, preocupación y temor por medio de los ángeles de la oración y la fe que suben hasta El, con lo que recibiría de vuelta en su corazón a los ángeles de la paz, el gozo, el amor y la gloria, que desean descender hasta donde se halla usted!

5

LA NOBLE RESOLUCIÓN
Génesis 28

Al estudiar la vida de Jacob, estamos viendo la educación espiritual de un hombre que llegó a ser Israel, Príncipe con Dios, y en cuya naturaleza original había poco digno de admiración. Hubo tres etapas en las relaciones de Dios con aquel hombre inicialmente astuto e intrigante.

Para comenzar, Dios se reveló a Jacob. Este pudo haber seguido por años en una soñolienta autocomplacencia, ignorando los males que se abrigaban en su pecho. Así que Dios permitió que una gran tentación se le atravesara en el camino. No tenía que sucumbir a ella, pero lo hizo, y al hacerlo, se encontró cara a cara con la inexpresable bajeza de su propio corazón. La primera e indispensable obra del Espíritu Santo en el espíritu humano, es la convicción de pecado.

En segundo lugar, Dios permitió que Jacob sufriera la pérdida de todos sus amigos y bienes terrenales. Lo vimos en el capítulo anterior solitario, despojado de todo y temeroso. No tenía ninguna posesión, con excepción de un botijo de aceite (28:18) y su báculo (32:10). Estaba asustado debido a la ira de su hermano. Se vio obligado a contentarse con una piedra por almohada en aquel paraje desolado. Sin embargo, no es el último hombre que ha tenido razón para bendecir a Dios para siempre por haber barrido de su existencia tantas cosas que consideraba absolutamente necesarias. La voz del Espíritu, esa vocecita casi imperceptible, sólo se puede oír cuando todas las otras se callan.

Finalmente, Dios pone en la vida de Jacob una revelación de su amor. "He aquí una escalera que estaba apoyada en la tierra, y su extremo tocaba en el cielo." La escalera nos recuerda el amor de Dios. ¿No le viene a la mente el momento en que se le reveló por vez primera el amor de Jesucristo? El mismo puso en su corazón la convicción de que era todo para usted. Probablemente, esa convicción hiciera brotar las lágrimas de sus ojos mientras estas u otras palabras parecidas salían de sus labios: "Me amó y se entregó a sí mismo por mí" (Gálatas 2:20).

La revelación del amor de Dios tiene cinco resultados en el espíritu que la recibe:

1. Lo capacita para descubrir a Dios con rapidez. Jacob tenía tendencia a localizar a Dios en las tiendas de su padre, como hay quienes hoy en día creen encontrarlo en la capilla, la iglesia o el ministro; y suponen que la oración y la adoración son más aceptables allí que en ningún otro lugar. En aquel lugar, Jacob aprendió que Dios está igualmente en todas partes: tanto en un paraje desierto como en el altar de Isaac, aunque sus ojos hayan estado demasiado enceguecidos para percibirlo. Si su espíritu es reverente, discernirá la presencia de Dios aun en medio de un desierto. En cambio, si es descuidado y despreocupado, no podrá encontrarlo ni en el rostro del mismo Señor Jesucristo. Si estuviéramos llenos de Dios, sabríamos que todo lugar es sagrado y todo momento santo; en todos los sucesos veríamos una escalera extendida hacia el cielo, y nuestro espíritu, lleno de felicidad, estaría aprovechando constantemente la oportunidad de correr hacia arriba por los luminosos escalones para abrazar a nuestro amadísimo Señor.

Hasta este momento, el Señor ha estado en muchas de las zonas desérticas de su vida, pero usted no se ha enterado de su presencia. Ha estado a su lado en la solitaria alcoba del dolor; en las situaciones fastidiosas; en la senda áspera; pero sus ojos han estado velados. Con razón su senda ha sido tan triste. En cambio, bastará que se apropie del mensaje de la cruz de Jesús, "Dios me ama", para que nunca más vuelva a sentirse solitario o despreciado. Descubrirá entonces que esos lugares desolados no son más que una de las mansiones que hay en la casa de nuestro Padre. Podrá tener comunión con El lo mismo en la ladera de una colina que en medio de la congregación y con frecuencia se verá impulsado a exclamar, al encontrar nuevas revelaciones divinas en los lugares más inesperados: "No es otra cosa que casa de Dios, y puerta del cielo."

2. Le inspira un piadoso temor. "Y tuvo miedo, y dijo: ¡Cuán terrible es este lugar!" "El verdadero amor echa fuera el temor", ese temor lleno de tormento, pero hace nacer en nosotros otro temor, el temor reverente hacia Dios, que se estremece ante la idea de causarle tristeza, y le aterra perder la oportunidad más pequeña de hacer su santa voluntad. El amor verdadero siempre está libre de temor, aunque sea temeroso. No tiene temor porque posee la libertad que da una confianza carente de dudas; pero es temeroso porque no quiere perder ni un solo grano de tierno afecto, ni poner sombras momentáneas sobre el rostro del Amado.

3. Lo impulsa a consagrarse a El. Una lectura superficial puede hacernos suponer que, fiel a su viejo carácter, Jacob trató de negociar con Dios, y prometió tomarlo como suyo bajo ciertas condiciones: "Si fuere Dios conmigo, y me guardare en este viaje en que voy, y me diere pan para comer y vestido para vestir" entonces. . . No obstante, una lectura más profunda lo libra de esta triste imputación, y les baja el tono a las palabras para que signifiquen que si el Señor es su Dios, entonces la piedra es casa de Dios. Sea cual fuere el sentido de las palabras, es evidente que este fue el momento de su consagración.

¿La ha hecho usted también? Es la única condición para tener salud, paz y poder en el alma. Entréguese a El ahora. Tan pronto como usted decida hacerlo, El aceptará lo que usted le entrega. Si no es capaz de entregarse a sí mismo, láncese a sus pies y pídale que sea El quien tome todo lo que usted es y posee. El responderá su oración y lo hará suyo para siempre.

4. Lo impulsa a consagrarle todo cuanto le pertenece. "De todo lo que me dieres, el diezmo apartaré para ti." No hay razón para dudar de que éste se convirtió en el principio moral de la vida de Jacob. Si así es, tenemos que decir que avergüenza a la mayoría del pueblo cristiano que no aparta nada para el Señor por principio, y que da un insignificante e incierto porcentaje de sus ingresos. A la Iglesia no le faltaría nada, si todos sus miembros actuaran según este principio.

¡Tome la firme resolución de dar sistemáticamente para la causa del Señor; y de apartar, como primicias de ganancias e ingresos, una cierta parte, que será considerada distinta y exclusiva del Señor, para usarla según El le indique!

Los fallos en este aspecto de la vida cristiana producen con frecuencia esterilidad espiritual y falta de gozo. Esa es la razón por la cual muchos de los ángeles que suben a Dios, nunca vuelven a bajar, o si lo hacen regresan con las manos vacías. Por eso sembramos mucho y cosechamos muy poco; comemos y no quedamos satisfechos; bebemos y no nos saciamos, y ponemos nuestro salario en una bolsa llena de perforaciones. Le hemos robado a Dios en las ofrendas y los diezmos. En cambio, si nos decidimos a darle los diezmos de todo, y a traerlos al alfolí (su casa), lo veremos abrir las ventanas de los cielos para derramar sobre nosotros bendiciones hasta que sobreabunden.

5. Lo llena de gozo. "Siguió luego Jacob su camino" (29:1). Con toda presteza se fue. Sus pies llevaban alas de gozo y parecía que no tocaban la tierra. Esta será nuestra feliz suerte, con que sólo creamos en el amor que Dios nos tiene. "En Jehová se gloriará mi alma; lo oirán los mansos, y se alegrarán" (Salmo 34:2).

6

LA EDUCACIÓN DEL HOGAR
Génesis 29

Después del amor de Dios, viene el amor humano como factor esencial en la educación del espíritu. El encuentro de Jacob con Raquel en el primer pozo al cual llegó, nos recuerda que, aunque no hay nada más importante que la unión de dos corazones, no hay nada que la gente haga con más descuido.

Por supuesto, no negamos que Jacob pudiera encontrar su otro yo en la hermosa chica del pozo, bajó el sol del mediodía oriental; y que esta joven fuera efectivamente la mujer sin la cual su vida hubiera quedado incompleta. Sin embargo, es una inmensa necedad dejar que un asunto de tanta importancia dependa solamente de una pasión pasajera, o de los encantos de unas maneras fascinantes y un rostro hermoso. Prepare su mente para esto; pruebe los espíritus para ver si son de Dios. No de un paso irrevocable sin orar antes intensamente, pidiéndole a Dios que impida que usted cometa un error, y que le revele su voluntad.

No es suficiente pensar y orar de este modo cuando un nuevo afecto ya nos ha cautivado. Es de suma importancia que estos asuntos se conviertan en temas de oración y meditación en las primeras etapas de la vida, cuando el gran afecto supremo no es todavía más que un sueño y un ideal. Las madres deben hablar de esto con sus hijas, y los padres con sus hijos, como Isaac con Jacob (28:1, 2). Los hombres jóvenes, siempre que piensan en estos asuntos, deben convertir sus pensamientos en oraciones pidiéndole a Dios que los guíe, como lo hizo con el siervo de Abraham, a la mujer que Él ha escogido para que sea su ayuda idónea. Las mujeres cristianas deben convertirse en protegidas de Dios, y dejar que Él escoja por ellas.

1. **Las cuatro condiciones para un verdadero hogar.**
   a. *Debe haber un amor muy superior a todo.* Esta fue una unión por amor. Es suficiente explicación que se diga: "Jacob amó a Raquel" (v. 18).

No hace falta demostrar cómo la presencia de un amor supremo es la base y justificación de la monogamia, la unión de un solo hombre con una sola mujer. Si este amor no existe, no debe haber matrimonio.

   b. *El matrimonio debe ser "sólo en el Señor".* El de Jacob fue así. El, como Esaú pudo haber tomado una esposa de las hijas de Het, versadas en las idolatrías e impurezas que trajeron maldición a la tierra. En cambio, guiado por los consejos de sus padres, cruzó el desierto para casarse con una joven que hubiera sido criada en un hogar en el que todavía se guardara la memoria de la adoración del Dios de Abraham, de Nacor y de su padre Taré (31:53).

La Biblia hace sonar sus sirenas de alerta desde el principio hasta el fin contra los matrimonios mixtos. "No os unáis en yugo desigual con los infieles" (2 Corintios 6:14). El matrimonio mixto es fuente de abundante angustia. En el curso de una experiencia pastoral ya extensa, nunca he conocido uno que goce de felicidad perfecta. En estas uniones, no suelen ser los creyentes los que llevan a sus cónyuges inconversos a Cristo; sino que ellos mismos son arrastrados a una deplorable situación que los lleva a reprocharse continuamente el estado en que se hallan. ¿Cómo puede haber entendimiento en las cosas más profundas? Ambos saben que hay un importante asunto sobre el cual no están de acuerdo, y esto es una fatal barrera para que la unión sea completa. El cónyuge inconverso desprecia al cristiano, porque se ha casado faltando a sus principios. El cristiano está desengañado, porque la aparente influencia ganada antes del matrimonio se disipó poco después de que los lazos quedaron irrevocablemente atados. Muchas jóvenes cristianas se han casado con inconversos en la esperanza de salvarlos, y se han arrepentido amargamente de su decisión.

   c. *Un verdadero hogar debe estar cimentado en la buena voluntad de padres y amigos.* El halo de un futuro más brillante y prometedor circunda la unión de dos corazones jóvenes, cuando está ratificada en medio de las felicitaciones de amigos que se alegran con ellos. Es sabio y justo, en cuanto sea práctico, que los hijos consulten en tales asuntos a aquellos cuyo amor ha convertido en celosos guardianes de su vida mientras ésta se va abriendo como una flor a las nuevas experiencias. También es bueno hacerlo por cortesía, aun cuando los años maduros les hayan dado el derecho de escoger y actuar por sí mismos. Ahora bien, si los padres quieren tener estas confidencias cuando sus hijos sean mayores, deben convertirse en sus confidentes mientras todavía son jóvenes.

d. *Debe haber cierta esperanza de vivir decorosamente.* En la amplia y rica tierra donde se encontraba Jacob, no había mucha dificultad al respecto. Es un asunto mucho más complicado en medio de las condiciones de nuestra aglomerada vida moderna. Debe existir cierta solvencia económica. Joven, le recomiendo que escoja una compañera que, aunque sea culta y refinada, tenga gusto en ocuparse de los detalles prácticos de la economía doméstica, y sepa hacerlo. Señorita, entréguele su corazón a un hombre que la ame tanto, que esté dispuesto a mantenerse fiel a su afecto aunque sea a través de años de perseverante noviazgo, si es necesario. Cualquiera puede realizar un acto de galantería; en cambio, hace falta ser un verdadero hombre para trabajar como Jacob por siete largos años para ganar a su amada.

2. **El poder de un gran amor.** "Así sirvió Jacob por Raquel siete años; y le parecieron como pocos días, porque la amaba" (20). Estas palabras encantan por su belleza y verdad. El amor tiene el poder de convertir un camino difícil en fácil, y hacer corto el aburridor tiempo de espera. Nos hace olvidar muchas cosas que, en su ausencia, serían insoportables.

¿Se le hace difícil negarse a sí mismo, hacer los sacrificios necesarios para hacer la voluntad de Dios y confesarlo? Acuda al Espíritu Santo, y pídale que derrame el amor de Cristo en su corazón; que lo enseñe a amar a Aquél que lo amó primero. A medida que las olas de ese amor se levanten en su corazón, lo irán haciendo vivir, no para sí mismo, sino para El; entonces, serán livianas las cargas que antes lo aplastaban, serán agradables los caminos antes agotadores; volarán las horas que antes se arrastraban pesadamente, y los años parecerán días. Las obras hechas con amor siempre son ligeras.

3. **Conclusión.** Si no se ha casado, no se lamente, como si su vida fuera incompleta. Su estado no es más elevado, como se ha enseñado falsamente acerca del celibato, pero tampoco es un fracaso o una vergüenza. Deje de medirse por patrones humanos. Usted debe ser solamente lo que su Padre celestial quiere que sea. Tal vez lo haya mantenido libre del limitado círculo de un hogar, para que derrame su amor en aquellas personas que no tienen a nadie más que las ame.

¿Está desilusionado? Jacob recibió una gran desilusión con la pobre Lea, y ella tuvo que pasar muchas horas de amarga angustia. Su padre la había forzado a vivir con un hombre que no la amaba y que quería librarse de ella. Su corazón de mujer suspiraba por un amor que nunca llegó. Pocas historias son más conmovedoras que la historia secreta de Lea, revelada en los nombres que les dio a los hijos y las razones que tuvo para dárselos. Sin embargo, recordemos también que ella encontró una compensación en el amor de aquellos hijos fuertes y sanos que la saludaban con el título de "madre", tan apreciado por el corazón de una mujer. Sin duda, hay compensaciones en su suerte, a menos que esté tan amargado, que no pueda verlas. Esta es la mejor de todas: "Ha mirado Jehová mi aflicción" (v. 32). Mientras tanto, no desista de cumplir el deber que tiene para con Dios.

¿Está felizmente casado? Entonces cuídese de no convertir su felicidad en un ídolo, o de suponer que ya no hay necesidad de velar. ¿No es algo notable que la esposa más querida de Jacob haya sido la fuente de su derrota y desgracia en años posteriores, porque escondió en su equipaje los ídolos domésticos de su padre?

¿Se hizo usted cristiano después de casarse con una persona no convertida? Entonces, no trate de alterar sus relaciones en manera alguna (1 Corintios 7:13, 14); espere confiado que usted mismo será el feliz medio para ganar a ese ser amado para Cristo. Persiga este propósito, no tanto por medio de la conversación constante, sino más bien por la belleza y solidez de su vida: "Para que también los que no creen a la palabra, sean ganados sin palabra por la conducta de sus esposas" (1 Pedro 3:1).

7

En la madurez de la vida
Génesis 30

En el capítulo anterior, vimos como Jacob edificó para sí un hogar. Pero, ¡qué hogar! La presencia de las dos hermanas allí fue fatal para su paz. Las que habían sido bastante felices como hermanas antes que él viniera, ahora ya no podían vivir en esas estrechas habitaciones como esposas del mismo marido, sin la manifestación incesante de sus celos. Cada una tenía sus propias quejas. La pobre Lea sabía que Jacob nunca la había amado, y que ella no era la esposa predilecta; y aunque Dios la compensó dándole lo que era el orgullo de las mujeres orientales, un buen número de hijos, aun esto fue causa de angustias para ella, pues Raquel la envidiaba. Se sentía terriblemente desolada en su propio hogar, y los nombres de sus hijos son como hitos que van marcando el campo de su miseria. Raquel debe haber pasado también por grandes angustias; es cierto que tenía el amor de su marido, pero no podía estar segura de guardarlo; y tenía la mortificación de ver crecer a los hijos de su hermana como herederos de su esposo. Oraba con insistencia, se consumía de angustia y se irritaba.

¿Por qué asombrarse entonces de que los hijos de aquel hogar crecieran indisciplinados y malos? Rubén, inestable como el agua, excitable y apasionado; Siméon, lento para obedecer, pero pronto para una desesperada crueldad; y Leví, cómplice voluntario de su crimen. Cuando los hijos no salen buenos, a menudo se debe a la falta de educación en el hogar; y esto es con más frecuencia resultado de lo que ven, que de lo que se les enseña. Como quiera que haya sido Jacob, las impresiones recibidas en las tiendas de las mujeres, en cuanto a insultos y bajas pasiones, hubieran sido suficientes para echar a perder a cualquier niño.

No es tanto la vida doméstica de Jacob, como sus transacciones comerciales, lo que tenemos que considerar ahora.

Sirvió catorce años para pagar la dote de sus dos esposas; y ya había pasado ese período cuando Raquel dio a luz a José, su primogénito. Tan pronto como la madre y el niño estuvieron en condiciones de emprender el largo y fatigoso viaje, Jacob declaró su intención de regresar a Canaán; y esta decisión fue probablemente acelerada por el mensaje de Rebeca de que ya no había razón para su ausencia.

Esta noticia alarmó a Labán, quien tenía gran aprecio por los servicios de Jacob y era bastante astuto para no dejarlo ir sin antes hacer algún esfuerzo por retener a un siervo tan valioso. En seguida Jacob se aprovechó de la oportunidad de independizar económicamente a su gran familia, que seguía en aumento; y así se cerró el negocio.

Las ovejas orientales son casi totalmente blancas y las cabras son negras; las multicolores son raras. Jacob propuso, por lo tanto, que se retiraran de una vez todas las listadas y manchadas; y que todas las de ese color que el rebaño produjera después, serían su salario. No había ningún daño en esto, a menos que ya hubiera decidido sacar una ventaja injusta de Labán, lo cual dejaría una oscura mancha sobre su nombre. Fuera premeditado o no, lo cierto es que Jacob actuó como un tramposo y un bandido. Labán le confió sus rebaños para que los cuidara, sin sospechar ni por un momento que Jacob alteraría el proceso normal de la naturaleza. Jacob, en cambio, no dudó en usar todas las artimañas posibles para sacar ventaja a costa de Labán, poniendo medios para procurar para sí el producto de las ovejas más fuertes del rebaño, y dejarle a Labán las enfermizas y débiles.

Me sorprende ver que los comentaristas más antiguos traten insistentemente de justificar esta acción de Jacob. ¡Esa tentación no me convence!

Acerquémonos y discutamos con Jacob, quien se halla sentado junto a sus rebaños bajo el ardiente sol oriental, y escuchemos cuidadosamente sus excusas y ruegos.

Al principio, es posible que hable de su urgente necesidad de protección personal: — Mi tío siempre trata de defraudarme y humillarme. Si no hubiera hecho esto, él se habría salido de nuevo con la suya. Hay que luchar con las armas del enemigo. Como él ha decidido actuar conmigo como un bandido, yo no veo que haya de malo en volver sus propias armas en su contra. — Este razonamiento no murió con Jacob; está todavía regado por todo el mundo en actos y palabras; y los hombres buenos también se ven tristemente tentados a usarlo. Ahora bien, si usted cree verdaderamente en el Dios Todopoderoso, puede estar seguro de que la falsedad fracasará y la justicia ganará al final, de manera que es preferible responder al fraude con la fe, a la astucia con la conciencia y a la violencia con la fortaleza divina. ¡Recuerde que el Señor le prometió guardarlo! Aunque sus competidores le hagan trucos malvados y sucios, usted vivirá para verlos atrapados en la misma fosa que cavaron, y perforados por su propia espada. En cambio, si usted continúa actuando en justicia, seguirá firme hacia el éxito.

Tal vez presente como segundo argumento la familiar fórmula de que los negocios son negocios. Me parece extraño oír hablar así a numerosos profesionales cristianos. Tienen una norma de moralidad para el día del Señor, y otra para los seis días restantes. Permiten en los negocios cosas contrarias al espíritu y la letra de la Palabra de Dios, y que no aprobarían en ningún momento en las actividades comunes de la vida cotidiana, y aplacan su conciencia con el conocido refrán: "¡Los negocios son negocios!" Si así fueran las cosas, la mayor parte de la vida de casi todos los hombres se pasaría fuera del círculo de influencia de los mandamientos divinos, pero no puede ser así. La moral del Evangelio se parece a la ley de la gravedad, que determina por igual la senda de un granito de polvo en la brisa del otoño, y el movimiento de los mundos en el espacio sideral.

Es posible que Jacob alegue en su tercer intento de defensa que esta era la práctica general. — Otros pastores lo hacen. Labán debe estar informado de todo esto; o al menos, debería estarlo. Allí donde fueres, haz lo que vieres. Yo no soy peor que los demás. —No obstante, el que todos lo hagan no quiere decir que el pecado deje de ser pecado. Esta es la diferencia entre las leyes divinas y las humanas. Si todos los hombres quebrantan una ley humana, ésta queda abrogada en los estatutos o códigos; no es posible hacerla cumplir. En cambio, si todos los hombres quebrantaran una ley divina, se les aplicaría la pena a todos.

En cuarto lugar, Jacob podría insistir en que tenía que engañar para conseguir su pan. — Usted bien sabe que hay que vivir de algo. . . — Sin embargo, su queja no tiene fundamento. No hay necesidad de ella. ¿En qué habríamos quedado hoy si todos los mártires hubieran esgrimido el argumento de que era más importante vivir que actuar justamente? Todos los hombres tenemos que decidir entre estas dos alternativas. Debe sentirse satisfecho de perder todas las cosas e incluso morir, si con eso mantiene invioladas las inestimables alhajas que Dios ha puesto a su cuidado.

El doble juego de Jacob parece haber tenido éxito: "Y se enriqueció el varón muchísimo, y tuvo muchas ovejas, y siervas y siervos, y camellos y asnos" (v. 43). Pero lo que los hombres llaman éxito, y que algunas veces es una cosa superficial y temporal, no prueba nada en cuanto a la rectitud o fracaso de una vida. Muchas vidas nobles a los ojos de Dios han sido fracasos si se las juzga por las normas humanas. En cambio, muchos fracasos a juicio del hombre han sido grandes éxitos ante Dios y sus ángeles.

No me parece correcta la conocida expresión "Ser honrado siempre paga". Si simplemente vamos a ser honrados porque vale la pena, estamos rebajando mucho la calidad de nuestra vida, y nuestros cimientos pueden ceder en tiempos de tormenta. Debemos ser honrados, no porque sea una buena norma que produzca dividendos, sino porque es un buen principio moral; porque es justo, noble y piadoso; pero sobre todo porque al serlo, agradamos a Dios.

No trace una línea de separación entre la casa de Dios y el lugar donde hace sus negocios. La oficina y la fábrica pueden ser tan casa de Dios como el más santo de los altares. El alma piadosa permanece junto a Dios, sea cual sea su ocupación. Si usted no puede mantener su comunión con Jesús en sus negocios diarios, déjelos cuanto antes. En cambio, si son legítimos, El estará a su lado, aunque su presencia esté velada para los ojos de todos los demás.

Haga cuanto tenga que hacer, en el nombre del Señor Jesús. En ese nombre acostumbramos orar. Aprenda ahora a obrar, también en ese nombre. ¡Dígalo aun ante las tareas más humildes, y las verá brillar con belleza celestial! ¡Póngalo sobre las dificultades, y verá cómo a su conjuro las puertas que parecen de hierro se abrirán solas!

¡Haga sociedad con el Señor Jesús! ¡Consúltelo antes de tomar nuevos rumbos, o asignarles materiales a clientes nuevos, o hacer compras al por mayor! ¡Haga que todas las transacciones y anotaciones de sus libros estén abiertas a su mirada! No olvide tampoco dividir con El las ganancias que le correspondan. Una vida comercial con tales principios, nunca podrá zozobrar en los bajíos de la bancarrota.

8

LA AGITACIÓN EN EL NIDO
Génesis 31

En el sublime canto con el cual Moisés, el gran legislador, concluyó su mensaje a Israel, nos traslada a las alturas para ponernos junto a un nido de águilas (Deuteronomio 32:11), construido en medio de precipicios inaccesibles. Los aguiluchos ya están bastante fuertes y maduros para volar, pero se aferran al nido familiar. No se atreven a aventurarse en el aire que desconocen, ni a confiar en sus inquietas alas, pero deben aprender a volar. Los espera en los amplios océanos del espacio un gozo que sobrepasa con mucho a los del rudo nido en el cual han sido criados. Así es como el águila agita su nido y los empuja hacia afuera. ¡Qué angustia la de los pichones al ver el nido destruido y ellos mismos lanzados a lo que al parecer es una destrucción segura! En cambio, después de lanzados al aire ascendente, cuando aprenden con grata experiencia la libertad y el éxtasis del vuelo, ¡cuán agradecidos deben estar con la madre, que no esquivó cobardemente la difícil tarea, y que sigue volando y planeando debajo de ellos, lista para recogerlos si les faltan las fuerzas! Allí, en medio del aire, los deja caer otra vez para recogerlos de nuevo, y de esta manera ir aumentando su seguridad y fortaleza. Para sustentarse en su vuelo, desarrollan nuevas fuerzas que no conocían cuando permanecían en el nido.

Esto es una hermosa parábola acerca de la vida humana. Todos nos apegamos al viejo nido: el hogar donde nacimos. Decimos con petulancia insistente: — ¡Quedémonos aquí para siempre. No nos hablen de ese mundo exterior tan grandioso; aquí estamos contentos; quedémonos! — Sin embargo, el gran amor de Dios nos tiene preparado algo mejor. El sabe que en la vida hay alturas y abismos que están escondidos de nuestra vista hasta que pasemos adelante. Podrá ser muy aguda la agonía del momento en que el nido sea sacudido y nos encontremos arrojados dentro de un elemento extraño, pero no puede compararse siquiera con la gloria revelada al instante; la gloria de la fe que se cierne sobre lo invisible; la gloria de la esperanza que se enfrenta a la nube cargada de tormenta; la gloria de un amor siempre ascendente hacia el sol.

Estas ideas dan la clave de la experiencia que sigue en la atribulada vida de Jacob. Aunque él no podía adivinarlo en ese entonces, no obstante, al volver atrás, podemos entender fácilmente por qué se terminó de repente su residencia en Harán y se quebrantó su hogar. Así fue conducido a través del desierto, como fugitivo, celosamente perseguido, tal como lo había sido años antes, sólo que en la dirección contraria.

En realidad, Jacob ya estaba muy contento en aquella tierra extraña. Estaba perdiendo rápidamente el espíritu de peregrino; sus esposas, infectadas con la idolatría de la casa paterna, estaban en peligro de corromper la mente de sus hijos. Era evidente que tenía que destruir su nido de Harán; que debía convertirse en extraño y peregrino, como lo habían sido sus padres. Este fue otro paso que lo acercó al momento en que llegó a ser Israel, príncipe con Dios. Es posible que este sea su destino; si es así, acepte humildemente la disciplina que lo empuja hacia El. La mano que rompe el nido de su pasado es la misma que perforaron los clavos. Lo está empujando hacia las benditas realidades que aún no ha experimentado, pero que lo esperan en el futuro.

1. La orden de partir. "También Jehová dijo a Jacob: Vuélvete a la tierra de tus padres, y a tu parentela, y yo estaré contigo" (v. 3). No sabemos si se trató de una voz audible, pero estamos seguros de que surgió un impulso muy fuerte dentro de su corazón.

Hay muchas clases de voces en el mundo, y ninguna carece de significado; pero mientras más profundamente participemos de la naturaleza de "sus propias ovejas", menor será nuestra equivocación al creer reconocer la voz del Buen Pastor. Si no está muy seguro, espere hasta que lo esté. La única condición es estar dispuesto a cumplir su voluntad tan pronto como la vea claramente. Si tiene dudas, espere con fe hasta que todas las demás puertas se cierren, y quede sólo una senda abierta delante de usted.

Cuando Dios nos habla al corazón, sus palabras suelen ser corroboradas por las circunstancias externas. "Veo que el semblante de vuestro padre no es para conmigo como era antes" (v. 5). Por algún tiempo, sus relaciones habían sido tensas. Labán había alterado su método de calcular el salario de Jacob diez veces durante los últimos seis años, y ahora se presentaban los síntomas de una abierta ruptura.

Es muy amargo ver cambios en la actitud de otras personas hacia nosotros; sobre todo, si no los podemos evitar. Sin duda, Dios está en todo esto. Anímese, que es sólo parte del proceso para convertirlo en príncipe; no hay otro modo de cambiar una naturaleza mala, como la de Jacob, para remplazarla por algo mejor.

2. **La tenacidad de las circunstancias.** Cuando el espíritu peregrino intenta obedecer la voz de Dios, la casa siempre está llena de vecinos que tratan de disuadirlo de su precipitada resolución. Algo así le pasó a Jacob.

Es evidente que temiera que sus esposas se opusieran a su regreso. Hubiera sido lo más natural. ¿Era posible que consintieran de inmediato a su propuesta de separarlas de su tierra y de su parentela? Este temor debe haber detenido mucho a Jacob. Por lo menos, pensó que era necesario fortificarse con argumentos que apoyaran su proposición. Sin embargo, Dios ya había estado obrando en ellas; y les había preparado el corazón, de modo que consintieron de una vez acerca del plan, diciendo: "¿Tenemos acaso parte o heredad en la casa de nuestro padre?. . . Ahora, pues, haz todo lo que Dios te ha dicho" (vv. 14, 16).

En los esfuerzos de Labán por retener a Jacob, tenemos un ejemplo vivo de la insistente fuerza con la cual el mundo quiere detenernos cuando estamos a punto de darle la espalda para siempre. Nos persigue, con todos sus aliados, por más de siete días (v. 23). Nos pregunta por qué no estamos contentos de vivir en él (v. 27). Profesa su deseo de hacer que nuestra religión sea más agradable al mezclarla con sus propias maldades (v. 27). Apela a nuestros sentimientos, y nos pide que no seamos tan crueles (v. 28). Nos amenaza (v. 29). Se burla de nuestra repentina compunción, después de tantos años de disfrutar tranquilamente de su compañía (v. 30). Nos reprocha la incongruencia de exaltar tanto a Dios, cuando aún abrigamos el pecado en nuestro interior: "¿Por qué me hurtaste mis dioses?" (v. 30). ¡Amigo, qué triste es cuando nosotros, que profesamos tener tanta fe, les damos ocasión a nuestros enemigos para hacer escarnio, debido a los ídolos secretos que ellos saben que llevamos con nosotros! Algunas veces no somos nosotros los culpables, sino nuestras "Raqueles": nuestras esposas, o hijos, o amigos. No obstante, no debemos quedarnos tranquilos, hasta que sepamos que nuestro campamento está libre de ese mal.

¡Quiera Dios que se pueda apartar de la vida mundana que ha vivido por tanto tiempo! ¡Apártese del todo! ¡Llame a sus amigos para que vean su solemne acto, pero sobre todo, llame a Dios para que sea testigo de su decisión de que nunca más el demonio, el mundo y la carne vengan a su campamento, ni usted vaya al de ellos! Este es el verdadero Mizpa sobre el cual vigila el Señor.

3. **El cuidado divino.** Jacob debe haber vibrado de emoción y gozo, al decirles a sus esposas: "El Dios de mi padre ha estado conmigo" (v. 5). Bendito aquel por quien pelea Dios. Será más que vencedor. Así lo experimentó Jacob y, al terminar su encuentro con Labán, pudo repetir que estaba seguro de que el Dios de su padre había estado con él (v. 42).

Al frente de sus rebaños y recuas, con sus esposas, hijos y siervos, cruzó el Eufrates y el desierto, a la mayor velocidad que le permitía su difícil marcha; y los ángeles del Señor lo acompañaban. Después se encontró con sus radiantes huestes (32:1). Su huída no fue sospechada durante tres días; entonces Labán salió con rápidos camellos en su persecución y los alcanzó, mientras ellos todavía se hacían camino entre las colinas de Galaad, abundantes en bosques y aguas. Fue un momento de grave peligro, y fue entonces cuando Dios se interpuso: "Y vino Dios a Labán arameo en sueños aquella noche" (v. 24). El sueño hizo irresistible fuerza sobre Labán, y le impidió llevar a cabo sus propósitos de hacerle mal a Jacob.

Jacob era un hijo indigno y lleno de defectos, pero Dios no lo dejó ni lo desamparó. Dios cercó con su protección a su imperfecto hijo, y esto fue parte de esa amante disciplina, con la cual iba llevando a Jacob hacia una meta que nunca había imaginado.

Jacob creía que él era un pastor modelo (v. 38), pero se daba poca cuenta de que estaba bajo la protección del Pastor que guarda a Israel como un rebaño, que nunca cabecea de sueño, ni se queda dormido. Esa es la clase de protección que El quiere dispensarnos a usted y a mí.

9

LA LUCHA DE LA MEDIANOCHE
Génesis 32

A la mañana siguiente a su entrevista con Labán, Jacob levantó su campamento de las alturas de Galaad, y se dirigió lentamente hacia el sur. No se imaginaba siquiera que aquel día iba a traerle la gran crisis de su vida.

Esta escena maravillosa, en mi opinión, no corresponde al cambio que llamamos conversión. Esta quedó determinada, con seguridad, con la visión angélica de Bet-el. Antes bien, puede compararse con esa bendición posterior que a veces le viene al cristiano después de algunos años de experiencia y profesión religiosa. Según la naturaleza de las cosas, no hay razón para que sea así. Tampoco la hay para que, en el momento de la conversión, no entremos de una vez al conocimiento y gozo de todas las posibilidades de la vida cristiana. Sin embargo, en la realidad sucede con frecuencia que intervienen unos años de peregrinaje por los desiertos de la vida entre la liberación de la Pascua, y el paso del Jordán hacia la tierra de la promesa, el reposo y la victoria. Muchos hijos de Dios que no tienen dudas de haber sido aceptados y perdonados por Dios, están conscientes de que viven una experiencia cambiante e intermitente; pasa a un clima que lleva a su gloriosa fructificación las semillas que yacían sin desarrollarse dentro de su naturaleza. Esta fue la experiencia de Jacob después de esa noche memorable.

En este capítulo se narran tres sucesos que corresponden a la mañana, la tarde y la noche de ese día.

1. Por la mañana, se nos dice que le salieron al encuentro los ángeles de Dios. Esas palabras tiemblan con una belleza mística indescriptible. ¿Cómo sucedió eso? ¿Vinieron en grupos de a dos o tres? ¿O quizá, al dar vuelta a algún recodo del paso de la montaña, vio una larga procesión de ángeles que caminaban con vestiduras resplandecientes ceñidas por bandas doradas, a los acordes de alguna música celestial? ¿Le recordaría aquello a Bet-el, del cual lo separaban ya veinte años? ¿No le daría el valor y la preparación necesarios para el peligro que le esperaba?

No cabe duda de que estas huestes de ángeles siempre se cruzan en nuestro camino; como tenemos los ojos cerrados, no las vemos. Ahora bien, las veamos o no, siempre podremos confiar en que están cerca, especialmente durante las pruebas más duras.

2. Al pasar de la mañana a la tarde, Jacob sintió que su espíritu era totalmente sacudido por una terrible noticia. El había enviado mensajeros para que le anunciaran a Esaú su regreso, y lo prepararan psicológicamente. Ahora habían regresado los mensajeros con mucha prisa para informarle que Esaú venía a su encuentro con cuatrocientos hombres. Jacob sintió pánico, ¡y con razón! Todo lo suyo estaba en peligro: esposas e hijos, rebaños y ganados; las ganancias cuidadosas de seis años de trabajo. El cerro de Mizpa le impedía la vuelta atrás; había quemado el puente tras de sí. En sus alrededores había bandas de ladrones, ansiosas de apoderarse del rico botín, a la menor señal de vacilación o temor, pero continuar parecía precipitarse a una inevitable ruina. Sólo quedaba una alternativa, a la cual se vuelven la mayoría de los hombres cuando han fallado todos los demás medios. ¡Por lo menos, podía orar, y se entregó a la oración! Tal vez hacía mucho tiempo que no oraba así.

Hay muchos síntomas saludables en esa oración. En cierto modo, puede servir como un molde en el cual se puede verter nuestro propio espíritu cuando se derrita en el horno ardiente de las penas. Comenzó citando la promesa de Dios: "Me dijiste." Al orar, apóyese en una promesa que le dé capacidad suficiente para abrir las puertas de los cielos y tomarlo a la fuerza.

Luego pasó a la confesión: "Menor soy que todas las misericordias." Le pasaron por la mente el engaño a su anciano padre, su conducta con Esaú, sus engaños a Labán. Se reveló toda la maldad de su corazón y su vida, como un panorama que aparece cuando el firmamento de medianoche se ilumina con un relámpago. Se declaró indigno. Un lamento así puede exprimir mucha amargura de espíritu de nuestro corazón afligido y asombrado.

Entonces pide su liberación: "Líbrame ahora de la mano de mi hermano, de la mano de Esaú." Por supuesto, estaba bien orar así, pero creo que no fue una oración completamente sincera, porque casi no la había terminado cuando pasó al plan que lo ocupaba antes de apartarse a orar. Todos tenemos esa tendencia a orar, y luego preparar nuestro propio plan de liberación. De seguro, la actitud más noble es, después de orar, esperar a que Dios desarrolle su plan, y nos guíe de un modo nunca imaginado. Nunca en toda su vida, vemos al Señor Jesús hacer sus propios planes.

3. A medianoche. Jacob ya había enviado su propiedad, sus hijos y aun su amada Raquel, al otro lado del Jaboc. "Hizo pasar el arroyo a ellos. . . así se quedó Jacob solo." Allí, solo, meditó en el pasado, pensó en el futuro y sintió la maldad de aquellos motivos que lo habían impulsado a vender su alma. Vio el triste fracaso que era su vida, y así, de repente, se dio cuenta que de que tenía junto a sí un misterioso combatiente que lo obligaba a luchar con él, en parte física y en parte espiritualmente. Aquella lucha duró hasta rayar el alba.

¿Fue un combate físico? No hay razón para negarlo. Al contrario, la hay para afirmarlo, ya que, al continuar el viaje, Jacob estaba cojo. Fue una realidad material, que los israelitas contemporáneos todavía conmemoran, pues se abstienen de comer la parte de los animales que corresponde al tendón que se le encogió en el muslo a Jacob. Los hombres no quedan cojos por conflictos imaginarios. En todo caso, la lucha externa fue sólo un símbolo de la contienda espiritual que conmovía el alma del patriarca.

¡Recuerde que fue el extraño el que comenzó la lucha: "Y luchó con él un varón"! A veces se cita este pasaje como ejemplo de la insistencia de Jacob en la oración. No hay tal. No que Jacob quisiera conseguir algo de Dios, sino que El — el Angel de Jehová — tenía una controversia con este hijo suyo engañoso y lleno de doblez.

Quería quebrantar su autosuficiencia para siempre, para dar lugar al desarrollo del Israel que yacía paralizado y sepultado dentro de él.

¿No le ha salido al encuentro todavía "este varón" que luchó con Jacob? ¿No ha sentido un sagrado descontento consigo mismo? ¿No ha pensado en abandonar ciertas cosas que ha apreciado por mucho tiempo, aunque le cueste mucho hacerlo? Esta convulsiva angustia, estas luchas celestiales y estas obras misteriosas no nos vienen de hombre, ni de la voluntad de la carne, sino de Dios. Es El quien está obrando en usted, y lucha con usted. A El sea la gloria por su paciencia, interés y amor tan delicados.

Al principio, Jacob prevaleció: ". . .el varón vio que no podía con él." La fortaleza del que, años antes, había rodado la piedra del pozo para las ovejas de Raquel, todavía estaba presente, y él no estaba de humor para someterse. Así también todos nosotros nos resistimos al amor de Dios. Cada uno de nosotros está dotado de ese maravilloso poder que nos permite prevalecer contra Dios; y El sabe, con tristeza, que no puede prevalecer contra nosotros, sin tomar ciertas fuertes medidas que no nos dejen más alternativa que ceder.

Entonces el extraño lo tocó en la articulación del muslo. Cuando Dios se propone bendecir un alma, toca aquello que la capacita para oponérsele. Ante este toque, se encoge y consume, y le deja una cojera permanente hasta el final de su vida. Recuerde que el tendón nunca se encoge, sino bajo el toque de la mano divina, que es un toque de su tierno amor. Por eso han abortado sus planes; Dios ha tocado el tendón de su fortaleza y éste se ha secado. ¡Si usted todavía prevalece contra Dios, apresúrese a ceder, no sea que le sobrevenga algo peor!

Entonces Jacob dejó de resistir y se asió de El. Al rayar el alba, el Angel quería partir; pero no podía, porque Jacob lo tenía agarrado con fuerza. La solicitud de que lo dejara ir, indica con cuánta tenacidad el patriarca se aferró a El en busca de apoyo. Había abandonado la postura de defensa y resistencia, y se había asido del Angel como un hijo asustado se aferra a su padre. En la historia del espíritu humano, es un momento feliz aquél en que se echan ambos brazos alrededor del Salvador resucitado, para colgarse de El a fin de no dejarlo ir. ¿Ha llegado usted a este punto de rendición? Si aún no es así, pídale a Dios que le muestre cuál es el tendón que lo hace demasiado fuerte, para que El lo bendiga; pídale que lo toque para que ya usted no pueda ofrecer más resistencia. Entonces descubrirá la triple bendición que Dios le tiene preparada.

a. *El cambio de nombre.* En tiempos de Jacob, no se ponían nombres porque sonaran bien, o por capricho, sino de acuerdo con la personalidad. Cuando Jacob quiso que el Angel de Jehová lo bendijera, éste le dijo inmediatamente: "¿Cuál es tu nombre?" El respondió: "Jacob". Era tanto como decirle: — Por naturaleza, soy un suplantador, un bribón y un tramposo. — Nunca se arrepienta de hablarle a Dios de su verdadera personalidad —: Mi nombre es Pecador.

El varón le dijo: "No se dirá más tu nombre Jacob, sino Israel." Este nombre significa "príncipe con Dios". El cambio de nombre indica cambio de personalidad. Jacob quedó revestido con el nombre y la naturaleza de un príncipe. Sólo hay un camino hacia el principado: la espinosa senda del rendimiento absoluto y la fe. ¿Por qué no se entrega ahora completamente a Dios y le presenta todo su ser en sacrificio vivo? (Romanos 12:1, 2).

b. *Poder.* El versículo 32:28 viene significando lo siguiente: "Ahora, puesto que eres príncipe, tienes poder junto a Dios, y vencerás al hombre." Suspiramos por el poder, pero debemos obtenerlo del Creador. El hombre que quiera tener poder con los hombres, debe tenerlo primero con Dios; y sólo podremos tener poder con Dios, cuando haya fracasado nuestra propia fuerza, y quedemos cojos. ¡Quiera Dios que se seque el tendón de nuestra propia fortaleza, para que podamos obtener la fortaleza que viene de Dios!

c. *La visión beatífica.* "Vi a Dios cara a cara." Nuestros momentos de visión llegan cuando se aproxima el alba, pero son producto de la agonía del terror, la larga vigilia de la medianoche, la angustia extrema del conflicto, y la pérdida de nuestra propia fortaleza. El precio es alto, pero la visión compensa todos los sacrificios. Los sufrimientos no merecen comparación alguna con la gloria que nos es revelada.

Así es la vida; una lucha prolongada contra el amor de Dios, que anhela convertirnos en miembros de la realeza. Al pasar los años, comenzamos a abrazar aquello contra lo cual antes luchábamos, y al rayar el alba en el cielo, despertamos para darnos cuenta de que estamos vivos y contemplamos a Dios cara a cara: eso es el cielo.

10

EL FRACASO
Génesis 33, 34

El combate de medianoche que acabamos de observar, fue el comienzo de una nueva época en la vida de Jacob. En aquel momento, avanzó a un nuevo nivel de experiencia: el de Israel, el príncipe. No obstante, recordemos que una cosa es avanzar hasta un nivel así, y otra mantenerse en él. Algunos, cuando logran algún progreso, se aferran a él y siguen con la bendición; otros, después de disfrutarlo por un momento, se echan atrás. Es una lástima que Jacob haya descendido tan pronto del glorioso nivel al que lo había elevado el Angel.

Este descenso está indicado por el hecho de que las Escrituras lo sigan llamando Jacob. Era de esperarse que este nombre fuera reemplazado por el nuevo, como "Abram" había sido desplazado por "Abraham", pero no fue así. ¿Como podría ser llamado Israel, cuando había vuelto tan pronto a la vida de Jacob, y a la vida de astucia, adulación e intrigas que por tanto tiempo había vivido? Ya se le llamará habitualmente Israel, pero ese momento no ha llegado aún.

Debemos observar ahora las tres evidencias de fracaso que se mencionan en estos capítulos:

1. El primer fracaso fue su actitud en el encuentro con Esaú. Al amanecer, "alzando Jacob sus ojos, miró, y he aquí venía Esaú, y los cuatrocientos hombres con él". Así es la vida. Está llena de experiencias muy variadas.

A menudo vemos que una gran bendición — como la que recibió Jacob en Peniel, junto a los vados del Jaboc — viene a prepararnos para una gran prueba. Dios nos pone alertas y nos prepara, con las bendiciones de su bondad. No se sorprenda ni desanime, si después de una temporada de bendiciones especiales viene una época de duras pruebas; en realidad, lo sorprendente es más bien que no ocurra así. Cuando esto venga, haga lo que Jacob no hizo: ¡extraiga con abundancia cuanto necesite de todos esos recursos de fortaleza y consuelo almacenados durante los días anteriores de esplendor y paz!

Hay dos modos de darles frente a los problemas. Uno es el de la carne; el otro, el del Espíritu. La carne se aterra, ora con pánico y luego se humilla ante el problema, como Jacob, quien se inclinó a tierra siete veces al acercarse a su hermano. El camino de la fe es mucho mejor. La fe se abraza a Dios; y lo oye decir: "Estoy contigo y te guardaré". Cree en El, y sabe que va a cumplir la palabra dada; recuerda que en el pasado, Dios le había atado las manos a Labán, y deduce que puede hacer otro tanto de nuevo.

Es posible que usted tema encontrarse mañana mismo con algún Esaú. Alguien que le exija algo, alguien a quien usted le debe algo; un terrible problema o una gran dificultad. Por eso, se preocupa hoy y hace planes, urde intrigas y trama salidas, como lo hizo Jacob, haciendo seguir esos planes a sus esposas, hijos y siervos, para irse humillando y arrastrando al día siguiente hacia el problema.

Hay un modo más excelente. No levante los ojos hacia ese Esaú temido. ¡Elévelos más arriba, hasta Aquél de quien viene nuestro socorro! Entonces podrá afrontar las dificultades con un espíritu sereno. Los que han visto el rostro de Dios no tienen por qué temer la presencia de un hombre mortal.

Además de todo esto, cuando la oración ha precedido a la dificultad, la prueba resulta inferior a lo que pensábamos. Jacob temía ese encuentro con Esaú, pero cuando éste llegó, corrió a su encuentro, lo abrazó, se echó sobre su cuello y lo besó, y ambos lloraron. El heroico Gordon solía decir que en sus solitarios viajes a lomo de camello, con frecuencia tenía en su oración un encuentro con los jefes hostiles, y los desarmaba antes de llegar sin compañía alguna a su presencia. Nadie puede adivinar, a menos que lo haya experimentado, lo que vale una oración de fe en las dificultades y agonías de la vida.

En este caso, es hermoso ver que Dios fue mejor con Jacob que sus temores o su fe. Mientras él temía lo peor, su Amigo celestial estaba preparando su liberación.

2. El segundo fracaso fue el subterfugio al cual recurrió Jacob para librarse de la compañía de Esaú. Cuando Esaú le ofreció la protección de sus soldados, sintió pánico, pues les tenía más miedo que a los bandidos del desierto. Trató de evadir la propuesta con muchas excusas, especialmente con la explicación de que sus niños y sus rebaños no podían mantener el rápido paso de ellos. Finalmente, para satisfacer a Esaú por la separación, le prometió llegar a Seir, donde él vivía.

No creo que Jacob tuviera intenciones de ir a Seir, pues tan pronto como vio la retaguardia de las fuerzas de Esaú cuando éste se retiraba, echó a andar en dirección opuesta, rumbo a Sucot. Tales mentiras y subterfugios eran indignos del hombre que había visto a los ángeles de Dios cara a cara.

¡Qué fracaso tan terrible fue este! El brillante amanecer se había nublado demasiado rápido y si no hubiera sido por la maravillosa ternura de Dios, no sabemos cuánto más se hubiera alejado Jacob, o cuán lejano hubiera quedado el día en que fuera finalmente digno de llevar el nombre de Israel.

3. El tercer fracaso fue establecerse en Siquem. Dios no le había dicho que fuera a Siquem, sino "Yo soy el Dios de Bet-el". Bet-el, y no Siquem, era la meta señalada. Pero siempre estamos demasiado listos para no corresponder a los planes de Dios para elevarnos y bendecirnos.

Jacob fue a Salem, una ciudad de Siquem, pero hizo algo peor aún:

levantó sus tiendas frente a la ciudad, como hiciera Lot frente a Sodoma. ¿Qué lo llevó allí? Cualquiera que haya sido la razón, sigue en pie la triste y solemne realidad de que Jacob plantó sus tiendas *frente a la ciudad.*

¿No están muchos cristianos haciendo todavía la misma cosa hoy en día? Viven fuera del mundo, pero muy cerca de sus límites. Están lo suficientemente lejos para justificar su profesión religiosa, pero lo suficientemente cerca para correr a sus placeres. Escogen su iglesia, sus pasatiempos y sus amigos de acuerdo con un solo principio: hacer igual que los demás y buscar buenas relaciones para sus hijos. ¿Qué es todo esto sino levantar las tiendas junto a Siquem?

Jacob hizo algo peor aún; sin contentarse con haber erigido su tienda frente a la ciudad, compró la parcela del terreno "donde plantó su tienda". Abraham compró un lote para enterrar a sus muertos, y esto no constituía un deterioro de su espíritu de peregrino, sino más bien lo puso en mayor relieve. En cambio Jacob estaba abandonando el espíritu y las actitudes del peregrino, y compró lo que Dios había prometido regalarles a él y a su descendencia. Un verdadero espíritu de fe hubiera esperado en silencio, hasta que Dios hubiera cumplido su reiterada promesa.

Es posible que tratara de tranquilizar su conciencia edificando el altar y dedicándolo al Dios de Israel. Sin embargo, cuando el altar y el mundo rivalizan, no cabe duda acerca de cuál va a vencer. Las puertas de Siquem nos atraen con mucha fuerza por nuestras tendencias naturales, y pronto nos vemos con nuestros hijos en marcha hacia Siquem mientras las malezas del abandono crecen alrededor del altar, o este se va destruyendo y cae en desuso.

"Salió Dina la hija de Lea, la cual esta había dado a luz a Jacob, a ver a las hijas del país." Algo asombroso, pero era de esperar. ¡Pobre joven! Se debe haber sentido muy sola, pues era la única hija de la familia. Se fue por una senda que en su fantasía juvenil le parecía mucho más atractiva que la aburridora rutina del hogar. No hizo caso de las advertencias que se le deben haber hecho, y todo terminó — como ha ocurrido en millares de casos similares — en un dolor, una ruina y una desgracia inexpresables.

La joven fascinó al joven príncipe y cayó en la tentación. Es la antigua historia que siempre parece nueva. Por un lado el rango, la riqueza y el apetito desenfrenado; por el otro, la belleza, la debilidad y la ligereza ante la tentación. ¿Quién tenía la culpa de la caída? ¿Siquem? Sí. ¿Ella? También. Y Jacob. De allí en adelante, se reprocharía la destrucción de la inocencia de su hija. Todo había sucedido por haber descendido Jacob desde su nivel de Israel hasta su antigua naturaleza pecadora.

Tratemos de entender la recaída de Jacob, y veamos cómo podemos protegernos de que nos pase lo mismo.

Surge, en primer lugar, de la confianza en el impulso recibido en un momento dado, como si fuera suficiente para impulsar el alma a través de todos los días venideros. Entonces se descuidan la oración y el estudio bíblico. Todos estamos muy inclinados a cambiar la comunión permanente con el Hijo de Dios por alguna experiencia momentánea; morar en el pasado muerto, en vez de en el presente vivo. Sólo se puede evitar este error mediante el cuidadoso cultivo de una amistad cotidiana con el Salvador vivo. Y aun esto sólo se puede obtener mediante la gracia del Espíritu Santo.

En segundo lugar, puede surgir de la energía natural interior del hombre, que el apóstol Pablo llama "carne". Antes de la regeneración, tratamos de justificarnos a nosotros mismos; después de ser regenerados, queremos santificarnos a nosotros mismos. Nuestra vida debe depender más de Dios.

En tercer lugar, estos fracasos surgen porque estamos conscientes de las intensas emociones que llenaron nuestro corazón en otros tiempos, y suponemos que al perderlas también hemos perdido, en realidad, esa actitud espiritual que teníamos entonces. Todas las experiencias más profundas de la vida cristiana consisten en actos de la voluntad, acompañados de emociones o no, y que permanecen cuando el resplandor del sentimiento ha pasado. Por lo tanto, Dios nos retira la emoción de la vida, para enseñarnos a vivir por fe y voluntad.

Si usted sabe que ha fallado en alguno de estos casos, pida perdón y restauración; y confíe en que Aquél que guarda las almas fieles cuidará de usted como de la luz de las sagradas lámparas del templo.

11
DE REGRESO A BET-EL
Génesis 35

Bet-el no era en sí gran cosa. Imagínese una larga cordillera de quebradas colinas que van de sur a norte. Las laderas orientales, desoladas y hendidas por las tempestades, descienden hasta el Jordán. Las occidentales dan hacia las partes más densamente pobladas de Palestina. Por el valle, al pie de las montañas, pasa el camino principal de Palestina, que ha sido trillado por muchos viajeros a través de los siglos. Es un sendero montañoso, quebrado y rudo, que sigue el desigual curso del valle y está interceptado por innumerables canales. Del camino hacia arriba, las laderas de la montaña están salpicadas de grandes losas de roca pelada. No se ve ninguna casa, no hay tierras cultivadas que rompan la expansión de los pastizales de las montañas, ni hay animales domésticos que compartan el dominio del águila, las cabras silvestres y los conejos. En cambio, para Jacob, Bet-el era el lugar más sagrado y memorable de toda la tierra. Fue allí donde, en la primera noche de su huída de la casa, la escalera mística pareció unir la tierra y el cielo, llena de ángeles dedicados a su santo ministerio.

Habían pasado muchos años desde entonces; años de dura disciplina, que habían revelado la bajeza, la astucia y la debilidad de su naturaleza. Había caído mucho más abajo que cuando había hecho sus primeros votos, y tal parece que comenzaban a manifestarse síntomas aún peores. Hasta parece haber tolerado los ídolos que eran comúnmente adorados entre su gente, y de cuya presencia estaba perfectamente consciente (v. 2). ¡Qué caída tan grande la del hombre que había levantado tantos altares a Jehová, y era el depositario de las verdades que el mundo esperaba! Por el bien del mundo, y por el suyo propio, era esencial que se le obligara a reconquistar el terreno que tan tristemente había perdido. Fue entonces cuando dijo a los de su casa: "¡Levantémonos, y subamos a Bet-el!"

Una voz (¿o más bien un instinto dentro de él?) clamaba: "¡Vé y mora una temporada en Bet-el; contempla una vez más la escena familiar; reposa tu cabeza otra vez sobre esa roca que colocaste como pilar; y medita en la manera como el Señor tu Dios te ha guiado!"

Las circunstancias adversas le daban otra razón más. Estaba en un lío terrible. Se había establecido y cavado un pozo para proveerse de agua. Este pozo llegó a tener tanta fama, que las generaciones siguientes lo conocerían como "el pozo de Jacob". Se había identificado íntimamente con la vida de la localidad durante varios plácidos años, y luego sus hijos habían hecho que los habitantes de esa tierra lo odiaran por la pasión frenética con que habían vengado el deshonor de su hermana. Estaba en peligro inminente de destrucción por las enfurecidas tribus que lo rodeaban. Tenía que irse a alguna parte, y fue en ese momento cuando le vino el impulso de subir a Bet-el.

Ese impulso tuvo su origen en Dios mismo: "Dijo Dios a Jacob: ¡Levántate y sube a Bet-el, y quédate allí!" ¿Por qué quería Dios que Jacob subiera a Bet-el otra vez? Porque Bet-el estaba asociado con una de las experiencias espirituales más benditas de su vida. El llamamiento para regresar a Bet-el era equivalente a una invitación a retornar a ese fervor, esa devoción y esos santos votos que habían hecho de aquella erosionada montaña la casa misma de Dios y la puerta del cielo. Era como si le hubiera dicho: "Vuelve y quédate tan cerca de mí como lo estabas cuando pusiste esa piedra y la ungiste con aceite."

Hay palabras que no se pueden expresar en nuestros oídos sin despertar en nosotros una reacción inmediata. Así debe haber sonado la palabra Bet-el al oído de Jacob. "Entonces Jacob dijo a su familia y a todos los que con él estaban: Quitad los dioses ajenos que hay entre vosotros, y limpiaos, y mudad vuestros vestidos, y levantémonos, y subamos a Bet-el."

Entonces fue a Bet-el, al amparo del cuidado esmerado de Dios; edificó un altar allí, y Dios se le apareció otra vez.

1. Muchos cristianos están sufriendo de deterioro espiritual. Casi no se dan cuenta, pues les ha llegado en silencio mientras se apartaban de su Bet-el y su Peniel. Las canas le aparecen al hombre sin darse cuenta. Las frutas del verano comienzan a podrirse por dentro antes de que su superficie esté cubierta de manchas. La persona va resbalando tan insensiblemente, que llega a estar más lejos de Dios que cuando tuvo su primer encuentro con El en los felices y sagrados días del pasado.

2. Los ídolos son el síntoma inevitable del deterioro incipiente. Vaya a los bosques en el otoño, y contemple las familias de hongos que se esparcen en abundancia por todos los claros umbrosos y poco frecuentados. Crecen mejor donde la sombra es más profunda y el suelo está más impregnado con los productos de la putrefacción. De modo semejante, siempre que el otoño del deterioro se posa sobre la vida espiritual, los ídolos comienzan a crecer como hongos.

Se pueden esconder los ídolos, como hizo Raquel, pero ellos no se quedan escondidos. Encuentran su salida, y llega el momento en que, lo que se ocultaba como pecado, se exhibe con orgullo. Es posible que algún descarriado lea estas líneas, consciente de que las cosas no son ahora lo que eran entre él y Dios antes. El puede testificar por su propia amarga experiencia, que en igual proporción al deterioro de la vida interior ha ido creciendo el amor a algún ídolo. Se ha dedicado a conseguir una buena reputación, o una fortuna; y mientras más han aumentado sus energías en esta dirección, más han menguado en la otra.

3. Se deben entregar estos ídolos para que haya victoria y paz. La razón para la huida de Jacob de delante de esas tribus extranjeras fue, por supuesto, la acción inmisericorde y censurable de sus hijos; pero, por encima de todo, estaba el hecho de que Jacob había estado tolerando la existencia de la idolatría en su campamento. Yo siempre he visto que en la experiencia cristiana, ese fracaso y esa derrota indican la presencia de algún ídolo en alguna parte, y la necesidad de una consagración más completa a Dios. Póngase de rodillas; mire si hay ídolos en su vida, como debiera haberlo hecho Jacob; revise los equipajes traídos en los camellos, a pesar de lo que diga Raquel; saque las cosas malditas y entiérrelas.

Jacob obró con sabiduría al enterrar esos ídolos de inmediato. Si los hubiera guardado o llevado consigo, se habría visto tentado a sacarlos otra vez. Fue mucho mejor dejarlos allí mismo, bajo el roble de Siquem, antes de salir para Bet-el. No puede sorprendernos la maravillosa obra de Dios en Efeso después del espléndido *auto de fe* que tuvo lugar en el mercado de aquella ciudad (Hechos 19:19).

Concluyamos, pues, con este mensaje: arroje sus ídolos, y vuélvase a Bet-el. Arrepiéntase y haga las primeras obras. Ore como solía hacerlo. Estudie la Biblia como era su costumbre. Pase el día del Señor como lo hacía antes. Levante un altar ahora en el sitio donde lo construyó años atrás. Entréguese de nuevo a Dios. Olvide las cosas que quedan atrás; prosiga hacia las que están delante. Entonces Dios se le manifestará otra vez para restaurarle el nombre y la bendición reales que creía perdidos del todo. Aún más, le prometerá una fructificación maravillosa en el servicio, e inmensas posesiones en la tierra prometida (vv. 11, 12). Todas estas cosas le están reservadas, si entierra sus ídolos, sube a Bet-el y pone allí su morada.

12

LA ESCUELA DEL DOLOR
Génesis 35—42

Nunca me sorprende oír a las personas que dicen que una cantidad extraordinaria de pruebas les sobrevino cuando el cielo parecía estar más cerca, y amaban más a Cristo que nunca antes. Así debe ser; si no, la bendición obtenida se borraría de su alma, como la imagen se borra de la placa fotográfica, a menos que sea "fijada" en el cuarto oscuro.

Se nos dice que, después de haber dejado los ídolos atrás, Jacob había regresado a Bet-el, y había reconstruido el altar, renovando su consagración. Entonces "apareció otra vez Dios a Jacob. . . y le bendijo". ¿Está usted consciente de que la bendición del Todopoderoso descansa sobre su persona? ¿Se le ha revelado Dios otra vez, si ha habido una larga y triste interrupción de su intimidad con El? Si no es así, ¿no sería sabio hacer lo que hizo Jacob? ¡Pídale a Dios que le señale cuáles son sus ídolos! ¡Dígale que quiere ser para siempre única y exclusivamente de El! ¡Aparte de sí no solamente el pecado, sino también todo lo que sea estorbo o retraso para su carrera cristiana! Si no tiene fuerza de voluntad para hacerlo usted mismo, dígale que quiere hacerlo, y que lo ayude en su debilidad. Cuando le haya entregado así su voluntad, conságrese nuevamente a El. Es posible que se le aparezca de una vez, inundando su espíritu con el mismo gozo inefable del pasado, o puede que lo haga esperar un poco. Poco importa, relativamente, si puede decir con la seguridad que da la firmeza en la fe: "Soy suyo, y de ahora en adelante, nada me separará de su amor."

Verdaderamente, fue muy grande la bendición que Dios le concedió a Jacob. "Y le dijo Dios: Tu nombre es Jacob; no se llamará más tu nombre Jacob, sino Israel será tu nombre." Israel, el Príncipe con Dios. Sin embargo, esto no fue todo: Dios lo constituyó padre de naciones y reyes y prometió darle la tierra en la cual era peregrino como sus padres antes de él. Estas dos bendiciones, la fructificación y la posesión, sólo son posibles para los que han pasado por la escuela del sufrimiento.

No tenemos que alargarnos más en las posibles razones por las cuales, a partir de este momento, la senda de Jacob se vio envuelta en las sombras de un dolor externo cada vez mayor. No obstante, podemos ver lo que eran esas sombras. Es interesante observar que, al intensificarse estas, su vida se fue haciendo más realizada y fructífera, y la realeza se fue manifestando cada vez más en ella. Jacob es progresivamente reemplazado por Israel, el Príncipe.

Hay cuatro entierros en el capítulo 35, incluyendo el de los ídolos en Siquem. Esto fue el principio de dolores.

Primero, murió Débora; la anciana aya de Rebeca y su dama favorita, quien había acompañado a su joven señora cuando, muchos años atrás, había dejado su hogar del otro lado del Eufrates para convertirse en la esposa de Isaac. Ella debió haber sido motivo de muchos recuerdos y un eslabón que los ligaba a ese pasado santo. Para Jacob, de seguro fue una experiencia muy triste la sepultura de los restos de la amiga más íntima de su madre bajo aquel roble de Bet-el. La tristeza que causó su muerte parece que fue extraordinaria, pues aun se llegó a conocer el roble, en años siguientes, como "el roble de los terrores".

Todavía le esperaba un dolor mayor. Venían viajando de Betel y les faltaba poco para llegar a Efrata. La vanguardia de la marcha avanzaba presurosa hacia el lugar del campamento. De repente, una llamada de la retaguardia los hizo detener. La amada Raquel ya no podía dar ni un paso más adelante. Las noticias de su extrema agonía y el peligro en que estaba, silenciaron los grupos multicolores de jinetes y esclavos, siervos e hijos.

Toda la agonía de aquellos amantes corazones no pudo detener el espíritu que se iba; la madre vivió sólo lo suficiente para ver a su segundo bebé, y para poner todo su dolor en el nombre que le dio; luego murió, y fue sepultada allí, en el camino a Efrata, que es Belén. Jacob se reprochó, años más tarde, el no haberla colocado con el resto de la familia, en la antigua cueva de Macpela; y nunca pudo olvidar aquel lugar solitario del camino a Efrata (48:7). Aún hoy en día, los viajeros se apartan del camino para visitar la tumba de Raquel.

Otra angustia más le estaba preparada a este hombre tan probado. Sufrimos intensamente por los pecados de nuestros seres queridos, y cuando el padre vio a Rubén y a Judá con el alma manchada por una impureza indescriptible, es probable que sintiera que estaba bebiendo la copa más amarga de su vida.

Esto no fue todo. Vivió para ver que la disensión y el odio desbarataban su hogar. Los hermanos mayores envidiaban y odiaban a José, uno de sus hermanos menores, hijo de su amada Raquel siendo él ya de edad avanzada. Es cierto que su parcialidad hacia este hijo avivó la llama de la discordia. Fue un error entrgarle la costosa túnica que lo separaba como el heredero y príncipe del clan, según la costumbre oriental, pero podemos entender fácilmente la inclinación natural del anciano hacia el prometedor muchacho, cuyos sueños daban a entender el gran futuro que lo esperaba.

Lo peor estaba todavía por llegar. Un día, los hijos le trajeron la bien conocida túnica, pero estaba sucia y manchada de sangre. "Esto hemos hallado; reconoce ahora si es la túnica de tu hijo, o no." Tal vez sospechara un crimen, pero si lo hizo, no lo declaró, y sólo dejó entrever su sospecha después en la amargura de su tristeza (42:36). Por lo menos manifestó la posibilidad de que el cuerpo de José hubiera sido despedazado y devorado por una bestia salvaje. Sólo los que han experimentado angustias semejantes pueden comprender sus lamentos.

Otra tristeza más le estaba reservada. Jacob fue llamado a presenciar el momento en que su anciano padre exhaló el último suspiro; y tal vez, una vez más, para oír cuando sus temblorosos labios pronunciaban la bendición que le había salido tan cara. "Y exhaló Isaac el espíritu, y murió, y fue recogido a su pueblo." Se reunió al gran clan de sus antepasados, y sus dos hijos lo sepultaron. Esaú llegó, procedente de Edom. Era el próspero hombre mundano de negocios, quien años atrás había esperado este momento propicio para su propósito de matar a Jacob, pero que había sido endulzado y ablandado por la influencia sanadora del tiempo. Llegó también Jacob, cojeando al caminar, quebrantado por sus duros trabajos y azotado por sus recientes pérdidas, para ayudar a su hermano a enterrar a su padre. Por un momento, quedaron inmóviles de pie los dos mellizos cuyas vidas habían sido lucha y contraste, reconciliados en presencia del gran silencio de la tumba y prontos a tomar sendas cada vez más divergentes, para no volver a encontrarse jamás, ni ellos ni sus descendientes de las generaciones futuras.

Pisándole los talones al luto, llegaron esas terribles hambres que asuelan a los países orientales, y diezman a sus habitantes. La familia de Jacob no estuvo exenta. Los hijos parecen haber estado aletargados en esa indiferencia sólida nacida de una larga privación; y sólo la petición de su padre vino a despertarlos. "¿Por qué os estáis mirando?" Y descendieron a Egipto, el granero del mundo en aquella época, para volver después de un agonizante intervalo de suspenso. Simeón no estaba con ellos; y para recobrarlo y conseguir más trigo, Jacob debía arriesgar a su hijo "de la mano derecha", Benjamín, el muchacho que le había costado la muerte de Raquel.

Además de todo esto, ya se daba cuenta de que su vida se acercaba a su fin, y debía prepararse para seguir a sus padre por la senda invisible. Sus años habían sido pocos en comparación con los de sus padres, y le parecía que había fracasado. Así como le tocaron en suerte a Jacob estas penas; también a nosotros nos pueden tocar, y cuando nos lleguen, debemos saber aceptarlas con fe.

1. No juzgue por las apariencias. Jacob dijo: "Contra mí son todas estas cosas." Estaba totalmente errado. José estaba vivo; era el gobernador de Egipto, enviado allí por Dios para conservarles la vida y para ser el sustento de sus últimos años. Simeón también estaba vivo; era el vínculo bendito que atraía y obligaba a sus hermanos a volver a la presencia del extraño gobernador de Egipto. Benjamín regresaría de nuevo y a salvo. Todas las cosas, lejos de estar en su contra, cooperaban para su bien. Cultive el hábito de mirar el lado brillante de las cosas. Si hay sólo unas pocas nubes flotando en el firmamento de su vida, no diga que todo está nublado; y si todo el cielo está encapotado, salvo una pequeña hendidura azul, saque ventaja de ella; no exagere la obscuridad.

2. Adquiera la certeza de que Dios tiene un propósito para todas sus penas. La falta aparente de propósito de ciertos dolores es a veces su ingrediente más penoso. Podemos sufrir con más alegría de ánimo si podemos ver con claridad el fin que se está alcanzando. Si no podemos, se nos hace difícil quedarnos quietos y descansar. No obstante, el creyente sabe que no le puede sobrevenir nada que no sea permitido por el amor de Dios. Todas las calamidades tienen un propósito específico, y el Todopoderoso varía sus métodos para relacionarse con nosotros; siempre escoge aquella prueba que realizará sus intenciones con mayor prontitud y perfección, y sólo la continúa por el tiempo suficiente para lo que haya de hacerse. Le recomiendo esa preciosa promesa si cree que sus penas son superiores a cuanto usted pueda resistir. No durarán para siempre, y además, se acomodarán a sus necesidades específicas y a su fortaleza personal. Lo que harán será realizar aquello que el gran Labrador se ha propuesto.

3. **Recuerde que nada puede separarlo del amor de Dios.** Cuando Jacob meditó en estos pasajes oscuros de su vida desde las serenas alturas de su lecho de muerte, vio como no había visto nunca antes, que Dios lo había pastoreado durante toda su vida, y que su Angel lo había libertado de todo mal (48:15-16). No nos damos cuenta de esto en el momento de la prueba; pero no tenemos ninguna experiencia en la vida, sino bajo la mirada de ese Pastor que no duerme, ni ningún peligro sin la interposición de sus incansables manos. ¡Anímese, usted que desciende al oscuro valle de las sombras! El Buen Pastor va a su lado, aunque no lo vea. Su vara y su cayado le infundirán aliento. Sí, y su propia voz le hablará con dulzura. ¡No tema!

4. **Piense en la gloria de la eternidad.** No mire las cosas visibles, sino las invisibles. Ponga en un plato de la balanza sus penas, si quiere; pero ponga en el otro la gloria que saldrá de su dolor. Anhele la llegada del momento cuando sean desechados todos los vestigios de su Jacob ("el hombre viejo"), para que Israel ("el hombre nuevo") sea el nombre más adecuado para su alma. ¿No será eso bastante compensación por el dolor, puesto que usted habrá llegado a ser uno con Cristo, lo cual es el cielo en miniatura?

13
VISLUMBRES DE LA NATURALEZA DE ISRAEL
Génesis 47

El arroyo al correr se limpia a sí mismo. Así pasó con la vida de Jacob. La disciplina de la vida, como fuego refinador, no falló en su propósito. La escoria de su naturaleza estaba casi eliminada al fin, y la naturaleza más noble de Israel iba apareciendo. El cambio se ve en el nombre con el que se le designa en las Escrituras. El nombre viejo, Jacob, es poco usado, y en su mayor parte, Israel es el título de su nobleza.

Antes de que podamos estudiar los indicios de su progresivo

ennoblecimiento de carácter, haremos bien en observar que el nombre Jacob, aunque se use poco, no se ha eliminado completamente. Nunca podremos olvidar lo que fuimos, ni lo que pudimos haber sido, si no nos hubiera ayudado y controlado la gracia de Dios. La naturaleza de Jacob sigue introduciéndose en la vida de Israel; pero, con el correr de los años, la intimidad con Dios se convierte en posesión permanente, y las intrusiones son cada vez menos frecuentes, de modo que al final, la naturaleza de Israel tiene dominio casi indisputable de su vida.

Tenemos que observar algunas manifestaciones de esta naturaleza de Israel en Jacob. Durante más de veinte años, Jacob se lamentó de la muerte de José. La monotonía de esos años se vio interrumpida solamente por nuevas desgracias; podemos captar unos pocos suspiros de ese corazón abatido. Cuando vio la túnica de José ensangrentada: "Descenderé enlutado a mi hijo hasta el Seol"; al escuchar las primeras noticias sobre el severo gobernador, el señor de la tierra: "Me habéis privado de mis hijos"; a la petición de sus hijos para que dejara ir a Benjamín: "No descenderá mi hijo con vosotros... Haréis descender mis canas con dolor al Seol"; en la renovación de la petición: "¿Por qué me hicisteis tanto mal, declarando al varón que teníais otro hermano?"; al dar al fin su consentimiento, además de su indicación de que debían llevar algunas cosas sabrosas de sus escasas provisiones, dijo tristemente y casi con desesperación: "Y el Dios Omnipotente os dé misericordia delante de aquel varón, y os suelte al otro vuestro hermano, y a este Benjamín. Y si he de ser privado de mis hijos, séalo."

La noche de lamentos fue seguida por la mañana de gozo. ¡Qué emoción tan grande debe haber llenado su corazón cuando todo el grupo de sus hijos se presentó una vez más delante de él con tan maravillosas noticias! Benjamín y Simeón también estaban allí. El amor los había unido en la tristeza, como una cadena de doce eslabones, de la que ya no se perdería ni uno solo. Además, por encima de todo, José todavía vivía y era el gobernador de toda la tierra de Egipto. Es sorprendente que el ya anciano corazón resistiera el golpe de la noticia, y que su frágil organismo no sucumbiera bajo la presión de tan repentina emoción. Al principio no podía creerlo todo, pero la vista de los carros lo convenció. Entonces surgió un destello del espíritu real de su fe, el espíritu de Jacob vivificado. "Entonces dijo Israel: Basta; José mi hijo vive todavía: iré, y lo veré antes que yo muera."

Antes de salir de Canaán, tuvo una última entrevista con su omnipotente Amigo. Esta tuvo lugar en Beerseba, la última parada entre los verdes pastizales de la Tierra Prometida antes de entrar a las estériles arenas que quedaban entre ellos y Egipto. Todo le recordaba su infancia, pasada allí. Pudo encontrar las ruinas del altar de su padre y el pozo que éste había perforado, y "ofreció sacrificios al Dios de su padre Isaac". Su mente se debatía anhelante en cuanto a su deber. Por una parte, el amor a José, y su necesidad, lo atraían a Egipto; por otra, el recuerdo de los males que les habían sobrevenido a sus antepasados al descender a Egipto, lo hacían dudar sobre si debía ir. Dios se lo aclaró todo: "No temas de descender a Egipto, porque allí yo haré de ti una gran nación. Yo descenderé contigo a Egipto; y la mano de José cerrará tus ojos." La voz de Dios nos da gran consuelo cuando estamos dolorosamente perplejos.

1. **Hay una vislumbre de la naturaleza de Israel en su encuentro con José.** ¡Con cuánta emoción lo esperaba! Cuando, en los confines de Egipto, supo que el segundo carruaje en importancia de toda aquella tierra lo llevaba a los brazos de su hijo que había estado perdido por tanto tiempo, se levantó para encontrarlo; no como el Jacob de tiempos pasados, sino como Israel, el Príncipe. "Entonces Israel dijo a José: Muera yo ahora, ya que he visto tu rostro, y sé que aún vives."

2. **Hay una vislumbre más de la naturaleza de Israel en la bendición del Faraón.** José no se avergonzó de su anciano padre, ni lo dejó en la penumbra, aunque fuera viejo, decrépito y cojo. Había pasado toda su vida en tiendas y con rebaños de ovejas, e ignoraba completamente las cortesías. Era exiliado, emigrante y fracasado. Estaba presente allí como consecuencia de su ruina material. Por lo tanto, había un gran contraste entre él y el glorioso Faraón, cuya corte abundaba en ciencia e inteligencia, con sus soldados y sacerdotes, su riqueza y su esplendor. Aún así, cuando Jacob se presentó delante del Faraón, lo circundaba tanta grandeza moral, que el monarca más grande del mundo se inclinó para recibir su bendición. "¿Cuántos son los días de los años de tu vida?", fue la afectuosa pregunta del poderoso monarca. La respuesta fue bastante triste, y fue la naturaleza de Jacob la que habló: "Los días de los años de mi peregrinación son. . . pocos y malos." Pocos en comparación con los de Taré, Abraham e Isaac. Malos, en comparación con los de Esaú, quien estaba a la cabeza de un gran reino, y era progenitor de un linaje de reyes. Con esta confesión resonando en los oídos, el Faraón recibió una bendición de aquellas temblorosas manos extendidas, y aquella trémula voz. Esaú nunca podría haber hecho eso.

Dios puede investir al espíritu humano con un esplendor moral tal, que obligue a los conquistadores del mundo a sentirse conquistados delante de su poder. Aunque usted fuera astuto, malo y aprovechado en los negocios, bastaría que se rindiera a Dios y se sometiera a su amante disciplina, para que El le diera una realeza verdadera, y un poder moral capaz de dominar a cualquier otro poder.

3. **Hay una tercera vislumbre de la naturaleza de Israel en sus solemnes mandatos a José acerca de su entierro.** "Y llegaron los días de Israel para morir, y llamó a José su hijo, y le dijo..." (47:29). En la escena de la muerte es donde se manifiesta la verdadera naturaleza del hombre; y su oscuridad pone de relieve por completo lo que había de mejor en la naturaleza de Jacob. Evidentemente, era un hombre de fe. Conocía la antigua promesa hecha por Dios, de que su descendencia heredaría Canaán. Por lo tanto, estaba seguro de que los suyos no se quedarían para siempre en Egipto, por fértil que fuera la tierra de Gosén, y por amistosos que fueran sus habitantes. La trompeta daría la señal de partida. El debía estar donde estuviera su pueblo. El mausoleo más espléndido que se hubiera construido en aquellas tierras no podía compararse en ningún momento con la humilde sepultura de la solitaria cueva de Macpela, que en ese tiempo era sólo un puesto de avanzada en una tierra distante y hostil. La deseaba, no sólo porque los restos mortales de Abraham y Sara, de Isaac y Rebeca y de Lea estuvieran allí, sino porque previó la época en que estaría rodeado por millones de descendientes de sus hijos.

El sólo podía ver esto por la fe. La fe que le daba realeza. ¡Cuánto ennoblece la naturaleza más áspera y común, levantando al pordiosero del barro, y sentándolo entre príncipes!

4. **También se reveló en él la naturaleza de Israel en su trato con los hijos de José.** En el capítulo que recoge esa solemne escena, es casi enteramente en Israel en quien se fija nuestra atención. "Entonces se esforzó Israel, y se sentó sobre la cama." "Y vio Israel los hijos de José." "Israel extendió su mano derecha." "Dijo Israel a José."

Ya casi se había agotado la arena del reloj del tiempo para aquel cuerpo envejecido y macerado, pues cuando José llegó a su morada, regalo de su propia munificencia, el moribundo parece haber estado postrado en el colmo del agotamiento físico. El sonido del amado nombre de su hijo lo reanimó y, con la maravillosa precisión de memoria que es tan sobresaliente en los moribundos, recordó el pasado. La visión de la maravillosa escalera, con las huestes de ángeles; las preciosas palabras de la promesa, que cien años no podían borrar de las tablas de la memoria; la escena del empinado camino hacia Belén, donde sepultó a Raquel; los continuos ejemplos del ciudado del Angel que lo había asistido toda su vida hasta ese día: todo pasó delante de sus ojos, enceguecidos por la edad, pero brillantes de memoria y esperanza.

En medio de esta contemplación, se dio cuenta de la presencia de los dos hijos de José, y preguntó quiénes eran. Cuando lo supo, pidió que se los acercaran bastante para darles la bendición de su ancianidad. Lo hizo con mucho afecto y solemnidad. Los besó y abrazó, y su conocimiento profético lo llevó a distinguirlos, cruzando las manos, y poniendo la derecha sobre la cabeza del menor, a quien José había puesto frente a su izquierda; y la izquierda sobre la cabeza del mayor, a quien su padre había colocado frente a su derecha. Cuando José lo reconvino, pensando que era un error debido a su edad y ceguera, el anciano se aferró a su decisión, como quien está consciente de una prerrogativa en la que ni aun José podía interferir.

Esta emocionante entrevista terminó con el regalo a José de la parcela de tierra que él había tomado del amorreo en Siquem. Ya hacía mucho tiempo que había vuelto a sus dueños originales, pero él vio en el futuro que toda aquella tierra volvería a los suyos, y de este futuro habló en fe.

Toda esta escena está repleta de una dignidad nacida de la grandeza moral y llena de valor de Israel, el Príncipe.

14

EL DESCANSO Y SU DADOR
Génesis 49

Son muy interesantes las últimas palabras de Jacob, a través de las cuales brilla Israel, el Príncipe, tan patentemente.

Debemos, por ejemplo, hacer resaltar la precisión de su cumplimiento. Rubén, aunque era el primogénito, nunca sobresalió; de su tribu no surgió ningún juez, ni profeta, ni gobernante. Simeón fue absorbido casi por completo en las tribus nómadas del sur de Palestina. Las ciudades en las cuales moraban los hijos de Leví estaban dispersas por todas las tribus. Algunos vestigios de viñas en terraplenes todavía atestiguan que la escarpada provincia asignada a Judá era muy buena para el cultivo de las uvas. Zabulón abarcaba el lago de Galilea, y se extendía hasta las azules aguas del mar Mediterráneo. Esdraelón, el campo de batalla de Palestina, donde Asiria desde el norte y Egipto desde el sur se encontraron con frecuencia en una lucha a muerte, quedaba dentro de los límites de Isacar. El territorio de Dan era pequeño como una víbora, pero como ella, podía infligir heridas peligrosas a cualquier invasor que tuviera que pasar por él hacia el corazón del país. La región de Gad, muy oprimida por conflictos fronterizos; la tribu de Aser, notable por la fertilidad; la de Neftalí, famosa por la elocuencia; Benjamín, cruel como un lobo. Todas estas tribus ratificaron la profecía de su antepasado agonizante, mientras que las poderosas tribus de Efraín y Manasés, salidas de los hijos de José, heredaron las bendiciones a plenitud.

Había una conexión estrecha entre las adjudicaciones y el carácter de los hijos que estaban en pie alrededor del cuerpo desvalido y encorvado del agonizante, mientras su espíritu se manifestaba en un último desborde profético y de principesca gloria, demasiado fuerte para que lo pudiera soportar el frágil recipiente. Por ejemplo, Rubén había cometido un pecado vergonzoso años antes; tal vez esperara que todo se hubiera olvidado hacía mucho tiempo, pero no fue así, pues aquí fue sacado a la luz inevitable. Sólo ese pecado bastó para quitarle la primacía. ¿No era esto arbitrario? No, puesto que era la indicación de su carácter, y era la evidencia infalible de una naturaleza inestable, pues la sensualidad y la inestabilidad son una misma cosa.

Aparece aquí, en estas palabras del moribundo, el anuncio de una personalidad misteriosa, inefable, sublime, que surge por encima de todas las demás, ante la cual se inclina en adoración ese espíritu anciano, mientras se ilumina su arrugada cara con luz celestial. ¿Qué significan esas palabras que describen a Siloh con tanto misticismo, así como su venida y la congregación de los pueblos alrededor de El? Hay un poder tal en ellas, que sacuden nuestro espíritu de modo extraño. El instinto nos hace sentir que estamos frente a Aquél ante el cual se doblegan los ángeles, y se cubren el rostro con las alas. Otra vez suenan en nuestro oído las palabras: "No será quitado el cetro de Judá, ni el legislador de entre sus pies, hasta que venga Siloh; y a él se congregarán los pueblos."

1. **Tratemos de entenderlas.** La primacía de Israel, perdida por Rubén, es transferida a Judá. El cetro, o báculo, indica poder legislativo; el legislador, que crea las leyes. El significado del versículo es entonces que Judá debería retener la primacía sobre las tribus; y no dejaría de tener algún tipo de gobierno y gobernador, hasta que viniera Aquél a quien Jacob llamó Siloh.

¿Quién es este Siloh? Los más grandes críticos hebreos modernos nos dicen que este nombre es similar en significado al alemán *Frederick*: rico en paz; dador de descanso; el hombre del reposo. Sólo hay uno de quien se puede decir todo eso con verdad. El verdadero Siloh no puede ser otro que el hijo de Dios, quien se puso en medio de los millones de hombres que pasan trabajos en el mundo, para gritar: "Venid a mí, todos los que estáis trabajados y cargados y yo os haré descansar."

A veces me pregunto dónde aprendió Jacob este dulce y veraz nombre del Señor Jesús. ¿Fue inspirado en su corazón en ese momento por primera vez? Tal vez sí. Pero hay otra suposición, que me gusta. ¿Recuerda que en Peniel Jacob le preguntó su nombre a su misterioso adversario? ¿Qué respuesta recibió? El ángel dijo sencillamente: "¿Por qué me preguntas por mi nombre? Y lo bendijo allí." A veces he pensado que, al bendecirlo, le susurró al oído este hermoso título, que siguió resonando en la mente del anciano a través de los años, y quedó revestido de un significado más rico y abundante aún. Este es el orden universal de la vida cristiana: primero la resistencia, luego el tendón encogido, más tarde la entrega y el abrazo, y por último el descanso.

2. **Observemos también el cumplimiento literal.** Durante muchos siglos, Judá mantuvo la orgullosa posición que le asignó el jefe moribundo. El león de la tribu de Judá no toleraba rival. Jerusalén está dentro de su territorio. David surgió de ella. Durante la larga cautividad, hubo príncipes que reclamaron y mantuvieron el derecho, pues se nos cuenta que cuando Ciro hizo la proclama otorgándoles la libertad, "se levantó el príncipe de los padres de Judá, y nombrado para ellos Sheshbazar, el príncipe de Judá". Fue Judá la tribu que regresó de la cautividad y les dio el nombre de judíos a todos los de su raza.

3. **Estemos conscientes de esa verdad.** Una gran variedad de ojos agotados estarán leyendo estas palabras: ojos cansados, cabezas adoloridas, cuerpos extenuados, corazones partidos. ¡Ojalá que cada uno de ellos pueda entender que Jesucristo, el verdadero Siloh, puede darles, ahora y siempre, el reposo! "Venid a mí todos los que estáis trabajados y cargados que yo os haré descansar."

Son las palabras del Rey. Aunque estas fueran las únicas palabras suyas, pensaríamos que El habría sido el hombre con más dignidad real que hubiera vivido en este mundo. Sus palabras conllevan certeza: no hay dudas, preguntas ni temor al fracaso; su clara voz no titubeaba, ni había vacilación en el decidido acento de sus palabras. Podemos confiar en El, hermano. Para darle el reposo, no le tomará más tiempo del que le tomó para calmar las olas: "Inmediatamente hubo gran calma."

El descanso que da Siloh no es para el cielo. No tenemos que pedir alas de paloma para volar hacia El. No lo hallaremos en el más allá, si no lo encontramos primero aquí.

El descanso de Siloh no está en las circunstancias. Esa idea es la que enseñan los epícúreos y estoicos de las filosofías mundanas. Las circunstancias nunca lo producirán, como tampoco el cambio de posición le trae alivio permanente al cuerpo adolorido.

El descanso de Siloh no consiste en la inactividad. En el cielo, aunque se descanse, no se está inactivo. Se exhala energía, pero sin presión, esfuerzo ni sensación de fatiga. Tal es el descanso que El da. ¿No habla acaso de una "carga" y un "yugo" en el mismo contexto en que habla de hacernos descansar?

No es difícil conseguirlo, pues El lo da; nos dice dónde buscar, y es fácil encontrar una cosa si sabemos exactamente dónde está. Me parece que sólo se nos imponen tres condiciones:

a. *Entregarle todo a El.* Mientras usted trate de empuñar ese cetro, o permita que su propia voluntad sea la legisladora de su vida, Siloh no podrá llegar a usted. Debe dejar sus propios esfuerzos por salvarse; sus propias ideas acerca de la manera de estar bien con Dios; sus propias decisiones y métodos; su voluntad. Debe entregar su espíritu pecador para que El lo salve; debe entregar las llaves de todos los cuartos de su corazón y estar dispuesto a permitir que El sea el monarca de todas las provincias de su ser. Sólo entonces puede esperar el descanso. Si no es capaz de doblegar su naturaleza hasta esta posición, pídale que El lo haga por usted.

b. *Confíe en El, entregándole todo.* Entréguele los pecados y las penas. No espere hasta que los pecados se hayan acumulado como una nube o una montaña. No espere hasta quedarse solo. Tan pronto como se entere de alguna carga, désela a Jesús; deposite todos sus cuidados sobre El, pues El cuida de usted. Su corazón es bastante grande para contener todos los problemas del mundo. Tan pronto como usted se lo dé, El lo tomará, y lo que El recibe, lo lleva a buen término. Este es el bendito reposo de la fe; la Tierra Prometida a la que nuestro "Josué" espera introducir a todos los que confían en El.

c. *Tome su yugo y aprenda de El.* Es decir, haga como El hizo. ¿Cuál fue su yugo? El yugo simboliza la sumisión. ¿A qué se sometió El? A la voluntad del Padre. Este era el secreto de su reposo. Una vida dentro de la voluntad de Dios: he aquí el verdadero reposo. Búsquelo siempre, y cuando lo vea, tómelo. No espere a que se le imponga, como el yugo a un buey que no está acostumbrado a él, y lucha hasta que se le forma una llaga en la carne. Tome el yugo; sea manso y humilde; imite al que dijo: "La copa que el Padre me ha dado, ¿no habré de tomarla?" Si usted puede decir eso, es que ya ha aprendido el secreto del reposo; y Siloh ha llegado hasta usted.

15

Al fin en casa
Génesis 50

Ya ha llegado el fin. Estamos junto a aquellos hombres, en una alcoba egipcia, mudos ante la muerte, para ver al cansado peregrino exhalar su último suspiro. Su vida ha sido una fuerte lucha; su senda no ha estado salpicada de flores, sino de hirientes guijarros; pocos y malos han sido los días de su peregrinaje. Si se compara con la brillante carrera de Esaú, su vida casi se podría considerar un fracaso. Es cien veces mejor ser Israel el príncipe, aunque sea en exilio, que Esaú, el fundador de un linaje de príncipes. El nombre de Israel será una inspiración constante para aquellos que, conscientes de su debilidad y su incapacidad para inspirar amor, todavía luchan por alcanzar aquello para lo cual fueron originalmente escogidos por Jesucristo.

Por la mente del moribundo patriarca parecían pasar tres visiones en esa solemne hora. Estaba pensando en la Ciudad de Dios, en la reunión con los suyos y en la lejana y solitaria cueva de Canaán donde yacían sus padres, y que él había visitado con tanta frecuencia.

1. **La ciudad de Dios.** Se nos dice expresamente en la epístola a los Hebreos que Jacob fue uno de los que "conforme a la fe murieron". Era el heredero de la promesa. La tierra prometida a Abraham e Isaac todavía no había pasado a su posesión; estaba aún en manos de tribus nómadas y sedentarias, que habían observado sus viajes con evidente suspicacia. Todo lo que él tenía era la promesa confirmada de que en los días venideros sería suya a través de su descendencia. Se aferró tenazmente a esta bendita promesa, reiterada a Abraham con tanta frecuencia, de que la tierra llegaría a ser de su pueblo, y su seguridad de que Dios cumpliría su palabra les daba un esplendor especial a los momentos de su agonía. ¡Gloriosa fe, cuánto puedes hacer por aquellos que han aprendido a confiar en Dios!

Mientras Jacob se daba cuenta de que ya no iba a heredar la tierra de Canaán, parece que fijó la mente con ansias crecientes en el cielo. El sabía que si bien Dios no le había destinado un lugar de reposo terrenal, sí le había preparado una ciudad. Por esa ciudad gloriosa, la de los santos, su espíritu peregrino suspiraba ahora. Era su cercanía inminente lo que agitaba su anciano espíritu y lo acercaba con intenso anhelo y rápido paso.

El escritor sagrado emplea un símil hermoso cuando dice de Jacob y el resto de los patriarcas que miraban de lejos y saludaban lo prometido (Hebreos 11:13). Así, Jacob, cuando se acercaba a la ciudad de Dios, tan amada por los corazones fieles, reconoció su parentesco con los elegidos de todas las edades, al extender hacia el cielo sus manos arrugadas y temblorosas.

Muchos comentaristas han disputado seriamente sobre la medida del conocimiento de la vida futura que tenían estos santos. No quiero entrar en esa controversia, pero Jacob y los hombres de su clase "anhelaban una [patria] mejor, esto es, celestial". El futuro era menos confuso para ellos de lo que a veces suponemos. Ellos también estuvieron de pie en las cumbres de Pisga y contemplaron la Tierra Prometida. En una cumbre semejante estaba Jacob en estos momentos; y mientras todos los objetos terrenales, aun el rostro de José, se obscurecían ante sus nublados ojos, las arrobadoras escenas celestiales crecían en su visión espiritual y lo atraían.

¿Cuál es su relación con esa Ciudad Celestial? Si ella ha sido el objeto de su meditación durante los días de salud y vigor, su visión pondrá un toque de alegría en su mirada de agonizante. ¿Siente la atracción de esa ciudad, así como siente el marinero el que el ancla tira del barco para que no lo arrastren las olas?

2. La reunión del clan. "Yo voy a ser reunido con mi pueblo." Al decir estas palabras, el patriarca estaba hablando de algo más que la mezcla del polvo de su cuerpo con los restos de sus antepasados. Con toda seguridad, miraba la ciudad como el lugar de reunión de su clan; el encuentro de todos los que constituían su pueblo, pues eran el pueblo de Dios.

En cuanto al estado intermedio, "no sabemos lo que seremos". No podemos penetrar un velo que sólo se abre lo suficiente para admitir al espíritu que entra. Sin embargo, es evidente que nuestro espíritu y nuestra alma no alcanzarán su plena realización y felicidad hasta el día de la resurrección, cuando se reúnan con un cuerpo glorioso; pero es igualmente claro que no estarán inconscientes, sino que entrarán en la bendita presencia de nuestro Señor.

El Nuevo Testamento es muy claro en esto. Tan pronto como es destruida nuestra tienda de campaña, entramos a la mansión celestial (2 Corintios 5:2). Al ausentarse del cuerpo, el creyente entra a la presencia del Señor. No se quiebre la cabeza con dudas inútiles; conténtese con saber que la muerte no es un estado, sino un acto; no es un lugar de reposo, sino la transición al palacio celestial.

¿Podremos reconocer al que se va? Jacob no hubiera anhelado la reunión con los suyos, si no hubiera sabido que los reconocería cuando llegara a esa bendita sociedad. Los judíos, al pensar en el mundo invisible, esperaban encontrar allí a los santos de quienes habían oído hablar desde la niñez, y especialmente a Abraham. ¿No eran más sabios que la mayoría de los cristianos en esto? ¿Acaso tiene el cuerpo facultades cognoscitivas y el alma y el espíritu no? ¿Cómo puede ser aquélla la casa del Padre, si los hermanos y las hermanas no se reconocen?

Allí nos reuniremos con nuestra familia. A través de todas las edades, las almas de los elegidos de nuestra familia de la fe se han estado reuniendo allí. ¿Los siente como su pueblo? ¿Puede reconocer su parentesco con ellos? En Hebreos 11 se nos dice que sólo hay un vínculo. Todo el que lo tenga, se halla entre los que pueden reclamar el parentesco con los santos que habitan en la ciudad de Dios. La pregunta de prueba para tener derecho a los privilegios de la Nueva Jerusalén es: ¿Crees en el nombre del unigénito Hijo de Dios?

3. La cueva de Macpela. "Sepultadme con mis padres en la cueva que está en el campo de Efrón el heteo." Durante diecisiete años vivió Jacob en Egipto, rodeado de todas las comodidades que le podía ofrecer el amor filial de José y que podía convertir en realidades su desahogada posición, pero quería ser sepultado donde los cuerpos de Abraham y Sara, Isaac y Rebeca y su fiel Lea esperaban la resurrección.

Fue algo más que el sentimiento natural que nos impele a pedir sepultura en algún lugar silencioso del jardín de Dios, donde el apellido de la familia está inscrito en muchas de las lápidas. Jacob creía que la cueva de Macpela era el primer puesto de avanzada en la tierra que algún día le pertenecería a su pueblo; y quería, en cuanto fuera posible, estar allí con ellos, y compartir la Tierra Prometida.

Después de decir las últimas palabras, y de dar las últimaa órdenes, supo que ya le había llegado el fin. "Encogió sus pies en la cama, y expiró." Se enfrentó a la muerte con calma, serenidad y hombría. Con tranquilidad, exhaló el espíritu y se reunió con su pueblo. En aquel momento, el dolor y los suspiros que habían sido sus compañeros íntimos durante la vida, huyeron para siempre.

El mármol de la muerte le debe haber dado una apariencia de noble serenidad a aquel rostro. Había desaparecido la apariencia de Jacob y se notaba la sonrisa que le daba la realeza del espíritu de Israel en su partida.

"Entonces se echó José sobre el rostro de su padre, y lloró sobre él, y lo besó." Había soportado la presión tanto como había podido, y ahora la naturaleza tenía que desahogarse en el llanto filial.

Se embalsamó el cuerpo con cuidado. No se ahorraron esfuerzos, tiempo ni dinero. Egipto mismo lo lloró por setenta días. Luego se llevó el precioso ataúd de Egipto a Canaán con solemne pompa, en una de las procesiones funerarias más espléndidas jamás reunidas para llevar a un santo, sabio o héroe a su reposo. Las señales de duelo eran tan grandes, que impresionaron a los habitantes de la tierra de Canaán. Se corrió la piedra y los restos de Jacob quedaron en el nicho señalado. Han pasado muchas tormentas sobre ellos: invasiones de asirios, egipcios, babilonios, griegos, romanos, sarracenos, mahometanos... Nada ha interrumpido su pacífico reposo, y sus restos mantienen la tierra en propiedad hasta que Dios cumpla en toda su magnificencia la promesa que hizo y de la cual nunca se ha retractado: que daría la tierra a la descendencia de Jacob como herencia eterna. ¡Haya paz sobre tu tumba, PRÍNCIPE ISRAEL!

16
EL DIOS DE JACOB
Salmo 46

Es muy consolador descubrir los numerosos lugares de las Escrituras donde Dios se llama a sí mismo "el Dios de Jacob". Parece que se deleita especialmente en el título que une su santa naturaleza con la de un hombre que, lejos de prometer santidad, era por naturaleza uno de los más indignos. No nos sorprendería si El se llamara "el Dios del príncipe Israel", pero es tan asombroso como alentador verlo llamarse con mucha mayor frecuencia "el Dios de Jacob".

El no ha cambiado desde que tomó por su cuenta a Jacob, y está dispuesto a hacer lo mismo con todos los que se reconozcan igualmente indignos por naturaleza y quieran ponerse en sus manos misericordiosas.

No cabe duda de que Dios haría otro tanto por usted; sólo haría falta que usted también estuviera dispuesto. El propósito de estas palabras finales es suplicarle que le permita a la gracia de Dios que obre en usted. Mientras estudiábamos juntos la vida y la persona de Jacob, ¿no se fue dando cuenta de las semejanzas que hay entre él y usted mismo? *Usted también* puede ser artero, lleno de astucias y mentiroso; o quizá tenga tendencia a incontrolables ataques de ira, o llevará encima como una maldición una serie de deseos impíos que penetran hasta lo mejor de su persona, o será continuamente esclavo de la tiranía del pecado. No tiene por qué seguir soportando esa mala fortuna ni un momento más; basta que se entregue al poderoso Dios de Jacob. Si El pudo hacer de Jacob un príncipe, puede hacer otro tanto con cualquier otra persona.

1. **Cultive santas aspiraciones.** La ambición es la tendencia más sutil y peligrosa del corazón que no ha sido renovado. En cambio, si se la domina, puede desempeñar un papel importante entre las fuerzas motivadoras de la vida humana, impulsándola hacia unas santas aspiraciones para el futuro. Está bien, entonces, que cultivemos la santa ambición de ser todo cuanto Dios quiere que seamos. No se contente con seguir siendo un Jacob para siempre. Grábese profundamente en el corazón mientras pasa las páginas sagradas, la realidad de que todas las promesas son para usted; luego acuda a Jesús y pídale que haga en usted cuanto le ha prometido.

2. **Ríndase completamente a Dios.** Antes de que Dios comience su obra de gracia en el espíritu humano, éste debe estar completamente rendido a El. Todos los aspectos de la vida deben quedar bajo su gobierno.

Hace algún tiempo, vi en la ventana de un almacén de mal aspecto este anuncio: "Muy pronto se abrirá este almacén bajo una administración enteramente nueva." Me detuve delante de él por un momento, y me parecía como si todo el edificio estuviera sonriendo esperanzado; era como si estuviera diciendo: "¡Qué contento estoy de que me vayan a poner bajo una nueva administración!" Varios días después, al pasar otra vez por allí, vi a los carpinteros y decoradores trabajando; y en la siguiente ocasión, el cambio de administración saltaba a la vista, puesto que todo el lugar había adquirido una apariencia hermosa, limpia y muy atractiva.

Esto es lo que es menester para usted, y para todos los que tengamos una naturaleza original como la de Jacob. Por demasiado tiempo ha tratado de administrar su propia vida. Es evidente que se necesita un cambio de gerencia, pero debe ser completo. No tema entregarse del todo a la voluntad de Aquel que es amor. Si en su vida hay cosas que le cuesta mucho trabajo abandonar, dígale a Dios que se las entrega y que quiere que se haga su voluntad, a su debido tiempo y como El quiera. Si no le puede decir todo eso, dígale que está dispuesto a permitir que El le cambie su disposición de ánimo.

Lo mejor de todo cuanto puede hacer, y está al alcance aun de los más débiles, es pedirle al Señor que venga a su vida a tomar El mismo lo que usted no se siente capaz de darle.

3. **Tenga cuidado de no obstruir la buena obra de Dios.** Por supuesto, en cierto sentido no podemos resistir ni impedir la ejecución de su soberana voluntad. No obstante, podemos estorbar o contrariar sus buenos propósitos. Manténgase alerta contra esta desastrosa resistencia; y siempre dispuesto a realizar lo que El le ponga en el corazón, "tanto el querer como el hacer".

No niego que Dios puede llevar a cabo su propósito en nosotros aunque se lo estorbemos, pero lo hará, como en el caso de Jacob, al costo de una terrible agonía, y "encogiendo el tendón" de nuestra propia fortaleza. Siempre será lo mejor tomar el yugo de los planes divinos, que el Señor ofrece como suyo: "Tomad mi yugo".

4. Busque la plenitud del Espíritu Santo. Si queremos poseer su naturaleza, también debemos tener su Espíritu; no por gotas, sino por ríos; no como un céfiro suave, sino como "un viento recio". Esta es la gran necesidad de la Iglesia cristiana de nuestros días. Tenemos conocimientos, retórica, elegancia, riquezas, edificios espléndidos y estructuras magníficas; pero estamos débiles, porque nos falta el poder que sólo se puede conseguir a través de la plenitud del Espíritu Santo. Por mucho tiempo hemos olvidado la exhortación: "Sed llenos del Espíritu." Hemos pensado que la plenitud del Espíritu era una especialidad de la era apostólica, y no para todas las épocas. Por eso la mayoría de los cristianos están viviendo como si Pentecostés aún no hubiera tenido lugar. Nunca podemos ser perfeccionados hasta que volvamos a la teoría y la práctica apostólicas con respecto a este asunto tan esencial.

Busque ansiosamente esta bendita plenitud. Sólo es posible para los corazones que se vacíen de sí mismos, pero tan pronto como se cree en su corazón el vacío que forma la entrega absoluta al Señor, la plenitud del Espíritu Santo será la respuesta a sus ansias y al anhelo de su fe. Entonces, usted será un Israel, y tendrá poder con Dios y los hombres.

La vida no es juego de niños para aquellos que forman parte de los planes divinos, y en quienes Él convierte en realidad sus sublimes ideales. Sin embargo, cuando termine la disciplina, estaremos más que satisfechos con los resultados; al tomar nuestro lugar entre los príncipes de sangre real, daremos gloria eterna a Aquél que nos amó a pesar de todo, y nos lavó de nuestros pecados con su propia sangre para hacernos pasar de la naturaleza de Jacob que teníamos, a la de REYES PARA DIOS.

JOSE

Amado, odiado y exaltado

1

LOS PRIMEROS AÑOS
Génesis 37

Es una gran misión rescatar la verdad del abandono; desempeñar el papel de la muerte que, cincel en mano, solía limpiar el musgo de las lápidas abandonadas para que se pudiera leer con claridad su inscripción. Es algo así lo que quiero hacer con esta exquisita historia. Creemos que la conocemos, pero aun así es posible que haya profundidades de significado y belleza que, por su familiaridad, se nos escapan. Meditemos juntos en la historia de José, pues al hacerlo tendremos una imagen de Aquél que fue arrojado en la cisterna de la muerte, y ahora se sienta a la diestra del Padre como Príncipe y Salvador.

1. Las influencias formadoras de sus primeros años. Diecisiete años antes del principio de nuestra historia, le nació un niño a Raquel, la esposa favorita de Jacob. Este era en aquel entonces el administrador de su tío Labán en los antiguos pastizales de Harán, situados en el valle del Eufrates y el Tigris, de donde había sido llamado por Dios su abuelo Abraham. El niño fue recibido con mucha alegría por sus padres.

En el intervalo habían pasado muchas cosas. Siendo niño aún, su madre lo había tenido que tomar rápidamente en los brazos para llevarlo sobre el lomo de un camello ligero, que fue forzado a huir a toda velocidad a través de un desierto que se interponía con un solo oasis en todo el camino, entre las orillas del Eufrates y las verdes praderas de Galaad. Es posible que recordara el pánico que había cundido en aquel campamento al llegar la noticia de que Esaú, el temido tío, estaba en marcha a su encuentro con cuatrocientos seguidores. No podría olvidar la noche de preparación y solemne espera, y la mañana siguiente, cuando su padre llegó cojeando al campamento, inválido de cuerpo, pero con semblante de príncipe.

Aún más recientemente, recordaría que habían huido rápidamente de los airados idólatras de Siquem, y las horas solemnes pasadas en Bet-el, donde probablemente su padre le mostrara el mismo lugar de la escalera mística, y donde toda la familia entró formalmente en un pacto nuevo con Dios. Tal vez este fuera un momento decisivo en su vida. Estos acontecimientos suelen dejar una profunda impresión en los corazones juveniles.

Muy pronto esas impresiones se profundizarían aún más con tres muertes. Cuando llegaron al establecimiento familiar, encontraron agonizante a Débora, la anciana ama de Rebeca. Era el último vínculo con aquellos radiantes días en que su joven señora había cruzado el desierto para convertirse en la esposa de Isaac. La enterraron con abundante llanto bajo una vieja y espléndida encina. El jovencito tampoco olvidaría lo que pasó después. La larga caravana se movía lentamente hacia arriba de la estrecha colina donde estaba la antigua aldea de Belén; de repente se ordenó una parada, pues la amada Raquel no podía dar ni un paso más. Allí murió al ponerse el sol. Esta era la pérdida más grande que había experimentado jamás. Poco después, estaba con sus hermanos y su padre ante la venerable tumba de Macpela para depositar el cuerpo de Isaac donde los de Abraham, Sara y Rebeca lo esperaban, cada uno sobre un estrecho estante; y donde, veintisiete años más tarde, él debería colocar los restos de su padre Jacob.

2. Las experiencias de su vida doméstica.

a. *José tenía una inteligencia extraordinaria.* Los rabinos lo describen como un hijo sabio, investido de un conocimiento superior a sus años. Esta inteligencia, combinada con su buen carácter y con la memoria de su madre, fueron los que hicieron que su padre lo amara de una manera especial: "Amaba Israel a José más que a todos sus hijos."

b. *Este amor fue el que le otorgó la túnica de diversos colores.* Hemos estado acostumbrados a pensar en esta túnica como una especie de abrigo con parches de colores, y nos asombramos de que los hermanos adultos se enojaran tanto al ver las "plumas de pavo real" del hermano menor. La palabra hebrea designa simplemente a una túnica que llegaba hasta los tobillos, traje usado comúnmente en Egipto y las tierras adyacentes. Imagínese una larga bata de lino blanco que llega hasta los tobillos y las muñecas, con una angosta lista bordada de colores alrededor del borde de la falda y las mangas, y tendrá una buena idea de esta famosa túnica.

Ahora podemos entender la envidia de sus hermanos. Este tipo de túnica era usado solamente por los que no tenían que trabajar para ganarse la vida. Los que tenían que ganar el pan con su trabajo usaban un vestido corto de color oscuro, para que no se le notaran las manchas, ni impidiera el libre movimiento de las extremidades. Tal era la suerte de los hijos de Jacob, y tales los trajes que usaban. Tenían que atravesar cenagales, subir lomas, llevar las ovejas descarriadas sobre los hombros, pelear con ladrones y fieras rapaces;

y para tales trabajos no hubiera sido apropiada la túnica larga. Cuando Jacob le dio a José esa túnica, en realidad estaba declarando que su hijo favorito quedaba exento de tales labores. Por ese motivo, al ver a José vestido con su túnica de distinción, los hermanos pensaron que, al parecer, él se quedaría con toda la herencia, mientras que ellos tendrían que continuar toda una vida de trabajo. "Y viendo sus hermanos que su padre lo amaba más a que a todos sus hermanos, le aborrecían, y no podían hablarle pacíficamente."

c. *Su franqueza agravó la situación.* "Informaba José a su padre la mala fama de ellos." A primera vista, no parece que esta tendencia de su personalidad sea noble. Sin embargo, es posible que hayan existido circuntancias justificantes para revelar aquello, o que llegara a hacerse imprescindible. A veces es la mayor de las bondades, después de advertirlo como es debido repetidas veces, es revelar las maldades de aquellos con quienes vivimos o trabajamos. Si se les permite que sigan con su pecado en el secreto, se endurecerán, se atreverán a cosas peores y querrán hacer más daño aún. No obstante, esto bastó para hacer que ellos lo odiaran.

d. *José soñó que él iba a llegar a ser el centro de la vida familiar.* Los sueños de José predecían no sólo su exaltación, sino también la humillación de sus hermanos. Si la de él era la gavilla central, las de ellos tenían que obedecerle rodeándola e inclinándose a tierra. Si él estaba en el trono, el sol, la luna y las estrellas tendrían que rendirle homenaje. Esto era más de lo que el orgulloso espíritu de sus hermanos podía soportar y "le aborrecieron aun más".

José soportó el odio y la oposición de sus enemigos, y sus sueños se cumplieron al pie de la letra en sus días dorados de prosperidad, así como Jesús se sentaría finalmente a la diestra de Dios, como Señor y Salvador. Para usted que sufre, también llegará el momento en que Dios lo reivindique y lo recompense por sus penas.

2

LA CISTERNA
Génesis 37

Para un lector superficial, la historia de los sufrimientos de José y del proceso desde que fue sacado de la cisterna hasta que ascendió al virreinato de Egipto, es algo muy interesante, por su arcaica sencillez y el conocimiento que nos puede dar del pasado. En cambio, para el hombre en cuyo corazón está grabada la cruz como un cariñoso recuerdo, hay un interés mucho más profundo. Es el Calvario en miniatura. Es el bosquejo de la obra acabada del gran Artista. Es un ensayo del drama más grande que jamás se haya representado entre los hombres.

1. **La misión de José.** *"Habitó Jacob en la tierra donde había morado su padre."* Después de enterrar a su anciano padre, Jacob siguió viviendo en el valle de Hebrón, donde Isaac había residido durante casi doscientos años, y donde vivió Abraham antes de él. Este era el centro de administración de su vasto campamento. Sin embargo, aunque los pastos de Hebrón eran buenos, no eran suficientes para sustentar todo su ganado lanar y vacuno. Los hijos de Jacob se veían obligados a llevar el ganado por lentas etapas a distantes regiones de Canaán. Su grave necesidad llegó a forzarlos a desafiar el enojo de los habitantes de Siquem, a quienes habían ofendido tan gravemente, que habían jurado vengarse de ellos por su conducta criminal.

"Y dijo Israel a José: Tus hermanos apacientan las ovejas en Siquem." El había oído que sus hijos hablaban de ir allí en busca de pastos; ya habían pasado varias semanas sin recibir noticias de ellos, y el recuerdo del pasado lo hacía sentirse inquieto por ellos. La inquietud cobró tanta fuerza, que lo obligó a hacer lo que de otro modo nunca le habría pasado por la mente.

Se había quedado en Hebrón con José y Benjamín. Ellos eran sus favoritos; su corazón los amaba con algo de la intensa entrega que había sentido hacia la madre de ellos. José tenía diecisiete años y Benjamín era más joven. El anciano los mantenía cerca de él, sin querer perderlos de vista, pero también sentía amor por sus hijos ausentes. Finalmente, después de mucho batallar y dudar, de repente le dijo a su amado José: "Ven, y te enviaré a ellos. . . y traeme la respuesta."

Por parte de José, no hubo ni un momento de duda. En un instante se dio cuenta de lo peligrosa que sería su misión entre sus traicioneros hermanos, que lo odiaban tan intensamente. No obstante, tan pronto como supo lo que quería su padre, le dijo: "Heme aquí." "Y lo envió. . . y llegó."

a. *¿No nos hace pensar esto en un tema más elevado todavía?* El Señor nunca se cansó de llamarse "el enviado del Padre". Casi no hay ninguna página del evangelio de Juan en la que no lo diga más de una vez: "No puedo yo hacer nada por mí mismo. . . sino la voluntad del que me envió, la del Padre" (Juan 5:30). Así llegó a ser una expresión constante de los escritores del Nuevo Testamento: "Dios envió a su Hijo" (Gálatas 4:4); "el Padre ha enviado al Hijo, el Salvador del mundo" (1 Juan 4:14).

b. *La separación de su amado hijo José le debe haber costado* mucho a Jacob. Sin embargo, ¿quién podría calcular cuánto le costó al Dios infinito enviar a su unigénito Hijo, el que moraba en su seno, y había sido su Hijo por toda la eternidad? No pensemos que Dios no tiene sentimientos. Si su amor es como el nuestro (y sabemos que debe serlo), El debe sufrir por las mismas causas que tienen cabida en nuestros corazones, sólo que debe sufrir en proporción a la fortaleza e infinitud de su naturaleza. Entonces, ¡cuánto nos debe haber amado el Señor, para estar dispuesto a enviarnos a su Hijo! Verdaderamente, Dios amó inmensamente al mundo. ¿Quién podrá jamás descender a las profundidades de ese amor?

c. *Nuestro Salvador no vino solamente porque fue enviado.* Vino porque amaba su misión. Vino a buscar y salvar a los perdidos. Si le hubiéramos podido preguntar, mientras atravesaba aquellos mismos campos: "¿Qué buscas?", El hubiera replicado con las mismas palabras de José: "Busco a mis hermanos." No se contentó sólo con buscar a los perdidos, sino que fue detrás de ellos hasta encontrarlos. "Entonces José fue tras de sus hermanos, y los halló en Dotán."

2. La recepción de José. "Cuando ellos lo vieron de lejos, antes que llegara cerca de ellos, conspiraron contra él para matarle." Sin duda, hubiera sido asesinado brutalmente, y su cuerpo arrojado en alguna cisterna lejos de las moradas de los hombres, si no hubiera sido por la intercesión misericordiosa de Rubén, el hermano mayor. "Sucedió, pues, que cuando llegó José a sus hermanos, ellos quitaron a José su túnica, la túnica de colores. . . y le tomaron y le echaron en la cisterna."

El historiador no se detiene en la pasión de los hermanos, ni en la angustia de aquel corazón joven, al que le era tan difícil morir y despedirse de su buena tierra, para descender a la oscura cisterna, cuyas paredes perpendiculares le quitaban toda esperanza de poder respirar de nuevo el aire del exterior. En cambio, unos años más tarde, sus hermanos dirían: "Verdaderamente hemos pecado contra nuestro hermano, pues vimos la angustia de su alma cuando nos rogaba, y no le escuchamos." ¡Qué revelación tan grande hay en estas palabras! Nos parece ver a José luchando por liberarse; les suplica con amargas lágrimas que lo dejen ir; les implora en nombre del amor a su padre anciano, y de sus lazos de hermandad.

a. *El pecado no perdonado es un azote temible.* Los años pasaban, pero no se podía borrar de la memoria de los hermanos aquella mirada, aquellos gritos, aquel hecho que tuvo lugar en medio del verdor del pequeño valle de Dotán. Trataban de esconder su pesadilla en lo más secreto de su corazón, pero volvía a salir otra vez para atormentarlos, aun despiertos. El anciano padre que se lamentaba por su hijo creyéndolo muerto, era más feliz que ellos, que sabían que estaba vivo. Así es como un crimen puede ennegrecer toda una vida. Dios ha hecho el mundo de tal modo, que el pecado es su propio vengador; lleva en sí la semilla de su propio castigo. Los hombres que llevan sobre sí la carga del pecado no perdonado, son los primeros en creer que existen el gusano que nunca muere y el fuego que no se apaga jamás (Isaías 66:24; Marcos 9:48).

b. *Los sufrimientos de José fueron un verdadero precedente de los de Cristo.* "A los suyos vino, y los suyos no lo recibieron" (Juan 1:11). Dijeron: "Este es el heredero; venid, matémosle, y apoderémonos de su heredad. Y tomándole, le echaron fuera de la viña, y le mataron" (Mateo 21:38, 39). "Repartieron entre sí sus vestidos" (Mateo 27:35). Lo vendieron a los gentiles. Se sentaron a verlo morir. La angustia del alma de José nos recuerda los clamores y lágrimas que salieron de la naturaleza humana de Cristo ante la inminencia de sus sufrimientos, en los que sería el sacrificio expiatorio por los humanos. La inocencia de José nos trae a la memoria la pureza del Cordero sin mancha, cuya impecabilidad fue probada una y otra vez antes de su muerte.

c. *No obstante, el paralelo termina aquí.* Los sufrimientos de José terminaron antes de su muerte; en cambio, Jesús probó la muerte. Los sufrimientos de José fueron sólo suyos; los de Jesús, vicarios y mediadores: "El murió por nosotros"; "Se entregó a sí mismo por mí". Los sufrimientos de José no tenían eficacia para expiar el pecado que los causó; en cambio, los de Jesús pueden expiar no sólo la culpa de sus asesinos, sino también la de todos.

3. **El destino de José.** "Y se sentaron a comer pan." Con endurecida despreocupación tomaron su almuerzo. Precisamente en ese momento vieron algo que les gustó mucho. Estaban sentados en la llanura de Dotán, lugar que todavía retiene su antiguo nombre, y cualquiera que esté estacionado allí podrá encontrar el camino principal que llevaba de los vados del Jordán hasta las costas del Mediterráneo. Por ese camino viajaba en ese momento una caravana. Los hermanos pudieron divisar pronto la larga hilera de pacientes camellos, que se movían lentamente, subiendo por el valle hacia ellos.

La presencia de estos mercaderes ambulantes cambió de repente los pensamientos de los conspiradores. Sabían que en Egipto había una gran demanda de esclavos, y que los mercaderes tenían el hábito de comprar esclavos en el camino para venderlos en esa tierra. ¿Por qué no vender a su hermano? Sería un modo fácil de deshacerse de él. Les ahorraría el fratricidio. Entonces, por sugerencia de Judá, sacaron a José de la cisterna, y lo vendieron por veinte piezas de plata; unas ocho onzas.

En pocos minutos, José se encontró encadenado a una larga hilera de esclavos con destino a una tierra extraña. ¿No era esto casi peor que la muerte misma? ¡Qué terrible angustia destrozaría su joven corazón! ¡Cuán enorme sería su deseo de enviarle un último mensaje a su amado padre! Poco pensaba en ese momento que en el futuro volvería sus pensamientos hacia ese día para considerarlo como uno de los eslabones más benditos en la larga y hermosa cadena de la Providencia divina; o que algún día diría: "No os entristezcáis, ni os pese... Me envió Dios delante de vosotros" (45:5).

José fue traicionado por sus hermanos; Jesús por su amigo. José fue vendido por dinero; también lo fue el Señor. José siguió en un desfile de cautivos hacia la esclavitud; Jesús fue contado entre los transgresores. El crimen de los hermanos de José cumplió el plan divino; las malvadas manos de los que crucificaron a Jesús llevaron a cabo lo que Dios había sabido y dispuesto de antemano.

Dios "hará que la ira del hombre le alabe" (Salmo 76:10).

3

EN CASA DE POTIFAR
Génesis 39

Los mercaderes ismaelitas, a quienes sus hermanos habían vendido a José, lo llevaron al país de Egipto, una banda de verde pasto en medio de las arenas del desierto. Fue expuesto para la venta en algún mercado de esclavos junto con centenares más, que habían sido capturados a la fuerza o sustraídos en los países vecinos.

Su comprador fue Potifar, "el capitán de la guardia", quien al parecer, era el jefe de la guardia real, situada en las inmediaciones de la corte. Los monarcas egipcios tenían poderes absolutos de vida y muerte, y no tenían escrúpulos para ordenar la imposición de una variedad de castigos sanguinarios o sumarios, cuya ejecución estaba a cargo de esa guardia militar.

Potifar era un noble egipcio; miembro de una orgullosa aristocracia, alto en su oficio y en el favor de la corte. Sin duda vivía en un palacio espléndido, lleno de esclavos. El joven cautivo debió haber temblado al pasar por la avenida adornada con pilares, a través de las puertas guardadas por esfinges, en la entrada de aquel vasto palacio egipcio donde se hablaba un idioma del cual no entendía ni una palabra, y donde todo era tan nuevo y extraño. Pero "Dios estaba con él"; la sensación de la presencia y cuidado del Dios de su padre invadía y calmaba su alma, y lo mantenía en perfecta paz. ¿Quién no preferiría, al fin y al cabo, ser José en Egipto con Dios, y no uno de sus hermanos con una túnica manchada de sangre en las manos y la culpa en el alma?

Veamos cómo le fue a José en la casa de Potifar.

1. El ascenso de José. "Mas Jehová estaba con José, y fue varón próspero." Algunas versiones antiguas de la Biblia nos dan una curiosa traducción de este versículo: "El Señor estaba con José, y era un hombre afortunado." Todo lo que él administraba salía bien. El éxito lo seguía tan de cerca como su sombra, y tocaba todos sus planes como una varita mágica. Potifar y los suyos llegaron a esperar de aquel extraño cautivo hebreo que desatara todo nudo, desenredara toda maraña, y tuviera éxito aun en los problemas más intrincados. Esto se debía a dos causas:

a. *Aunque le habían quitado su túnica, no le habían quitado su personalidad.* Era industrioso, listo, diligente, obediente, digno de confianza. Hacía las cosas, no porque estuviera obligado a ello, sino porque Dios lo había llamado a hacerlas. Se decía a sí mismo, como les dijo a sus hermanos después: "Dios me envió delante de vosotros." Se consideraba siervo, no sólo de Potifar, sino del Dios de Abraham, Isaac y Jacob. Allí, en la casa de Potifar, debía llevar una vida piadosa y devota, tan sincera como en los buenos y felices días que había pasado en la tienda de Jacob, y así lo hizo. Esto lo hizo un hombre consciente y cuidadoso, cualidades que aseguran el éxito en los negocios.

Cuando los otros siervos estaban desperdiciando los mejores momentos, José los llenaba con actividades. Cuando ellos trabajaban simplemente para evitar el enojo o el látigo del amo, el trabajaba para ganarse la sonrisa del gran Capataz, cuyos ojos estaban siempre puestos en él. Tal vez los demás lo señalaran con frecuencia mientras decían: "Es un tipo con suerte." No sabían que su fortuna estaba en su personalidad, y que ésta tenía su cimiento en Dios mismo. No existe la suerte, sino la persona, y quien quiera ser una persona con el éxito asegurado en la vida, tiene una sola base verdadera para su personalidad: Jesucristo.

b. *El Señor hacía prosperar todas sus obras.* "Jehová bendijo la casa del egipcio a causa de José, y la bendición de Jehová estaba sobre todo lo que tenía, así en casa como en el campo." Tales bendiciones también serían para nosotros si camináramos tan cerca de Dios como José. Preocupémonos por vivir de tal manera, que Dios pueda estar con nosotros.

c. *Es posible que usted sea empleado.* El ejemplo de este noble joven de seguro le ayudará. No se entregó a quejas inútiles ni a lágrimas sin poder. Se dispuso varonilmente a hacer con toda su capacidad lo que tuviera a mano. Fue "fiel aun en las cosas más pequeñas", en los deberes más humildes y triviales de su oficio. El creía que Dios lo había puesto en donde estaba; y pensaba que al servir bien a su amo terrenal, en realidad estaba agradando a su gran Amigo celestial. Este es el espíritu con el que se debe hacer toda obra. Todo cuanto hagamos, debemos hacerlo "de buena voluntad, como al Señor y no a los hombres" (Efesios 6:7). Nuestra suerte en la vida es mejor de lo que pensamos. No es tan importante lo que hacemos, como la manera en que lo hacemos.

d. *Tal vez sea usted dueño.* No podemos calcular el valor de un empleado que sea un cristiano sincero. El egipcio Potifar debe haber quedado felizmente sorprendido por la repentina ola de prosperidad que le sobrevino. Todo le salía bien: su ganado medraba en los campos; sus asuntos prosperaban en la casa. "Jehová bendijo la casa del egipcio a causa de José"; le pagó abundantemente por cuidar a su siervo. Así es todavía. Hay amos impíos que deben muchas bendiciones a la presencia de algún siervo o empleado cristiano que more o trabaje con ellos. Cuando lleguemos al cielo, y podamos encontrar el origen de las cosas, sabremos que muchas de las bendiciones mayores de nuestra vida fueron consecuencia de las oraciones o la presencia de personas desconocidas y sin importancia aparente que, sin embargo, eran objeto de un amor especial de Dios.

2. La tentación de José. Los años pasaron y José se convirtió en mayordomo y administrador de la casa de su amo. "Dejó todo lo que tenía en mano de José, y con él no se preocupaba de cosa alguna sino del pan que comía." Fue precisamente entonces cuando José se enfrentó a la tentación más terrible de su vida.

a. *Debemos esperar que nos llegue la tentación en los días de prosperidad y sosiego, más aún que en los de privaciones y trabajos.* Es fácil mantenerse con la armadura puesta mientras se asciende por un solitario paso de montaña, luchando contra las ráfagas inmisericordes, y con el temor de que cualquier peñasco pueda esconder a un asesino. En cambio, es difícil estar alerta cuando se ha llegado a un feliz valle, por el que corre una suave y sensual brisa. No obstante, a menos que nos mantengamos armados también en el valle, estaremos perdidos.

b. *Es más difícil resistir a la tentación que surge del lugar más inesperado.* Las mujeres egipcias de esa época disfrutaban de tanta libertad como las de nuestros días, tal como lo demuestran de manera concluyente los monumentos de la época, que también dan testimonio de la extrema relajación moral. Tal vez la mujer de Potifar no fuera peor que muchas otras, aunque nos ruborizamos al leer sus infames propuestas. Aquella súbita apelación a las pasiones del joven le daba más fuerza a la tentación. Casi siempre, el marinero está advertido de la tormenta que se acerca; pero, ¡ay de él si lo atrapa una ráfaga repentina! ¡Cristiano: tenga cuidado con las borrascas inesperadas!

c. *Las conveniencias y la conciencia difieren a menudo con respecto a la tentación.* Parecía esencial que José se llevara bien con la esposa de su amo. Darle gusto equivaldría a asegurarse un nuevo ascenso. Enojarla sería convertirla en enemiga suya y arruinar sus esperanzas. Muchos hubieran pensado que, al ceder por un momento solamente, podrían obtener una influencia que podrían usar posteriormente para obtener mejores resultados. La única armadura contra las normas mundanas es la *fe* que se proyecta al futuro, y cree que al fin será mejor haber actuado con rectitud y haber esperado de Dios nuestra reivindicación y bendición. Para su bien, José no les puso atención a las sugerencias mundanas. Si lo hubiera hecho, tal vez habría conseguido un poco más de influencia en casa de Potifar, pero no le hubiera durado, y nunca hubiera llegado a ser primer ministro de Egipto, ni a tener su propio hogar, ni a llevar a sus hijos a recibir la bendición de su padre moribundo.

d. *Había elementos especiales de prueba en el caso de José.* La tentación vino acompañada de la oportunidad: "No había nadie de los de casa allí." Todo estaba bien calculado, y si hubiera cedido, no habría mucho temor a que aquello fuera conocido y castigado; la tentadora nunca publicaría su propia vergüenza. La tentación también se repitió día tras día. ¡Qué terrible debe haber sido esa horrorosa persistencia! La tentación que trata de imponerse por su importunidad, debe ser más temida que todas las demás.

e. *Sin embargo, José permaneció firme.* Quiso hacerla razonar. Se refirió a la bondad y confianza de su amo. No se atrevía a traicionarlo. Trató de hacerle entender lo que ella significaba como esposa de su amo, pero hizo aun más. Pasó su causa del tribunal de la razón al de la conciencia, y le preguntó, con palabras por siempre memorables que han sido el secreto de la victoria sobre la tentación en todas las épocas: "¿Cómo, pues, haría yo este grande mal, y pecaría contra Dios?"

Si algo enseña la historia, es que la indulgencia con la sensualidad es el camino más seguro para la ruina nacional. La sociedad se condena a sí misma al no condenar este pecado. Se dice que las tentaciones de nuestras grandes ciudades son demasiado abundantes y fuertes para que los jóvenes puedan resistirlas. Algunas veces los hombres se refieren al pecado como si fuera una necesidad. No le dé cabida a este modo de hablar tan necio y peligroso. El joven puede resistir, vencer y ser puro y casto. Sin embargo, debemos obedecer los dictados de las Escrituras y del sentido común. Evite los libros, lugares y personas que le produzcan malos pensamientos. Recuerde que no hay ninguna tentación que se pueda enseñorear de usted, a menos que la admita dentro de su naturaleza; y como usted es demasiado débil para mantener la puerta cerrada contra ella, pídale a su poderoso Salvador que se ponga en contra de ella. Todas las fuerzas del infierno no pueden abrir una puerta que sea confiada al seguro cuidado de Jesús.

f. *¡Qué lema tan notable es este para todos nosotros!* "¿Cómo puedo *yo* cometer semejante maldad?" Yo, por quien Cristo murió. ¿Semejante *maldad?*" Otros lo llamarán "travesuras juveniles". Yo lo llamo PECADO. "¿Cómo puedo pecar contra Dios?" Aunque parece que tiene que ver sólo con los hombres, en realidad es un pecado personal contra el Dios santo.

g. *Tal vez hubiera sido mejor que José no hubiera entrado a la casa a hacer su trabajo;* pero probablemente no le quedara otra alternativa que ir. Hizo lo posible por no estar con ella (v. 10) siempre que de él dependiera. No tenemos derecho a esperar que Dios nos guarde, si nos metemos voluntariamente en la tentación. En cambio, si las circunstancias de la vida nos obligan a ir al lugar de la tentación, podemos contar con su fidelidad.

h. *José se portó sabiamente cuando huyó.* La discreción es con frecuencia la parte más sabia del valor. Es mejor perder un abrigo y muchas posesiones valiosas, que perder una buena conciencia. No se detenga a hablar con la tentación. No se quede a contemplarla. Lo dominará si lo hace. A Lot se le había dicho: "Escapa por tu vida; no mires atrás, ni te detengas en toda la llanura."

i. *Ser tentado no es pecado.* El diablo tentó a Aquél que no tenía pecado. La voluntad es la ciudadela de nuestra hombría; mientras no se ceda allí, no hay entrega en ninguna otra parte. No se me puede acusar de recibir bienes robados, si solamente se me pide que los guarde, petición que rechazaría indignado. El pecado viene cuando yo consiento, acepto y cedo.

¡El Señor nos dé gracia y fe para imitar el ejemplo de José, y más que todo, el de nuestro Señor sin mancha! Podemos estar seguros de que El no permitirá que nos sobrevenga ninguna tentación que no sea común a los hombres, o que no podamos resistir. Nunca olvidemos que quienes creemos en Jesús estamos sentados con El a la diestra del Todopoderoso. Tampoco debemos olvidar que Satanás es ya un enemigo vencido y rendido a nuestros pies. Abra todo su ser a la gracia del Espíritu Santo. Así será más que vencedor por medio de Aquél que lo amó.

4

EL SECRETO DE LA PUREZA
Génesis 39
Vea también Proverbios 4:23; 1 Pedro 1:5 y 2 Timoteo 1:12

Siglos antes de que el Señor enseñara las Bienaventuranzas del sermón del Monte, José ya conocía la bendición que reciben los de corazón limpio. No hay nada que admiremos más intensamente que la pureza. Los hombres que conocen el secreto del control de sí mismos siempre se ganan la admiración y la reverencia de otros.

Necesitamos tener en cuenta que no hay ninguna parte de nuestra naturaleza, ni ninguna función de nuestra vida humana, que sea en sí vulgar o impura. Cuando el hombre pecó en el jardín del Edén, su ser dejó de girar sobre Dios para girar sobre sí mismo. Desde entonces, la ley más grande del hombre ha sido la complacencia de sus apetitos, con la única restricción de las consecuencias desastrosas para el nombre o la posición, la mente, el cuerpo y las propiedades.

Debemos tener en cuenta la operación de la gran ley de la herencia biológica, por la cual hemos recibido apetitos y tendencias que, aunque eran puros en su intención original, han sido pervertidos por el abuso de las muchas generaciones que nos precedieron. Es inevitable, por lo tanto, que comencemos la vida con serias desventajas, puesto que estamos íntimamente relacionados con una raza que, a través de la historia, ha sido afectada por el veneno de la rebeldía y barrida por las tormentas de las pasiones. ¿No es esto acaso lo que significa la expresión teológica *pecado original*, y también la frase de San Pablo "la ley en los miembros" (Romanos 7:23)?

Para evitar toda mala interpretación posible, reitero que no estoy afirmando que el pecado consista solamente en un estado o acto físico. Estamos predispuestos a él por la misma naturaleza que hemos heredado, y ninguna filosofía de la vida interior puede ser satisfactoria si no reconoce la presencia de este cuerpo carnal, que no es pecado en sí mismo, pero que con tanta facilidad puede ser arrastrado por la maldad.

Por eso, mientras estemos en el cuerpo, no podemos decir que estamos en la misma situación que Adán cuando salió de las manos del Alfarero divino. Hay una gran diferencia entre nosotros y él, puesto que en aquel momento su naturaleza nunca había cedido al mal, mientras que la nuestra lo ha hecho millares de veces; tanto en aquellos de quienes la hemos recibido, como en nuestros propios y numerosos actos de sensualidad.

Entonces, ¿no hay liberación posible de esa esclavitud en esta vida? Seguro que sí. El poder por medio del cual se pueden controlar las incitaciones de nuestra naturaleza, inclinada a la maldad, es la permanencia y la plenitud del Espíritu Santo en la vida del cristiano.

En esta vida, el tentador nunca deja de asaltarnos; y mientras estemos en el cuerpo, cargaremos con nosotros la debilidad hacia el mal que es el amargo resultado de la caída de Adán. No obstante, cuando sea el Espíritu Santo el que nos llene y domine, los mayores esfuerzos que haga el tentador se verán rechazados por nuestra naturaleza. Cuando el Espíritu ejerza todo su poderío dentro de nosotros, llegará a cambiarnos de tal manera, que detestaremos las cosas que antes preferíamos y en las cuales nos deleitábamos, y nos estremeceremos de terror ante ellas.

En muchos casos, cuando hay una confianza plena en El, es tan calladamente eficaz en su obra de mantener nuestras tendencias pecaminosas como si estuvieran muertos, que llegamos a pensar que esas tendencias han desaparecido de nuestra natauraleza. Es como si ya no existieran, y esta bendita experiencia continúa todo el tiempo que el alma sea fiel y permita que el Espíritu realice a plenitud su obra en ella.

¡Cuánto quisiera que fuera ésta la feliz experiencia de todo el que lea estas líneas!

5

MALENTENDIDO Y APRISIONADO
Génesis 39, 40
Vea también Salmo 102:17-19

Cuando Potifar oyó la declaración falsa, aunque verosímil, de su esposa, y vio en su mano un vestido que reconoció como propiedad de José, se encendió su ira. No quiso oír palabras de explicación, sino que echó a José de una vez a la prisión del estado, de la cual estaba encargado y era supervisor.

1. La gravedad de sus sufrimientos. No era ésta una prisión como esas prisiones modernas aireadas, bien iluminadas y dirigidas por personas humanitarias. Usando las mismas palabras de José en hebreo, diremos que era un miserable agujero. "Tampoco he hecho aquí por qué me pusiesen en la cárcel [agujero]." Dos o tres cuartos pequeños, repletos de prisioneros, con un aire sofocante, fétidos por los malos olores, quizá medio ocultos de la bendita luz del sol; estas eran las dependencias en las cuales pasó José aquellos dos años de agonía.

O bien, imagínese una sala grande y sombría, sin ventanas, pavimentada con losas negras de suciedad, sin más luz y aire que los que pueden penetrar por la estrecha abertura por la cual los amigos del desgraciado prisionero, o algunos extraños misericordiosos, pueden pasar la comida y el agua que le sustentan la vida. No se han hecho arreglos para mantener la limpieza, ni para la separación de los prisioneros. Todo el día se oye el cansado resonar de los grillos en los pies atados, en tanto que las víctimas se arrastran lentamente por el piso, o dan vueltas sin cuento alrededor de las enormes columnas de piedra que sostienen el techo, y a las cuales están aseguradas sus cadenas. Tal vez José estuviera confinado a uno de aquellos "agujeros".

a. *Esto era muy duro para alguien acostumbrado a moverse libremente por las amplias llanuras de Siria.* La prisión es intolerable para todos nosotros, pero especialmente para los jóvenes, y mucho más para aquellos por cuyas venas corre algo de esa sangre nómada que le teme menos a la muerte que a la esclavitud. No sabemos cuál es el verdadero valor de la libertad, hasta que la perdemos. Seguramente, José nunca la apreció tanto, como cuando se encontró encerrado en aquel sofocante "agujero".

b. *Se oía el constante sonido de las cadenas.* Estaba encadenado y los grillos le lastimaban los pies. Aunque era verdad que gozaba del favor del jefe de la cárcel, y tenía una libertad excepcional dentro de los tenebrosos calabozos para poder llegar hasta los otros prisioneros, aun así, dondequiera que fuera, el sonido del hierro al caminar le recordaba que era un prisionero.

c. *Sus creencias religiosas aumentaban grandemente su angustia.* Jacob le había enseñado que al bueno le viene lo bueno y al malo lo malo; que la prosperidad era señal del favor divino, y la adversidad señal de divino enojo. El había tratado de ser bueno. A pesar de la impetuosidad de sus pasiones juveniles, ¿no había resistido él los halagos de la hermosa egipcia, para no pecar contra Dios? ¿Qué había ganado con eso? Simplemente la afrenta de verse acusado de la misma maldad que con tanta dificultad había evitado, y que amenazaba con dejar su marca en él. Además, un castigo no merecido. ¿No había sido él siempre amable y gentil con los otros prisioneros, escuchando sus relatos y dándoles consuelo? No había ganado nada, a juzgar por lo que veía; mejor le hubiera sido guardarse su bondad para sí mismo.

¿Valía la pena, entonces, ser bueno? ¿Había acaso un Dios que fuera justo juez sobre la tierra? Si usted ha sembrado semillas de santidad y amor, para cosechar malentendidos, desengaños, pérdidas, sufrimiento y odio, entonces conoce algo de lo que sentía José en aquel miserable "agujero" del calabozo.

d. *El desengaño vertió también sus gotas de ajenjo en aquella amarga copa.* ¿Qué había pasado con aquellos primeros sueños de grandeza futura? ¿Acaso no procedían de Dios? Así lo habían creído él y su venerable padre. ¿Eran esas imágenes simples delirios de un febril cerebro? ¿Lo había abandonado Dios? ¿Lo había olvidado su padre? ¿Pensaban en él sus hermanos? ¿Tratarían ellos de encontrarlo alguna vez? ¿Se tendría que pasar todos los días de su vida en aquel calabozo, y todo porque se había atrevido a hacer el bien? Tal vez usted se pregunte por qué este joven fue probado hasta casi no poder resistir más.

e. *No es José el único en haber pasado por esta experiencia.* Aunque usted nunca haya sido arrojado a un calabozo, tal vez haya tenido que sentarse con frecuencia en la oscuridad, mientras siente que lo rodean una serie de limitaciones que le impiden hacer lo que hubiera querido. Quizá por haber hecho algo bueno, haya tenido dificultades imprevistas, y está a punto de decir: "He sido demasiado honrado." Es posible que haya actuado noblemente con respecto a alguien, como José con Potifar, y lo hayan interpretado mal. ¿Quién no sabe lo que significa ser malentendido, mal interpretado, acusado falsamente y castigado sin razón?

2. Aquellos sufrimientos se convirtieron en un gran beneficio.

a. *En primer lugar, la prisión sirvió para los intereses personales de José.* Allí iban los prisioneros oficiales; era donde enviaban a los personajes de la corte que eran sospechosos de algún delito. El jefe de los coperos y el de los panaderos no nos podrán parecer muy importantes, pero sus títulos eran ostentados por personas muy venerables. Esos hombres hablaban con José con mucha libertad y le daban mucho conocimiento de los partidos políticos y de los hombres y las cosas en general, lo cual le debe haber servido de mucho.

Aún hay algo más. El Salmo 105:18 dice acerca de José: "Afligieron sus pies con grillos; en cárcel fue puesta su persona." Este duro trato le dio la firmeza de un hombre con temple de acero. ¿No es cierto que las penas y privaciones, el yugo de la juventud, producen una tenacidad férrea y una fortaleza de carácter que son el fundamento y la estructura indispensables de una personalidad distinguida? No se acobarde ante los sufrimientos; sopórtelos en silencio, con paciencia y firmeza. Tenga la seguridad de que ese es el método divino para darle temple de acero a su estructura espiritual.

Cuando era niño, José parece haber tenido un carácter suave. Era mimado por su padre. Estaba muy orgulloso de su túnica de colores. Le gustaba narrar cuentos. Estaba muy apegado a sus sueños y a la grandeza que le auguraban. Ninguna de estas era una debilidad grave, pero carecía de la fortaleza, la energía y el valor necesarios para gobernar. La prisión produjo un gran cambio en él. Desde entonces, se portó con una sabiduría, una modestia, un valor y una varonil resolución que nunca le faltaron. Actuó como gobernante nato. Le ayudó a un país que no era el suyo a superar una gran hambre sin un solo síntoma de revuelta. Se mantuvo firme con la aristocracia más orgullosa de la época. Promovió los cambios más radicales. Había aprendido a callar y esperar. ¡Ya tenía un alma con temple de acero!

b. *Esto es lo que el sufrimiento hace en usted.* Dios quiere cristianos de temple, y como no hay un medio mejor para darle la fortaleza del hierro a la naturaleza del hombre, que permitiendo que sufra, así lo hace. ¿Acaso está usted en prisión por hacer el bien? ¿Está pasando los mejores años de su vida en una monotonía forzada? ¿Se encuentra acosado por la enemistad, los malentendidos, el rechazo y las burlas? Entonces anímese: la corona de hierro del sufrimiento precede a la corona de oro de la gloria. Sólo está adquiriendo un temple de hierro en su espíritu para que se vuelva valiente y fuerte.

¿Acaso es usted ya anciano? Si es así, es posible que pregunte: "¿Por qué Dios llena a veces toda una vida de disciplina, y da pocas oportunidades para mostrar el temple férreo del alma?" Esa es una cuestión que prueba bien nuestro destino glorioso. Debe haber otro mundo en alguna parte; un mundo de un glorioso ministerio para el cual nos estamos preparando. Es muy posible que Dios considere que una vida humana compuesta por setenta años de sufrimiento, no es demasiado larga para la educación de un alma que podrá servirle a lo largo de toda la eternidad. En la prisión fue donde José se preparó para la desconocida vida del palacio del Faraón. Si pudiéramos ver todo lo que nos aguarda en el palacio del Gran Rey, no nos sorprenderíamos de las experiencias que nos sobrevienen en las celdas más oscuras de la tierra. Estamos recibiendo el entrenamiento necesario para servir a Dios en su casa.

3. **El consuelo de José en medio de estos sufrimientos.**

a. *"Estuvo allí en la cárcel; pero Jehová estaba con José".* El Señor estaba con él en el palacio de Potifar; pero cuando José fue a la prisión el Señor fue allí también. El pecado es la única cosa que nos separa de Dios. Mientras andemos con Dios, El andará con nosotros, y si nuestra senda desciende de los prados soleados de las tierras altas hasta el valle brumoso, El irá a nuestro lado. El hombre piadoso es mucho más independiente de los hombres y las cosas que los demás. Si está en un palacio, está contento, no tanto por sus deleites, sino porque Dios está allí. Si está en la prisión, puede cantar y alabar, porque el Dios de su amor está allí y le hace compañía. Para el alma que está absorta en Dios, todos los lugares y las experiencias parecen muy semejantes.

b. *Además, el Señor se mostró misericordioso para con él.* ¡Qué revelación tan maravillosa! El Señor le dio una gran visión: le mostró su misericordia. La celda de la prisión fue el monte de la visión desde donde vio, como nunca antes, el panorama del amor divino. Valía bien la pena haber pasado aquel tiempo en la prisión para aprender aquello. Cuando usted caiga en la prisión de las circunstancias, manténgase alerta. Las prisiones son lugares extraños, donde se ven cosas. Fue en la prisión donde José vio la misericordia de Dios. Hay algunos de nosotros a los que El no tiene oportunidad de mostrarnos su misericordia, más que cuando estamos sumidos en algún profundo dolor. Las estrellas se ven durante las horas de la noche.

c. *Dios también puede encontrar amigos para sus siervos* en los lugares más extraños, y entre la gente que menos podríamos pensar. "Jehová. . . le dio gracia en los ojos del jefe de la cárcel." Tal vez se tratara de un hombre rudo y poco bondadoso, bien preparado para hacer eco a los disgustos de su amo, el gran Potifar, y para amargar la existencia diaria de este esclavo hebreo. Sin embargo, estaba obrando otra fuerza, de la cual él no sabía nada, para inclinarlo a favorecer a su prisionero, y ponerlo en una posición de confianza.

d. *Nos sentimos aliviados de nuestros problemas cuando les ministramos a los demás.* Esto lo experimentó José. Verse al frente del cuidado de los prisioneros del rey debe haber sido un alivio para su monotonía. Su vida adquirió nuevo interés y casi debe haber olvidado la dura presión de sus propios problemas, al interesrse en escuchar los relatos de otros que eran menos afortunados que él.

No hay nada que alivie tanto la tristeza del corazón, como servir a los demás. Si su vida está entretejida de oscuras sombras de tristeza, no se siente en la soledad a deplorar su ingrata suerte. Levántese a buscar a aquellos que están en peor situación que usted. Si no les puede dar mucha ayuda práctica, al menos podrá ayudar grandemente a los hijos de la amargura, al imitar a José, escuchando sus quejas, sueños y presagios. Si no puede hacer nada más, escuche bien, y consuélelos con el mismo consuelo que Dios le haya dado.

Por este medio conseguirá lo que consiguió José: la llave para abrir las pesadas puertas detrás de las cuales se halla aprisionado.

e. *Unas palabras finales para los que sufren injustamente.* No se sorprenda. Usted es un seguidor de Aquél que fue malentendido desde la edad de doce años hasta el día de su ascensión; del que no cometió pecado, pero fue contado entre los pecadores. Si hablaron mal del amo de la casa, mucho más lo harán de los miembros de su familia.

f. *No se canse de hacer el bien.* José pudo haber dicho: "Me doy por vencido; ¿de qué me vale la piedad? Yo también puedo vivir como los demás." ¡Cuánto más noble fue que siguiera haciendo el bien pacientemente!

g. *Sobre todo, no se vengue a sí mismo.* Al repasar sus problemas, José no recriminó duramente a sus hermanos, ni a Potifar, ni a la esposa de éste. Sencillamente dijo: "Porque fui hurtado de la tierra de los hebreos; y tampoco he hecho aquí por qué me pusiesen en la cárcel" (40:15).

> Envió un varón delante de ellos;
> A José, que fue vendido por siervo.
> Afligieron sus pies con grillos;
> En cárcel fue puesta su persona.
> Hasta la hora que se cumplió su palabra,
> El dicho de Jehová le probó.
> Envió el rey, y le soltó
> El señor de los pueblos, y le dejó ir libre.
> Lo puso por señor de su casa,
> Y por gobernador de todas sus posesiones,
> Para que reprimiera a sus grandes como él quisiese,
> Y a sus ancianos enseñara sabiduría.
>
> Salmo 105:17-22.

6

LOS PELDAÑOS DEL TRONO
Génesis 41

El hecho de la exaltación de José de la prisión en la cual lo dejamos, hasta los peldaños del trono del Faraón, es tan conocido que no necesitamos describirlo en detalle. Vamos a considerar brevemente los puntos más destacados.

1. La esperanza pospuesta. "Acuérdate, pues, de mí cuando tengas ese bien." La petición que José le hizo al gran funcionario de estado fue a la vez modesta y patética; a su sueño le había dado una interpretación favorable. Sin embargo, algunos han dicho que él no tenía derecho de pedirle a este hombre que intercediera por él delante del Faraón, pues tenía acceso al Rey de reyes, y en cualquier momento podía presentar su caso en su tribunal. No obstante, si en este momento José acudió con vehemencia a la ayuda humana, ¿quién de nosotros podría condenarlo? ¿Quién no podría identificarse con él? ¿Quién no se habría portado de la misma manera? Sin duda, el gran hombre accedió prontamente a su petición. Tal vez le dijera: "Por supuesto que me acordaré de ti." Probablemente se propusiera de todo corazón darle a José un puesto entre los coperos, o tal vez en la vinatería. Al salir de la prisión, podemos imaginárnoslo diciendo: "Adiós. Muy pronto vas a tener noticias mías." Pero "le olvidó". "Olvidar": Muchos de nosotros experimentamos el significado de esta palabra. Día tras día, José esperaba recibir alguna muestra del recuerdo y la intercesión de su amigo. Pasaban las semanas en espera del mensaje de liberación, y a menudo se sobresaltaba por el toque repentino a la puerta, que le hacía pensar que su orden de liberación ya había llegado. Al fin, le fue imposible seguir ocultando la desagradable verdad, que lentamente se había aclarado en su mente. Lo había olvidado.

Aquella esperanza caída debe haberlo lastimado mucho. Sin embargo, cuando estaba desanimado de los hombres, se aferraba a Dios con más tenacidad. No había confiado en vano, puesto que Dios lo sacó de la prisión a través de una cadena de providencias maravillosas, y le hizo más bien del que le podía haber hecho el jefe de los coperos del Faraón.

2. Tres consejos breves si usted se halla en circunstancias similares.

a. *No confíe en el hombre, cuyo aliento está en su nariz.* No podemos vivir sin la amistad y el aprecio humanos, pero los hombres quedan mal con nosotros. Aun los mejores resultan menos capaces o menos dispuestos de lo que pensábamos.

b. *No centre su atención en el fracaso y el olvido de los hombres, sino en la constancia y fidelidad de Dios.* "El permanece fiel." Al final le dirá: "Grande es tu fe; hágase contigo como quieres" (Mateo 15:28).

c. *Espere a Dios.* Somos demasiados afiebrados, afanosos e impacientes, y esto es un gran error. A los que esperan, todo les llega a su debido tiempo. Tal vez usted haya tenido en su juventud como José una visión de poder, utilidad y bendición, pero no la ha visto realizada. Sus planes parecen abortarse. Las puertas se le cierran. Los años van pasando. Vuelva ahora su corazón a Dios; acepte su voluntad; dígale que le entrega la realización de sus sueños. Tal vez lo haga seguir esperando un poco más; pero verá que le demuestra que son ciertas las palabras del salmista cuando experimentó que vale la pena poner nuestra confianza en El: "La salvación de los justos es de Jehová, y él es su fortaleza en el tiempo de la angustia. Jehová los ayudará y los librará" (Salmo 37:39, 40).

3. Los eslabones de la cadena de la providencia divina. Primero, la mujer de Potifar hace una acusación sin base, que lleva a José a la prisión; luego, el joven se gana el favor del jefe de la prisión, y se le permite libre acceso a los prisioneros. Esto ocurre al mismo tiempo que se pone en la cárcel a dos funcionarios del gobierno por sospecharse que habían intentado envenenar al Faraón. Entonces, la verificación de la interpretación que José hace de sus sueños demuestra que él tiene un poder poco común. Luego, queda sellado el recuerdo del rostro y el caso de José en la memoria del copero durante dos años completos, hasta que llega el momento en que un sueño perturba al rey de Egipto.

El sueño se repitió dos veces, de modo tan parecido, que evidenciaba que algo de especial importancia iba a ocurrir. En ambos casos, la escena se desarrollaba en las orillas del río; primero la margen de hierba verde, luego el rico suelo de aluvión. Al menos, ya era una mala señal ver que las vacas flacas se comieran a las gordas, y que las espigas secas devoraran a las llenas. No debe sorprendernos que el monarca de un pueblo que les daba especial importancia a las señales y portentos se apresurara a enviar por los sacerdotes, quienes en esta ocasión fueron reforzados por todos los sabios y expertos en estos conocimientos. No hubo quien pudiese interpretar los sueños del Faraón.

Entonces, de repente, el copero se acordó de sus experiencias de la prisión y le habló al rey acerca del joven cautivo hebreo. El Faraón aceptó la sugerencia de inmediato. Envió por José; y lo sacaron apresuradamente de la cárcel. El rey todavía tuvo que esperar hasta que José se afeitara y se mudara sus vestidos de prisionero. La perfecta limpieza y el vestido apropiado eran tan importantes para los egipcios, que se posponían los asuntos más urgentes para dar lugar a aquéllos. Es triste que los hombres se preocupen mucho de su apariencia delante de los demás, y descuiden su apariencia delante de Dios. Muchos hombres que no se atreverían a ir a un lugar distinguido si sus vestidos no están planchados y limpios, se contentan con llevar dentro de su pecho un corazón sucio por el pecado.

Es hermoso observar la referencia reverente a Dios que José hace en su primera entrevista con Faraón: "No está en mí; Dios será el que dé respuesta propicia a Faraón." Cuando el corazón está lleno de Dios, la lengua se ve obligada a hablar de El; las palabras salen con tanta facilidad y naturalidad como las flores de mayo. ¡Ojalá que nuestra vida interior estuviera más llena del poder, el amor y la presencia de Jesús! José no se avergonzó de hablar de su Dios en medio de los idólatras que formaban la corte de Egipto; no dejemos de dar nuestro humilde testimonio frente a la oposición violenta y la burla altanera.

Habiendo supuesto y aceptado el reconocimiento de Jehová, ya no había dificultad para interpretar la forma en que las siete vacas flacas habían devorado a las gordas, y las espigas menudas, marchitas y abatidas por el viento solano, a las espigas llenas. Tampoco la hubo para indicar que habría siete años de abundancia seguidos de siete años de hambre, tan duros, que se olvidaría toda la abundancia en la tierra de Egipto, y el hambre consumiría la tierra.

Así, pues, en presencia de la suspensa multitud de la corte, el joven hebreo interpretó el sueño real. Ese sueño estaba colocado en un fondo completamente egipcio, y estaba conectado con el río Nilo. La vista del ganado vacuno saliendo del río no era nada extraño. José no tuvo dificultad en cautivar a su audiencia, cuando dijo que estas siete vacas — y también las siete espigas en una misma caña, que eran de la especie de trigo barbado que todavía se conoce como trigo egipcio — eran emblemas de siete años de gran abundancia para toda la tierra de Egipto.

Tal vez lo que le dio a José más influencia en esa corte no fue su interpretación, sino la política sabia y de experto estadista en la que insistió. Al exponer en detalles sus sucesivas recomendaciones: el nombramiento de un hombre discreto y sabio con este asunto exclusivo como su obra vitalicia; la creación de un nuevo departamento de asuntos públicos con el propósito de reunir los recursos de Egipto con anticipación a la necesidad futura; el vasto sistema de almacenamiento en las ciudades de la tierra. Era evidente que hablaba bajo la inspiración de un espíritu que no era el suyo, y con un poder que ordenaba la aprobación instantánea del monarca y sus principales consejeros. "El asunto pareció bien a Faraón y a sus siervos."

Cuando José hubo interpretado el sueño y dado su consejo, sin pensar que al hacerlo estaba bosquejando su propio futuro, el Faraón dijo a sus siervos: "¿Acaso hallaremos a otro hombre como éste, en quien esté el espíritu de Dios?" Entonces se volvió a José y le dijo: "Pues que Dios te ha hecho saber todo esto, no hay entendido ni sabio como tú. Tú estarás sobre mi casa, y por tu palabra se gobernará todo mi pueblo; solamente en el trono seré yo mayor que tú... He aquí yo te he puesto sobre toda la tierra de Egipto."

Fue un ascenso maravilloso, directamente de la prisión a los peldaños del trono. El padre de José lo había reprendido al oírlo relatar sus sueños; ahora el Faraón, el monarca más grande de su época, lo recibe. Sus hermanos lo despreciaron; ahora el sacerdocio más orgulloso del mundo abre filas para recibirlo por matrimonio en su medio, considerando más sabio conciliarse con el hombre que, desde ese momento, sería la fuerza más grande en la política y la vida de Egipto. Las manos encallecidas por los trabajos de esclavo reciben ahora el adorno de un anillo con su sello. Los pies ya no están atormentados por los grillos; en cambio, lleva un collar de oro al cuello. La túnica de muchos colores que le arrancaran con violencia para mancharla con sangre, y el vestido dejado en las manos de la adúltera, son reemplazados por trajes de lino fino sacados del ropero real. Una vez fue pisoteado como la escoria de todas las cosas; ahora se ordena a todo Egipto que doble la rodilla delante de él, mientras pasa en el segundo carro como primer ministro, sólo menos importante que el rey.

Todo esto ocurrió porque un día, por amor a Dios, José resistió la tentación que lo incitaba a un pecado. Si él hubiera cedido, probablemente nunca habríamos vuelto a saber de él; y el matrimonio feliz, la esposa, los hijos, el honor, la utilidad y la vista de los rostros amados de sus familiares, nunca hubieran enriquecido su vida con su abundante bendición. ¡Qué bueno es que no haya cedido!

Admiro mucho los nombres que José les dio a sus hijos. Muestran el temple de su corazón en la cumbre de su prosperidad. Manasés significa "el que hace olvidar": Dios le había hecho olvidar sus trabajos. Efraín significa "fructífero": Dios lo hizo fructificar. ¡Sea fiel! Llegará también para usted el momento en que olvidará sus penas y su larga espera, y será fructífero. Entonces, recuerde que al que debe alabar es a Dios.

4. El paralelo entre José y el Señor Jesús. Seguramente es algo más que una coincidencia. José fue rechazado por sus hermanos; Jesús por los judíos, sus hermanos según la carne. José fue vendido por veinte piezas de plata a los ismaelitas; Jesús, por la traición de Judas, fue vendido por treinta monedas de plata y entregado a los gentiles. José fue puesto en la prisión; Jesús estuvo en la tumba. José en la prisión predicó el evangelio de liberación al jefe de los coperos; Jesús fue y predicó el Evangelio a los espíritus encadenados. Los dos malhechores crucificados tienen su contraparte en los dos prisioneros de la historia de José. José, aunque era hebreo de nacimiento y fue rechazado por sus propios hermanos, sin embargo fue exaltado a un poder supremo en un estado gentil, y salvó a decenas de millares de la muerte; Jesús, nacido judío y despreciado por los judíos, no obstante ha sido elevado al asiento supremo del poder, y ahora tiene su trono en los corazones de millones de gentiles, a quienes ha dado salvación de la muerte eterna, y ha alimentado con el pan espiritual. El propio nombre que el Faraón le dio a José significaba "salvador del mundo", el título de nuestro Señor y Salvador. Podemos llevar más lejos aún el paralelo. Después de que José había estado gobernando y bendiciendo a Egipto por algún tiempo, sus hermanos vinieron a él en busca de ayuda y perdón; de la misma manera, veremos en el futuro a los judíos volviendo sobre sus pisadas y exclamando: "Jesús es nuestro Hermano."

5. **La necesidad que el mundo tiene de Cristo.** Recuerde el sueño del Faraón. Siete vacas, que habían escapado del calor torturante a la frescura del agua, subieron a las orillas del río y comenzaron a pastar. Poco después, siete vacas flacas subieron y, al no encontrar nada que comer, por una de esas extrañas transformaciones que son comunes a los sueños, devoraron a sus predecesoras. Así también las siete espigas marchitas devoraron a las que eran llenas y buenas. Esto es señal de algo que siempre ocurre.

Es posible que hayan pasado sobre usted siete años de hambre, devorando todo lo que ha acumulado en los tiempos felices de antaño, y se haya quedado sin nada. ¿No adivina la razón? Hay un Salvador rechazado que ha sido transferido a algún oscuro calabozo del corazón. No puede haber prosperidad ni paz mientras El esté allí. ¡Sáquelo! ¡Pídale que le perdone los años de vergonzoso abandono. Ponga las riendas del poder en sus manos, y El le devolverá los años que la oruga de la negligencia se ha comido!

7

LA PRIMERA ENTREVISTA DE JOSÉ CON SUS HERMANOS
Génesis 42

La vida de José como primer ministro de Egipto debe haber sido muy espléndida. Todo lo que pudiera complacer sus sentidos estaría a su alcance. Sus palacios deben haber tenido numerosos cuartos, con acceso a espaciosos patios donde crecían las palmas, los sicómoros y las acacias con exuberante frondosidad. Los muebles serían elegantemente tallados en maderas diversas, incrustadas con ébano y con adornos de oro. De los vasos de oro, bronce y alabastro exhalarían extraños perfumes; y los pies se hundirían en las alfombras que cubrían los pisos, o pisarían sobre pieles de leones u otras bestias feroces. Una tropa de funcionarios y esclavos ha de haber atentido todas sus necesidades, mientras los coros y los músicos llenaban el aire con dulces melodías.

A pesar del exclusivo esplendor, su vida debe haber estado llena de considerable ansiedad. Tenía que tratar con una nobleza hereditaria orgullosa, celosa de su poder, y con un populacho enloquecido por el hambre. Durante los primeros siete años de su gobierno, fue por toda la tierra de Egipto, supervisando los diques y canales que utilizarían al máximo las notables crecidas del Nilo. Construyó graneros inmensos y compró un quinto del abundante grano. "La tierra produjo a montones. . . Recogió José trigo como arena del mar, mucho en extremo, hasta no poderse contar, porque no tenía número." Todo esto le debe haber producido mucha ansiedad; debe haber sido difícil para este joven extranjero llevar a cabo sus extensos planes frente a la impasible apatía o la oposición activa de funcionarios importantes y de intereses creados.

No obstante, él era eminentemente apto para esta obra, pues había algo en él de lo cual no se podía dar razón por ningún análisis de su cerebro. Lo había dicho el Faraón: Era un un hombre en quien estaba el Espíritu de Dios. ¿Cuándo aprenderán los hombres que el Espíritu de Dios puede estar en ellos, aun cuando estén comprando o vendiendo, y disponiendo todos los detalles de sus negocios o su hogar? ¡Cuánto necesitamos todos que Dios nos envíe el espíritu de reverencia y sencillez de este hombre, quien en medio del esplendor y las actividades de su elevada posición, siempre puso a Dios delante de sí! Al fin, cuando llegaron los años de hambre, José pudo, como dijo más tarde, ser "padre" para el Faraón, y salvar la tierra.

Se necesitó mucho tiempo para el cumplimiento de todos estos sucesos. José era un joven de diecisiete años cuando fue separado de su hogar; y era un joven de treinta cuando compareció por primera vez delante del Faraón. Se deben añadir los siete años de la dorada época de abundancia, y tal vez dos más mientras se consumían lentamente las existencias de trigo almacenado. De modo que, probablemente hubieran transcurrido veinticinco años entre la tragedia del pozo seco y la época a la cual nos referimos ahora. Durante esos años, la vida en el campamento de Jacob había transcurrido callada y pacíficamente, desfilando siempre por las mismas escenas invariables. La señal principal del número de los lentos años era la creciente debilidad en el andar del padre anciano y la debilidad enfermiza de su cuerpo. Hablaba patéticamente de sus "canas". Los hijos de Israel necesitaban "cargar a Jacob su padre". Esto no era solamente consecuencia de la edad, sino también de las penas. Jacob llevaba en su corazón las cicatrices de muchas heridas, la principal de las cuales era la congoja por su amado José. Era una tristeza que tenía que soportar él solo; y era quizá la más intensa, debido a las sospechas de asesinato que le venían a la mente. Descendió paso a paso hacia la tumba "lamentándose por su hijo". Nunca pudo olvidar el aspecto de la túnica ensangrentada, la reliquia amada de aquél cuyo rostro nunca pensó volver a ver.

Mientras tanto, los hijos ya estaban en edad madura, y tenían su propia familia. Probablemente, nunca se recordaban aquel hecho violento. Hacían todo lo posible por borrar ese pensamiento de la mente. No obstante, llegaría el momento en que Dios usaría a estos hombres para fundar una nación. Para prepararlos a su elevado destino, era necesario acondicionar debidamente su alma, pero parecía imposible producir el arrepentimiento en esos corazones endurecidos y obstinados. Sin embargo, el Dios Eterno lo produjo por medio de varias providencias maravillosas. Este es entonces nuestro tema: Los métodos misericordiosos de Dios para despertar la conciencia de estos hombres de un largo sueño que parecía no tener final.

1. El primer paso hacia la convicción fue la presión de la necesidad. Había escasez en todas las tierras, y el hambre llegaba aun a la tierra de Canaán. Anteriormente, con frecuencia, el hambre había hecho descender a los patriarcas a Egipto. Jacob levantó a sus hijos del desesperado letargo en el cual se estaban hundiendo, al decirles: "¿Por qué os estáis mirando? Y dijo: He aquí, yo he oído que hay víveres en Egipto; descended allá, y comprad de allí para nosotros, para que podamos vivir, y no muramos. Y descendieron los diez hermanos de José a comprar trigo en Egipto."

Así nos trata Dios. Nos rompe el nido. Afloja nuestras raíces. Envía un hambre terrible que corta toda la provisión de pan. Más tarde, aquellos hombres pensarían que aquel momento de dificultad había sido lo mejor que pudo haberles pasado: ninguna otra circunstancia los hubiera llevado hasta José. Sí, la hora viene cuando usted bendecirá a Dios por sus momentos de tristeza e infortunio. Entonces dirá: "Antes de ser afligido, me desvié; pero ahora he guardado tu Palabra."

2. El segundo paso fue el duro trato que les dio José. Parece que en algunos de los mercados más grandes, él mismo supervisaba la venta del trigo. Tal vez haya ido con un propósito; quizá estaba orando y esperando que vinieran sus hermanos. Al fin llegó el día señalado. El estaba, como solía, de pie en su puesto, rodeado por toda la confusión y el ruido de un bazar oriental, cuando aquellos diez hombres llamaron su atención. Los miró fija y anhelantemente durante un momento, mientras su corazón palpitaba aceleradamente, y no necesitó más confirmación: "Los conoció."

Sin embargo, es evidente que ellos no lo reconocieron. ¿Cómo podrían haberlo hecho? El joven de diecisiete años era ahora un hombre de cuarenta. Estaba vestido de puro lino blanco, con adornos de oro para indicar su rango, un traje no muy diferente de la famosa túnica que había hecho tanto estrago. Era gobernador de la tierra, y si ellos hubieran pensado en José al entrar allí (como seguramente lo hicieron), esperaban verlo entre los grupos de esclavos encadenados que trabajaban en los campos o se sofocaban en las candentes ladrilleras, preparando materiales para las pirámides. De modo que, en cumplimiento inconsciente de sus propios sueños juveniles, ellos se inclinaron delante de él, rostro en tierra.

José vio que no pudieron reconocerlo, y empezó a hacerles preguntas, en parte para saber si estaban arrepentidos y en parte para saber por qué Benjamín no estaba con ellos. Les habló duro. Los acusó de espionaje. No quiso creer sus declaraciones, y los puso en prisión hasta que pudiera verificarlas. Dejó a Simeón encadenado.

En todo esto, creo que repitió exactamente la escena ocurrida junto a la boca del pozo; y en realidad quizá podamos ver lo que ocurrió allí, reflejado en el espejo de esta otra escena. Parece indudable que cuando lo vieron venir hacia ellos con su principesca túnica, deben haberse apresurado a acusarlo de venir a espiar su corrompida conducta para llevar un mal informe a su padre, como había hecho antes. Si fue así, esto explica por qué él los acusa ahora, de repente, de ser espías. Sin duda, el joven protestó diciendo que no era espía, que había venido solamente a saber cómo estaban ellos; pero habían respondido a sus protestas con una ruda violencia, de un modo muy parecido al tratamiento que les daba ahora este severo gobernador. Quizá lo pusieran en el pozo con la amenaza de dejarlo allí hasta poder verificar sus declaraciones, como lo hacía ahora José con ellos; y Simeón pudo haber sido el líder de todo. Si este fue el caso — y parece muy posible — es obvio que les debe haber despertado la conciencia y la memoria.

Cuando aquellos hombres, cada uno en su calabozo, pensaban en el tratamiento que habían recibido, deben haber recordado con claridad el que le dieron a aquel joven inocente muchos años antes.

a. *La memoria es uno de los procesos más maravillosos de nuestra naturaleza.* Es la facultad que nos capacita para grabar y recordar el pasado. Si no fuera por esta potencia, la mente permanecería para siempre tan vacía como en la niñez, y todo lo que pasara ante ella no dejaría más impresión que la dejada por las imágenes sobre la lisa superficie de un espejo. Sin embargo, no es así, sino que tiene una retentiva universal. Nada ha pasado nunca por ella, que no haya dejado su huella.

Tal vez usted creciera en una casa rodeada por un huerto, pero no ha recordado nada de esto por muchos años, hasta que ve una planta o huele un aroma asociado con él, y así le viene todo a la memoria. Así pasa con el pecado. Tal vez haga muchos años que cometió cierto pecado; ha tratado de olvidarlo. No ha sido perdonado ni olvidado; casi ha logrado borrarlo de su pensamiento; pero, créame: todavía está allí. El incidente más trivial puede despertarlo en cualquier momento en su conciencia, tan claramente como si lo hubiera cometido en el día de ayer. Si un pecado es perdonado, también debe quedar olvidado. Dios dice: "No me acordaré más de ellos." En cambio, si sólo está olvidado, pero no perdonado, puede tener un despertar terrible e inesperado.

b. *Este fue el caso de los hermanos de José.* Se decían al oír las reiteradas demandas de evidencias de que no eran espías que les hacía aquel extraño gobernador: "Verdaderamente hemos pecado contra nuestro hermano, pues vimos la angustia de su alma cuando nos rogaba, y no le escuchamos; por eso ha venido sobre nosotros esta angustia" (42:21).

3. **El tercer paso hacia la convicción fue el tiempo que se les dio para escuchar al Espíritu de Dios, que les habló en el silencio de la celda de la cárcel.** Sin la obra del Espíritu Santo, habrían sentido remordimiento, pero no culpa. Sólo El puede producir esta sensación de pecado. Cuando El obra, el alma grita: "¡Ay de mí, que soy hombre pecador!" "Verdaderamente hemos pecado contra nuestro hermano."

a. *¿Acaso estas palabras son adecuadas para describir su situación también?* ¿Es usted verdaderamente culpable? Tal vez en su juventud le hiciera mal a alguien, y ahora parece que otros lo están tratando como antes trató usted a aquella persona. Ahora desea la salvación y, al mismo tiempo, aprende la amargura del ridículo, la frustración, la tentación y la oposición. Recuerda el pasado, que se le presenta con terrible intensidad en la imaginación, y grita: "¡Dios mío, perdóname! Me siento culpable por esa alma que traicioné y a la que le hice mal." Esta es la obra del Espíritu Santo. Déjelo que obre esa bendición dentro de usted.

b. *Al menos, hay un Hermano a quien usted le ha hecho daño.* ¿Necesito mencionar su nombre? El no se avergüenza de llamarse hermano suyo, pero usted se ha avergonzado de El. El no se negó a llevar la cruz por usted, pero usted nunca se lo ha agradecido. El le ha ofrecido gratuitamente los regalos más grandes, pero usted los ha pisoteado, lo ha rechazado a El y lo ha crucificado. "Verdaderamente hemos pecado contra nuestro hermano." Muchos podemos apropiarnos esas palabras también, con humildad y compunción. Mientras estos hombres decían aquellas palabras, José estaba de pie junto a ellos. Su severo rostro no demostraba ninguna emoción; sus ojos no se alteraban. "Pero ellos no sabían que los entendía José."

En el versículo veinticuatro hay un contraste curioso. Primero, dice que "se apartó José de ellos, y lloró"; después dice que "tomó de entre ellos a Simeón, y lo aprisionó a vista de ellos". Los hermanos vieron sólo la segunda de estas acciones y deben haber pensado que el gobernador era duro y poco bondadoso. ¡Cómo deben haber temblado de miedo en su presencia! No conocían el corazón lleno de tierno amor que palpitaba tras aquella dura apariencia. Tampoco podían imaginarse que la retención de Simeón sería para obligar a los hermanos a regresar a él, y parte del proceso para despertar el recuerdo del otro hermano, que habían perdido años atrás.

c. *También se aliviaron sus dificultades.* Los sacos fueron llenados de trigo; se les dio comida para el camino de regreso a su hogar, para que no tuvieran que sacar de la provisión que llevaban para su familia, y se les devolvió el dinero, que se puso dentro de los sacos (25). Todo esto se hizo con bondadosa intención, pero les saltó el corazón de temor cuando vaciaron sus costales y vieron que su dinero caía junto con el trigo. La forma en que Dios nos trata se halla repleta de abundantes bendiciones, y todas llevan una misericordiosa razón de ser que nos alegrará todos los días de nuestra vida.

8

LA SEGUNDA ENTREVISTA DE JOSÉ CON SUS HERMANOS
Génesis 43

Ahora veremos la emocionante escena en la cual José hizo que todos salieran mientras se despojaba de su dignidad, descendía del trono, abrazaba a sus hermanos y lloraba con ellos. Tenemos por delante una tarea pequeña, pero muy interesante; debemos observar las etapas sucesivas por medio de las cuales aquella familia desobediente fue llevada a una posición tal, que sus miembros pudieran recibir perdón y bendición.

1. Experimentaron la presión de la pobreza y la tristeza (43:1). Jacob nunca hubiera pensado en Egipto si hubiera habido abundancia en Canaán. El hambre llevó a los hijos de Israel a Egipto a comprar trigo. Aunque el pobre Simeón estaba preso en Egipto, los hermanos no hubieran ido por segunda vez, de no ser por el rigor de la necesidad. Al principio, el anciano padre se opuso firmemente a la idea de llevar a Benjamín, aunque fueran los otros hermanos; y sus hijos se contuvieron.

Se presenta aquí la conmovedora conversación entre Jacob y sus hijos, una especie de consejo de guerra. Parece que Rubén ya había perdido la prioridad que le correspondía por sus derechos de primogenitura, y Judá llevaba ahora la voz cantante y el liderazgo entre sus hermanos. El fue quien tomó la iniciativa de tratar con su padre en nombre de sus hermanos. La petición de Jacob de que descendieran a comprar trigo encontró un rechazo definitivo, a menos que permitiera que Benjamín los acompañara. Cuando Jacob se quejó de que ellos hubieran dicho que tenían otro hermano, todos justificaron su acción declarando que no podían haber hecho otra cosa. Al fin, Judá se hizo personalmente responsable de la seguridad del muchacho; promesa que, como veremos, cumplió con nobleza. Por último, Jacob cedió, proponiendo solamente que debían llevar regalos para ablandar el corazón del gobernador y el doble del dinero para reemplazar lo que les habían devuelto en los costales, e hizo una oración fervorosa al Todopoderoso a favor de ellos. Así Dios, en su misericordia, cerró todas las puertas menos aquella por la cual encontrarían el camino de la abundancia y la bendición. No les quedaba otra alternativa que descender a Egipto.

a. *Así es su vida.* Aunque haya tenido todo lo que el mundo le pueda ofrecer, ¿ha pensado en su relación con su Hermano mayor? ¿Ha puesto su mira en las cosas de arriba? Bien sabe que no. Entonces Dios ha mandado hambre a su tierra. Ha perdido terreno y amigos. Ha caído en la bancarrota. La belleza, la juventud y la salud se han desvanecido. José no aparece; Simeón no está; y Benjamín está a punto de alejarse. Todo se ha puesto en su contra.

b. *Es una medida muy severa; ¿cómo podrá soportarla?* Al primer ataque de la tempestad, usted dice con terquedad: "No descenderé, no cederé, aguantaré hasta el final." ¡Cuidado! Dios impondrá su voluntad al final, si no lo hace al principio. El hambre debe seguir hasta que el pródigo se levante para volver a su Padre, con palabras de penitente contrición en los labios. ¡Ojalá que sus palabras fueran: "Venid y volvamos a Jehová; porque él arrebató, y nos curará; hirió, y nos vendará" (Oseas 6:1).

2. Hubo un despertar de la conciencia. La conciencia había dormido durante veinte años, y como estaban las cosas, no podía haber verdadera paz entre José y sus hermanos. Nunca podrían estar seguros de que él los había perdonado. A su vez, él siempre sentiría que había un candado en la puerta del tesoro de su amor. La conciencia debe despertar y recorrer lentamente los pasillos del templo de la penitencia. Esta es la clave para entender la conducta de José.

a. *José, para despertar su conciencia dormida, les dio a ellos en cuanto le fue posible, el mismo tratamiento que ellos le habían dado a él.* Ya nos ocupamos de esto. "Sois espías", repetía el eco de sus duras palabras dentro de ellos. La prisión, donde estuvieron tres días, era la contrapartida del pozo donde lo habían puesto. Los hombres entienden mejor la naturaleza verdadera de sus propias iniquidades cuando experimentan el tratamiento que les han dado a otros. El método de José tuvo éxito. Escuchemos sus lamentos: "Verdaderamente hemos pecado contra nuestro hermano."

b. *He aquí una clave del misterio de nuestra propia vida.* A veces Dios permite que seamos tratados como nosotros lo hemos tratado a El, para que podamos ver claramente nuestras ofensas, y nos sintamos obligados a volvernos a El con palabras de sincera contrición. Su hijo no le ha salido bueno. Usted lo hizo todo por él, pero él ahora se resiste a hacer lo que usted desea, y aun se burla de usted. ¿Lo estremece esto? Tal vez le haga ver lo que Dios siente cuando, después de haberlo creado y cuidado, usted se rebela contra El. Su vecino, cuando estaba necesitado, vino a pedirle ayuda y prometió pagársela con creces. Ahora que él está prosperando, le pide que le pague, pero él se ríe de usted o le dice que espere. ¿Que siente? Ahora sabe lo que siente Dios, quien habiéndolo ayudado en su necesidad, cuando usted le hizo tantas promesas, ahora le recuerda en vano todo lo pasado. La conciencia que no se despierte con tales llamamientos, verdaderamente debe estar profundamente dormida.

3. *Recibieron muestras de delicado amor.* Tan pronto como José los vio, los invitó a su propia mesa a festejar con él. Los hermanos fueron admitidos en su casa, donde se les trató con toda bondad. Era como si, en vez de ser unos pobres pastores, fueran los magnates de la tierra. Sus temores en cuanto a la devolución del dinero, fueron mitigados por la piadosa — aunque engañosa — afirmación del mayordomo de que si lo habían descubierto en sus costales, tal vez Dios lo hubiera puesto allí, porque el pago de su trigo estaba en sus manos. Cuando José vino, se postraron delante de él, en asombroso cumplimiento de los sueños de su juventud. Con ternura, les preguntó por el bienestar de su padre, y debe haber habido una profunda emoción en las palabras que le dirigió a Benjamín. Esto

habría revelado todo el secreto, si ellos hubieran tenido la más mínima esperanza de encontrar a José convertido en el gran gobernador de Egipto.

Con inimitable maestría se nos dice que el corazón de José hizo que sus ojos se inundaran de lágrimas, de modo que tuvo que apresurarse a ocultar las profundas emociones que amenazaban con dominarlo. "Buscó dónde llorar; y entró en su cámara, y lloró allí. Y lavó su rostro y salió, y se contuvo, y dijo: Poned pan." El Hermano rechazado puede parecer extraño y áspero. Tal vez nos cause tristeza. Quizá ate a Simeón delante de nuestros ojos. Sin embargo, a pesar de todo eso, nos ama de tal manera, que concentra en sí el amor de todos los padres por sus hijos, y de todos los amigos por sus amados. Ese amor siempre está buscando nuevos medios para expresarse. Pone dinero en nuestro saco, nos invita a su casa y prepara banquetes para agasajarnos. Jesús contiene sus deseos de complacernos, y los oculta hasta que se complete la obra de convicción y pueda derramar todas las olas de su afecto sobre nosotros, sin lastimar a otros ni causarnos daño.

4. Se destruyó la confianza que tenían en ellos mismos. Creían que su palabra tenía peso; pero cuando contaron la historia de su familia, José no quiso creerles y dijo que tenían que probarla. Tenían confianza en su dinero, pero cuando llegaron al primer mesón, camino de su hogar, "abriendo uno de ellos su saco para dar de comer a su asno. . . vio su dinero que estaba en la boca de su costal. Y dijo a sus hermanos: Mi dinero se me ha devuelto, y helo aquí en mi saco. Entonces se les sobresaltó el corazón, y espantados dijeron el uno al otro: ¿Qué es esto que nos ha hecho Dios?"

a. *Con mucha frecuencia, esta es la experiencia de los hombres pecadores.* Quieren permanecer bien con Dios, pero a su modo. Como Caín, traen el producto de sus propios esfuerzos. Como estos hombres, traen el dinero ganado con dificultad. ¡No! No podremos comprar la misericordia de Dios con nada de lo que le podamos traer; la debemos recibir como un regalo, sin dinero y sin precio. Jacob dijo: "Quizá fue equivocación", pero no lo fue; era parte de un plan bien preparado, diseñado y ejecutado con un propósito especial. No hay equivocación ni azar en la vida de ninguna persona.

También tenían confianza en su honradez. Sin saber lo que había en el costal de cada uno, al amanecer emprendieron su viaje de regreso por segunda vez. Iban muy alegres, pues Simeón y Benjamín iban con ellos, a pesar de los malos augurios de su anciano padre. Evidentemente, estaban en alta estima con el gobernador, pues de otro modo no los habría festejado tanto el día anterior. Sus costales iban tan llenos como era posible. No obstante, cuando acababan de salir por las puertas de la ciudad, la voz del mayordomo los detuvo. "¿Por qué habéis vuelto mal por bien?" Y ellos dijeron: "¿Por qué dice nuestro señor tales cosas?. . . He aquí, el dinero que hallamos en la boca de nuestros costales, te lo volvimos a traer. . . ¿Cómo, pues, habíamos de hurtar de casa de tu señor plata ni oro?" Tan seguros estaban de su honradez, que dijeron además: "Aquel de tus siervos en quien fuere hallada la copa, que muera, y aun nosotros seremos siervos de mi señor. . . Entonces se dieron prisa, y derribando cada uno su costal en tierra, abrió cada cual el costal suyo." Entonces el mayordomo revisó los costales de todos, comenzando por el mayor, allí en el camino, "y la copa fue hallada en el costal de Benjamín". Entonces Judá y sus hermanos vinieron a la casa de José, se postraron en tierra delante de él, y Judá dijo: "¿Qué diremos a mi señor? ¿Qué hablaremos o con qué nos justificaremos? Dios ha hallado la maldad de tus siervos." Quedaron despojados de toda su confianza en sí mismos, y en manos del misericordioso José.

b. *Algunas personas se parecen a Benjamín.* Son inocentes y de buen parecer por naturaleza. Parecen tener rastros de la inocencia original. Su tipo aparece en el joven al que Jesús miró com amor mientras afirmaba ansiosamente que había guardado todos los mandamientos sin falta desde su niñez. Tales personas parecen buenas cuando se las compara con los peores pecadores. En cambio, si son comparados con Jesús, la única norma de pureza infinita, aparecen infinitamente condenados. Se puede pensar que una sábana es muy blanca mientras está tendida secándose, en contraste con los sucios edificios de alrededor. Sin embargo, si cae la nieve, notaremos una falta de blancura que nunca antes discernimos. Así, muchas personas de noble carácter se enorgullecen de su alta moralidad, hasta que contemplan la túnica sin costura de Cristo, más blanca de lo que ningún jabón de la tierra pudiera blanquearla. A estos hay que enseñarles acerca de su pecaminosidad; deben aprender que tienen una indignidad íntima; tienen que tomar su posición con el resto de la humanidad. Hay que bajar a Benjamín al nivel de Simeón y Judá. Se debe encontrar la copa en el costal de Benjamín. Así es como él puede llegar a los pies de Cristo.

c. *Hay una copa robada en su costal,* mi respetable, moral y apreciado amigo. Tal vez usted no lo sepa. Lo enorgullece su vida intachable. Supone que Cristo mismo no tiene nada en su contra. No sabes que le está robando lo que le pertenece. Usa para sí un tiempo, un dinero y unos talentos que El compró con su sangre preciosa, a pesar de que Jesús esperaba que usted fuera un vaso escogido para

El. Aunque esconda de sí mismo la triste verdad, no podrá esconderla del Señor.

d. ¿*Cómo actuar?* En primer lugar, *no se detenga:* "Si no nos hubiéramos detenido, ciertamente hubiéramos ya vuelto dos veces." Si usted no se hubiera detenido, habría llegado a ser un cristiano feliz y consagrado. ¡Apresúrese! La puerta ya se cierra; y cuando se cierre, ya no se abrirá. El reloj de arena ya se está agotando, y cuando caiga el último grano, se cerrará el tribunal de la misericordia.

En segundo lugar, *haga confesión y restitución completas.* "Se acercaron al mayordomo de la casa de José, y le hablaron." Le contaron que habían hallado el dinero en los costales, y ofrecieron devolverlo en su totalidad. Hable con Cristo; cuéntele todo lo que hay en su corazón. Restituya lo que haya tomado injustamente de El o de los demás. Haga una restitución total y completa. "El que encubre sus pecados no prosperará; mas el que los confiesa y se aparta alcanzará misericordia" (Proverbios 28:13).

En tercer lugar, entréguese a la misericordia de Cristo. Judá no presentó excusas por él, ni por sus hermanos; se hubiera equivocado al hacerlo. Tomó un camino más sabio: pidió misericordia para ellos y para Benjamín; misericordia para el anciano padre encanecido que había quedado en casa. Presente esa petición al Señor. No le fallará. Diga con verdadero dolor: "Ten piedad de mí, pecador." El no se detendrá, sino que dirá: "Acércate; yo soy Jesús, tu hermano; tus pecados y los de mis demás hermanos me clavaron en la cruz, pero Dios lo quiso para tu bien, para que yo pudiera salvar las vidas de ustedes con una gran liberación."

9

JOSÉ SE DA A CONOCER A SUS HERMANOS
Génesis 45

"La copa fue hallada en el costal de Benjamín." ¡Qué descubrimiento! ¿Cómo llegó allí? Los hermanos no sabían. No podían ni querían creer que Benjamín tuviera algo que ver con eso, pero no podían explicarse aquel misterio, ni solucionarlo. Era como si un espíritu maligno se estuviera divirtiendo con ellos, primero al poner el dinero en sus costales, y después al esconder la copa allí.

Todos los hermanos deben haber deseado que se hubiera encontrado la copa en cualquier otro saco, menos en el de Benjamín. Todos recordaban que su padre no quería dejarlo ir. Parecía que Jacob tuviera una corazonada del desastre venidero. Cuando regresaron de Egipto la primera vez, dijo con firmeza: "No descenderá mi hijo con vosotros, pues su hermano ha muerto, y él solo ha quedado; y si le aconteciere algún desastre en el camino por donde vais, haréis descender mis canas con dolor al Seol." Cuando los acosaba el hambre, las últimas palabras del acongojado padre fueron: "El Dios omnipotente os dé misericordia delante de aquel varón, y os suelte al otro vuestro hermano, y a este Benjamín. Y si he de ser privado de mis hijos, séalo." Todo el tiempo tenía el corazón lleno de presagios del dolor futuro; y ahora parecía que esos presentimientos estaban a punto de cumplirse. ¡Qué diferente parece el camino de lo que había sido un poco antes! Todavía brillaba el mismo sol y los rodeaba la misma escena llena de actividad, pero sobre la tierra y el firmamento se había desplegado un velo de oscuridad. Estudiemos la escena siguiente.

1. Observe las circunstancias en que se encontraban.

a. *Se había despertado su conciencia, estaba muy inquieta.* No había necesidad de mencionar el crimen de hace veinte años; sin embargo, parecía imposible que se abstuvieran de mencionar lo que más ocupaba sus pensamientos. Evidentemente, estaban pensando profundamente en ese oscuro hecho que tuvo lugar junto al pozo seco. Su propia tristeza les había hecho recordar las penas de aquel frágil muchacho; y no podían dejar de sentir que había cierta conexión entre ambas. Por eso, las primeras palabras expresadas por Judá, su portavoz, al entrar a la audiencia de José, traicionarorn los presentimientos de la conciencia de todos: "¿Qué diremos a mi señor? ¿Qué hablaremos, o con qué nos justificaremos? Dios ha hallado la maldad de tus siervos."

b. *Dios siempre hallará nuestra iniquidad.* "Sabed que vuestro pecado os alcanzará" (Números 32:23). Aunque pasen decenas de años de su vida, y como estos hermanos, se felicite de que su pecado se haya olvidado y está salvo y seguro, de repente una cadena de circunstancias insospechadas, pero ordenadas por la mano divina, sacará la verdad a luz. Aunque no todos los pecados delaten a sus autores en este mundo, por lo menos hay bastantes para demostrar lo terrible de aquel momento, cuando frente al "gran trono blanco", se revelen todos los secretos de los corazones, y Dios saque a luz las cosas ocultas por las tinieblas.

c. *Además, se hallaban bajo el poder absoluto de José.* Era el segundo hombre en toda la tierra de Egipto, superado sólo por el Faraón. Si él decía que se debía poner en prisión a todos estos hombres de por vida, o que Benjamín quedara detenido mientras los otros se iban libres, no había apelación, nadie podía oponerse en ningún momento. La contrapartida de esto debe ser seguramente un pensamiento alarmante para el pecador cuya conciencia ha sido despertada: que está enteramente a la merced del Juez de vivos y muertos.

d. *Además, vieron que todo parecía estar definitivamente en su contra.* No cabía duda de que la copa había sido encontrada en el costal de Benjamín, y aunque eran ciertamente inocentes del robo, sabían que no podían justificarse o excusarse. Todas las pruebas indicaban decisivamente su culpabilidad.

2. Observe su conducta.

a. *"Se postraron delante de él en tierra."* Al hacerlo, convirtieron inconscientemente en realidad la predicción que hiciera el propio José siendo niño. ¡Con cuánta claridad debe haber aparecido en su imaginación el memorable sueño del campo en tiempos de siega! Allí estaban las gavillas de ellos sometidas a la suya, que estaba derecha en medio de las demás.

b. *¿Quién habría de ser su portavoz?* Rubén siempre había tenido algo que decir en su propia justificación, y había estado tan seguro de que todo iba a salir bien, que había comprometido la vida de sus propios hijos ante su padre, a cambio de la seguridad de Benjamín. Sin embargo, ahora está callado. Simeón fue probablemente el cruel instigador del crimen contra José, pero no se atreve a decir ni una palabra. Benjamín, el intachable, prototipo del joven a quien amó Jesús, ha sido culpado de pecado y no tiene nada que alegar a su favor. Entonces, ¿quién debe hablar? Queda sólo Judá, quien junto al pozo, había disuadido a sus hermanos de sus planes de matar a José. Observe lo que dice. Se entrega indefenso a la merced de José: "¿Qué diremos a mi señor? ¿Qué hablaremos, o con qué nos justificaremos?"

c. *Estamos en terreno más firme que ellos.* Ellos no tenían idea de la ternura del corazón de José. No entendían por qué en una ocasión él se había apresurado a apartarse de la presencia de ellos; tampoco podían adivinar cuán cerca de la superficie estaban las fuentes de sus lágrimas. Sólo lo conocían como implacable, severo y duro. "Aquel varón nos protestó con ánimo resuelto". En cambio, nosotros conocemos la ternura del Señor Jesús. Hemos visto sus lágrimas por Jerusalén; hemos escuchado sus delicadas invitaciones a ir a El; hemos estado en pie junto a la cruz y escuchado sus últimas oraciones por sus asesinos, y sus palabras de invitación al ladrón moribundo. Entonces no tenemos que temer la decisión cuando nos ponemos a su merced.

d. *En toda la literatura, no hay nada tan patético como esta apelación de Judá.* El afán que lo hizo acercarse; la humildad con que confesó que era justo que se encendiera el enojo de José, pues era como el Faraón; el cuadro del anciano padre, privado de un hijo y aferrado a Benjamín, el único hijo sobreviviente de su madre; la carga que el gobernador les impuso al demandar que trajeran al hermano menor; la historia de los temores de su padre, superados solamente por la imperiosa exigencia de un hambre que no se hacía esperar; la descripción vívida de los deseos de su padre de ver otra vez al muchacho de cuya vida dependía la suya propia; el dolor fatal de no verlo entre ellos; el heroico ofrecimiento de quedarse como siervo, en sustitución de Benjamín, para que el muchacho pudiera irse a casa; la preferencia de una vida de esclavitud antes que ver descender al padre con dolor a la tumba: todo esto tiene el toque artístico de una mano maestra. Si un hombre rudo como aquél pudo interceder de ese modo, ¡cómo serán los ruegos que Jesús presenta por nosotros ante el trono! Verdaderamente, tenemos un Abogado delante de nuestro Padre, y nunca ha perdido ningún caso; pongámonos en sus manos y confiemos en El cuando dice: "He orado por ti."

e. *Así logró José sus propósitos.* El quería restaurar a sus hermanos a un reposo y una paz perfectos, pero sabía que sería imposible mientras su pecado permaneciera inconfeso y sin perdón. Ya había sido así por demasiado tiempo. También quería ver cuáles eran sus sentimientos hacia Benjamín. Por eso, le había dado cinco veces más que a sus hermanos. Algunos creen que lo hizo para mostrarle un amor especial. Así puede haber sido, pero probablemente fuera algo más profundo. Habían sido los sueños de superioridad de José los que hicieron que sus hermanos lo odiaran; ¿qué sentirían por Benjamín si, siendo el menor, era tratado mejor que todos los demás? Sin embargo, a pesar de la preferencia por él, estaban ansiosos de que él regresara con ellos, como antes. Además, quería saber si podían perdonar. Por causa de Benjamín, estaban metidos en este problema; si lo trataban como en los días de antaño, lo abandonarían a su suerte; de haber sido así, no habrían podido recibir perdón alguno. Ellos, en cambio, en lugar de manifestar maldad, se aferraron a él con ternura, por amor a su anciano padre y por el bien de ellos mismos. Queda claro entonces que todos los propósitos de José se realizaron, y no quedaba nada que impidiera la gran revelación que se acercaba.

3. **Observe la revelación y la reconciliación.**
a. *No podía ya José contenerse."* Cuando la voz de Judá terminó

su patético ruego, ya no pudo contenerse José.

b. Y *José clamó:* "Haced salir de mi presencia a todos". Lo hizo con gran delicadeza. No quería exponer a sus hermanos, y quería expresar palabras que los oídos curiosos de los cortesanos no podrían entender. También sus hermanos necesitaban la oportunidad de expresarse con libertad. "Y no quedó nadie con él, al darse a conocer José a sus hermanos."

c. *José lloró a gritos.* Comenzó a llorar tan alto, que los egipcios oyeron los extaños sonidos y se preguntaron si serían de dolor o de gozo. Creo que no eran ni de lo uno ni de lo otro, sino producto de una emoción contenida. Había estado en suspenso durante muchos días; con la ansiedad de perderlos, temeroso de que no pudieran resistir la prueba. Al verlos irse de la ciudad desde algún punto encubierto al aclarar el día, debe haberse sentido culpable de dejarlos ir. Debe haber tenido la mente bajo gran presión; y ahora que se quitaba la tensión, innecesaria ya, lloró a gritos. Hombre pecador: el corazón de Cristo también está oprimido por usted.

Les dijo: "Yo soy José." Habló con profunda emoción, pero sus palabras deben haber golpeado a sus hermanos como un rayo. ¡José! ¿Habían estado tratando con su hermano por tanto tiempo perdido? Entonces, verdaderamente habían caído en el foso de los leones. ¿Sería José en realidad? ¿Cómo era posible aquello? Esto explicaría muchas cosas que los habían mantenido dolorosamente en suspenso. Con razón estaban turbados y aterrorizados. El asombro como ante un resucitado, el terror a las consecuencias, el temor de que les cobrara la deuda de tanto tiempo; todas estas emociones los dejaron mudos. Entonces dijo otra vez: "Yo soy José vuestro hermano, el que vendisteis para Egipto"; y añadió con mucho amor: "No os entristezcáis, ni os pese. . . porque. . . me envió Dios". ¡Pecador penitente! De este modo le habla el Salvador: "Yo soy Jesús, tu Hermano, a quien vendiste y crucificaste; pero no te entristezcas por ello. Fui entregado por disposición y providencia de Dios; aunque sean malas las manos que me crucificaron y mataron. Pero si te arrepientes, tus pecados serán borrados."

d. *"Entonces dijo José a sus hermanos: Acercaos ahora a mí."* Se habían ido alejando cada vez más de él; ahora les pide que se acerquen. Un momento después, él y Benjamín estaban enlazados en un estrecho abrazo y llorando abiertamente. José besó a todos sus hermanos. ¿A Simeón? Sí. ¿A Rubén? También. ¿A los que le habían amarrado las manos y se habían burlado de sus súplicas? Sí, los besó a *todos,* y después hablaron con él.

10

LA ADMINISTRACIÓN DE JOSÉ
Génesis 47

Mientras ocurrían todos los detalles domésticos en que hemos estado meditando, José conducía a su país de adopción a través de una gran crisis, que casi podría llamarse revolución. A su llegada al cargo de Primer Ministro, la monarquía egipcia era más bien débil; pero después de que administró los negocios durante unos trece años, Faraón se convirtió en propietario absoluto de toda la tierra de Egipto; todo el país quedó en propiedad de la corona. La historia de este cambio merece más atención de la que podemos darle ahora, pero se debió totalmente a la capacidad de estadista del joven hebreo.

Durante los siete años de abundancia, José mandó que una quinta parte del producto de todos los distritos se guardara en su pueblo de origen, de modo que cada pueblo tuviera en inmensos graneros donde se guardara lo cosechado en su propio distrito. Al fin llegaron los días del hambre. "No había pan en toda la tierra, y el hambre era muy grave, por lo que desfalleció de hambre la tierra de Egipto y la tierra de Canaán."

Los escasos víveres almacenados por los egipcios, se consumieron rápidamente; y cuando todo Egipto estaba con hambre, el pueblo clamó a Faraón, pidiendo pan. "Id a José, y haced todo lo que él os diga", fue la respuesta. "Y José abrió todos los graneros y vendió a los egipcios." Esto era justo y sabio. Dárselo habría sido un gran error. La política de José estaba completamente de acuerdo con las máximas de la economía política moderna.

El dinero se acabó muy pronto; duró solamente un año. ¿Qué se debía hacer ahora? Sólo quedaban las tierras y las personas; el pueblo estaba naturalmente reacio a comprometerlas, pero no le quedaba ninguna alternativa; entonces vinieron a José, y le dijeron: "¿Por qué moriremos. . .? Cómpranos a nosotros y a nuestra tierra por pan." En otra palabras, se convirtieron en colonos del Faraón, y le pagaban el veinte por ciento, o sea, la quinta parte del producto, como arrendamiento.

1. **Estudiemos el espíritu con que gobernaba José.** Era "diligente en los negocios, ferviente en el espíritu, siervo del Señor".

Hay bastantes pruebas de esta diligencia en los negocios. Al elevársele a la posición de primer ministro, "salió José por toda la tierra de Egipto". Se construyeron los graneros y se acumuló el trigo bajo su propia supervisión. Cuando llegó el hambre, se vendió el trigo en su presencia. Todo el peso de las decisiones parecía descansar completamente sobre sus hombros. El Faraón no quería interferir, y le enviaba la gente a José. Este acaparó todo el dinero que se encontraba en Egipto. Compró toda la tierra para el Faraón; y supervisó el traslado de todo el pueblo hacia las ciudades, desde un extremo del país hasta el otro, para que fuera más fácil la distribución de la comida. José hacía las leyes. Jóven, ¡que José sea su modelo en esto! Escoja una carrera, aunque sea humilde, en la que pueda poner todas sus energías y todas sus fuerzas, sin restricciones.

Estas reglas son sencillas, pero importantes. ¡Aproveche bien el tiempo! Las fortunas más grandes que el mundo ha conocido se han acumulado ahorrando lo que otros han derrochado. ¡Escatime los segundos y redima el polvo dorado del tiempo, y éstos le darán la preciosa fortuna del descanso! ¡Sea puntual! Algunas personas no marchan al paso del tiempo. No faltan a las citas, pero siempre llegan cinco minutos después. Parece como si hubieran nacido tarde, y nunca hubieran podido recobrar los momentos perdidos. ¡Sea metódico! ¡Disponga en cuanto sea posible su trabajo diario, siempre con sujeción a los llamados especiales que el Todopoderoso pueda poner en su camino, por supuesto! ¡Obre con prontitud! Si hay trabajo que hacer, ¡hágalo de inmediato! Es dulce el reposo bien merecido. ¡Sea enérgico! Un admirador de Thomas Carlyle lo encontró una vez en Hyde Park e interrumpió su meditación solicitando vehementemente que le dijera una máxima. El anciano se quedó callado por un momento, y luego dijo: — No hay mejor máxima para un joven que estas palabras de la Biblia: "Todo lo que te viniere a la mano para hacer, hazlo según tus fuerzas" (Eclesiastés 9:10).

José era también *ferviente de espíritu*. El amor, el gozo, la paz, la paciencia, la humildad, la bondad, la continencia; todo esto abundaba en él, y se debía sin lugar a dudas al fervor de su corazón. ¡Ojalá que hubiera más negociantes "fervientes de espíritu"! Son muy escasos. Hay tiempo para los libros de contabilidad, pero no para la Biblia. Hay tiempo para el club o la sociedad, pero no para la reunión de oración. Tiempo para hablar con los amigos, pero no para Dios. En consecuencia, nos sentimos agotados, cansados, inquietos e insatisfechos. La vida parece sombría. Las personas en estas condiciones no pueden refrescar a las almas abatidas. Debemos sacar tiempo para orar en privado y para estudiar la Biblia con dedicación. No crea que el fervor de espíritu es algo imposible para los que viven en medio del ajetreo de los negocios. Fue posible para José y también lo será para los que adopten las sencillas reglas de la Biblia y del sentido común. No es suficiente prender un fuego; hay que avivarlo.

Ese es el motivo de que tantos hayan ido cayendo en el descuido de las devociones privadas, con lo que reducen o extinguen el fervor del alma.

José fue también siervo de Dios. El estaba en todos sus pensamientos. "Temo a Dios", era su lema. "No me enviasteis acá vosotros, sino Dios, que me ha puesto... por gobernador en toda la tierra de Egipto." Esta era la inspiración de su vida. Al decir eso, mostraba que se sentía responsable delante de Dios por todo lo que era y hacía. Ciertamente, necesitamos un principio que les dé solidez a nuestra vida diaria y a nuestras prácticas religiosas. Muchos se mueven en los negocios según una serie de principios, y se ponen otro conjunto diferente de principios con el traje de los domingos. ¿Cuál es el principio que pone toda nuestra vida bajo una misma y bendita regla? No conozco otro que el dado por el buen centurión, cuando dijo: "Un hombre bajo autoridad." La obediencia en todo a nuestro Salvador simplifica y regula todas las cosas, y reduce el caos de nuestra vida a un todo simétrico y hermoso. Si hay algo en su vida que no tenga la aprobación de Cristo, debe echarse a un lado. El apóstol Pablo invistió de dignidad la existencia de los pobres esclavos de su tiempo, al llamarlos: "Siervos de Cristo... sirviendo de buena voluntad, como el Señor y no a los hombres." Por humilde que sea su trabajo, puede hacerlo para su amado Señor, susurrando una y otra vez: "Esto es para ti, amado Señor. Todo para ti." Esto pondrá control al trabajo superficial y afanoso. Le dará nueva dignidad al trabajo y nuevo significado a la vida.

2. **Observe la confesión de los egipcios:** "La vida nos has dado."

Al imaginar a estos egipcios en tumulto alrededor de José pronunciando estas palabras, pienso en Aquél de quien José es tipo. José estaba en el pozo; y de allí fue llevado para que les diera pan a los hermanos que lo habían rechazado, y a una nación de gentiles. Jesús yacía en la tumba; y de su oscuro abismo fue levantado para dar salvación a sus hermanos judíos y a millones de gentiles. El nombre egipcio de José significaba "el salvador del mundo"; pero la salvación que él logró es mucho menor a la que Jesús alcanzó para nosotros. José salvó a Egipto con sabiduría; Jesús nos salvó al entregar su vida por nosotros. El pan de José no le costó nada; pero el pan que Jesús da, le costó el sacrificio del Calvario. A José se le pagó bien en dinero, ganado y tierras; pero Jesús lleva sus mercancías al mercado de los pobres y se las vende a los que no tienen dinero, ni precio. "Bienaventurado los pobres, porque de los tales es el reino de los cielos."

3. **Observe la resolución de estos egipcios.** "La vida nos has dado

hallemos gracia... y seamos siervos de Faraón." ¿Qué mejor argumento hay para nuestra consagración al Salvador? El nos ha salvado; por tanto, ¿no debemos ser sus siervos? Podemos insistir con muchos argumentos en que se debe aceptar el yugo de Cristo. Podemos referirnos a la dignidad, la felicidad y la perfecta libertad que encontramos en El. Separados de Cristo, nos mantenemos en la esclavitud. Obedientes a El, vamos hacia adelante en la libertad gloriosa de los hijos de Dios.

Paso por alto estos argumentos para presentar ahora uno más patético, convincente y conmovedor: Jesús nos ha salvado. Por tanto, ¿no debemos servirle? ¡Que Jesús sea su Salvador, Amigo y Señor en todo momento; ríndale una obediencia que comprometa todo su ser y todo su tiempo! El lo merece. Por usted estuvo en el pesebre de Belén, y vivió pobre y sin casa. Por usted sudó gotas de sangre y derramó su alma hasta la muerte. Por usted intercede en el cielo. "Hermanos, os ruego por las misericordias de Dios, que presentéis vuestros cuerpos en sacrificio vivo... que es vuestro culto racional" (Romanos 12:1).

11

EL PADRE DE JOSÉ
Génesis 47:1-11

Siempre existe el interés por saber detalles acerca de los padres de las personas ilustres. Así el padre de Martín Lutero y la madre de los Wesley pueden llegar a ser retratos familiares en la galería de nuestras imágenes mentales. En la historia de José se nos permite echar una mirada detrás del escenario para conocer las relaciones que existían entre él y Jacob, su anciano padre.

1. **El constante amor filial de José.** Desde el primer momento en que José vio a sus hermanos en el mercado del trigo, fue evidente que el amor por su padre ardía con un fervor constante. Aquellos hermanos no podían adivinar con cuánto anhelo José quería saber si su anciano padre vivía todavía, ni el estremecimiento de consuelo que atravesó su corazón cuando ellos dijeron: "He aquí el menor está hoy con nuestro padre." Era evidente que su padre estaba vivo todavía, aunque ya habían pasado veinticinco años desde la última vez que había visto su amada figura.

Cuando sus hermanos llegaron por segunda vez, Judá no se dio cuenta de la tierna fibra del corazón que tocó, ni cuánto vibró, casi a más no poder, cuando habló en repetidas ocasiones del padre que había quedado en casa, el anciano que tan tiernamente amaba a este muchacho que era el único que le hacía recordar a su madre. Habló de ese padre que había estado tan preocupado de que le pasara algo malo, y cuyas canas descenderían con dolor a la tumba, a menos que volviera a salvo. Fue esta repetida alusión a su padre lo que tocó los sentimientos de José de tal manera que lo conmovió profundamente. "No podía contenerse." La primera cosa que dijo después del asombroso anuncio "Yo soy José", fue: "¿Vive aún mi padre?" En el tumulto de palabras que siguieron, llenas de pasión y sentimiento, las expresiones acerca del padre ausente abundaron. "Daos prisa, id a mi padre y decidle: Así dice tu hijo José: Dios me ha puesto por señor de todo Egipto; ven a mí, no te detengas. . . Haréis, pues, saber a mi padre toda mi gloria en Egipto, y todo lo que habéis visto; y daos prisa, y traed a mi padre acá."

Las semanas y meses de espera deben haber estado llenas de ferviente ansiedad para José; y cuando al fin supo que su padre había llegado a las fronteras de Egipto en uno de los carros que le había enviado, "José unció su carro y vino a recibir a Israel su padre". ¡Qué encuentro tan maravilloso! Si el anciano estaba sentado en alguna parte del pesado carro, fatigado por el largo viaje, debe haber cobrado nuevas fuerzas cuando le dijeron: "José viene". De seguro, se desmontó y esperó, esforzando los ojos ancianos para distinguir entre la compañía que se acercaba al enjoyado gobernante que caería sobre su cuello y lloraría con él. "Muera yo ahora", dijo Jacob mientras miraba a José de pies a cabeza con mirada alegre, orgullosa. y llena de satisfacción: "Muera yo ahora, ya que he visto tu rostro, y sé que aún vives."

a. *Esto no fue todo.* José amaba mucho a su padre y no se avergonzaba de él. Cuando el Faraón tuvo noticia de la llegada del padre y los hermanos de José, pareció muy contento, y le ordenó a José que velara por el bienestar de ellos. Entonces José llevó a Jacob su padre delante del Faraón.

No podemos dejar de admirar la noble franqueza con la que José introdujo a su padre y lo presentó a este gran monarca, acostumbrado a los modales de la corte más avanzada del mundo. Había un gran vacío social entre Egipto y Canaán, la corte y la tienda, el monarca y el pastor. Si José hubiera sido menos noble o sencillo de lo que era, tal vez no se hubiera atrevido a juntar esos dos extremos. Todos estos pensamientos fueron olvidados en presencia de aquel hombre extenuado, vacilante y perseguido por el hambre, que era su padre.

b. *En algunos casos el comportamiento de los hijos adultos hacia sus padres es deshonroso.* El éxito económico trae muchos cambios en la posición social del hombre. Vive en una buena casa y da fiestas grandes. Manda a sus hijos a escuelas caras. En cambio, ¿qué hace a veces con sus ancianos padres? Tal vez les dé una pequeña ayuda, pero se cuida de mantenerlos fuera del círculo familiar, pues en realidad se avergüenza de ellos. ¡Falsa vergüenza! Prefiero la noble magnanimidad de José, quien se enorgullece de presentar al patriarca incapacitado y agotado a su poderoso amigo y señor. Jóven: ¡Honre a sus padres!

2. La pregunta del Faraón. "¿Cuántos son los días de los años de tu vida?" Esto fue lo primero que dijo Faraón al entrar Jacob en su presencia. Es una pregunta que con frecuencia se asoma a nuestros labios, pero que es provocada por una norma falsa utilizada para calcular la extensión de la vida de un hombre. La medida de la vida no consiste en el número de sus días, sino en la manera como los ha usado.

Hay quienes viven muchos años y al final tienen poco o nada que mostrar como producto de sus esfuerzos. Si sacamos las horas de ocio, sólo quedan unas pocas horas de verdadera vida productiva. Tal vez van a cumplir setenta años y sólo han vivido seis meses de vida productiva. Nuestra verdadera vida no empieza en el primer nacimiento, sino en el segundo. Lo que se hizo antes no vale de nada.

Hay quienes viven pocos años, pero llenos de una vida enérgica y noble: han sido puntuales, industriosos y metódicos; han redimido el tiempo; han sacado provecho de lo que otros hubieran desechado como inútil. El resultado es que tienen mucho que mostrar. Han vivido mucho por los libros que han leído, las cosas que han realizado, los ministerios que han iniciado, las amistades que han cultivado y la personalidad que se han formado. Van a cumplir treinta años, pero en esos pocos años han vivido tanto como algunos viven en sesenta.

Déjeme preguntarle como a Jacob: "¿Cuántos son los días de los años de su vida?"

¿Diecisiete? Es una edad crítica. Es la edad de formación: usted será después lo que sea ahora. Está saliendo de la abrigada bahía de la adolescencia para lanzarse al gran océano de la vida. ¡Tenga cuidado! Parece atractivo, pero es traicionero. Lleve a bordo al gran Piloto, Cristo Jesús. Sólo El puede guiarlo a través de los bajíos y las arenas movedizas que yacen escondidos en su curso. Lleve a bordo solamente a los que El le escoja como tripulación.

¿Tiene veintiún años? A veces se dice que esa es la edad de la independencia o mayoría de edad del hombre. Nunca olvide que hay por lo menos Uno de quien nunca podrá independizarse.

¿Tiene treinta? Fue a esa edad cuando el Señor empezó su vida pública; y pensar que muchos hombres han vivido una gran vida y muerto antes de llegar a esa edad. ¿Qué está haciendo usted en el mundo? ¡Apresúrese! Su vida pasará pronto. ¡Cuídese, para que al final no tenga que decir: "Me he pasado la vida esforzándome por hacer cosas sin importancia"!

Usted no tiene por qué pasar por esa angustiada retrospección. Sólo necesita entregarle toda la vida al Señor Jesucristo, pidiéndole que ponga sus pensamientos en su mente, viva en su corazón y trabaje a través de su vida.

¿Cuántos años tiene? ¿Cuarenta? ¡Cuidado! Son muy pocos los que se convierten pasados los cuarenta. Si usted no es todavía de Cristo, las posibilidades de que llegue a serlo disminuyen con gran rapidez todas las semanas.

¿Tiene cincuenta, sesenta, setenta años o más? Las nieves de los años han plateado su cabello. Ha tenido que abandonar objetivos antes familiares. Ya no visita los lugares acostumbrados. Los asuntos que fueron su orgullo, los debe pasar a otros con más energías. Amigo: contamos con usted para que nos enseñe a esperar el fin de esta vida y a morir. "¿Cuántos años tiene?" ¡Qué pregunta tan solemne!

3. **La respuesta de Jacob.** "Y Jacob respondió a Faraón: Los días de los años de mi peregrinación son ciento treinta años; pocos y malos han sido los días de los años de mi vida, y no han llegado a los días de los años de la vida de mis padres en los días de su peregrinación." Los años de Jacob habían sido pocos en comparación con los de sus antepasados. Taré llegó a la edad de 205 años; Abraham, a los 175; Isaac, a los 180. En cambio "todos los años de Jacob fueron ciento cuarenta y siete". Habían sido malos. En su juventud fue arrancado de su amado hogar y sus amigos, y se fue solo a pasar los mejores años de su vida como extraño en tierra extranjera. Su servicio a Labán fue arduo y difícil, consumido en el día por la sequía, y en las desveladas vigilias de la noche por la escarcha. Con dificultad se le escapó a Labán, y tan pronto como lo hizo tuvo que encontrarse con un hermano impetuoso y enfadado. En la agonía de esa terrible crisis se enfrentó al Angel luchador, quien le tocó el tendón de la cadera y lo dejó cojo por el resto de su vida. Casi no acababan de pasar estas calamidades cuando se vio metido en un extremo peligro con los cananeos de Siquem, y pasó por escenas que le emblanquecieron el cabello, le arrugaron las mejillas y le llenaron de cicatrices el corazón. Entonces llegó a Luz o Bet-el. Débora, el ama de Rebeca, murió y fue enterrada bajo una encina que desde entonces se llamaría Alón-bacut, la encina del llanto. "Después partieron de Bet-el; y había aún como media legua de tierra para llegar a Efrata", cuando Raquel (su esposa favorita) tuvo un hijo.

"Y aconteció que al salírsele el alma llamó su nombre Benoni [hijo de mi tristeza]." Un poco después llegó a Mamre, y llegó apenas a tiempo para llevar los restos de su propio padre a la tumba. Las penas que siguieron ya nos han conmovido el corazón al estudiar la historia de su hijo José. Rubén le trajo desgracia a su nombre. Judá arrojó el honor familiar en el cieno de los apetitos sensuales. Al parecer, José había sido despedazado por bestias salvajes. Las disensiones entre sus hijos le deben haber herido el corazón. Y aun después del encuentro con su hijo por tanto tiempo perdido, tendría que depender durante diecisiete años de los tesoros del rey de Egipto, lejos de la gloriosa herencia que le había sido prometida a su raza.

Tal fue el exterior de la vida de Jacob. Se podría decir según esto que su vida fue un fracaso. Comparada con la suerte de Esaú, presenta un gran contraste. Jacob obtuvo el derecho de primogenitura, pero tuvo una vida de sufrimientos y desastres. Esaú perdió la primogenitura, pero obtuvo todo lo que podía apetecer su corazón: riquezas, realeza, un linaje de hijos ilustres. El capítulo treinta y seis del Génesis contiene una lista de los reyes que fueron descendientes de Esaú. Tal vez Esaú se compadeciera a menudo de su hermano.

No obstante, cuando este mismo Jacob está delante de Faraón, este gran monarca del mundo se inclina con vehemencia para recibir su bendición. "Jacob bendijo a Faraón." Jacob, al principio de su vida, fue astuto, aprovechado y engañador; pero todo parece eliminado en el crisol del sufrimiento por el cual tuvo que pasar. Había alcanzado una aureola de grandeza moral que impresionó aun al enaltecido Faraón. Hay una cierta grandeza que es completamente independiente de todas esas buenas circunstancias que algunas veces asociamos con ella. Dios mismo dijo: "No se dirá más tu nombre Jacob, sino Israel; porque has luchado con Dios y con los hombres, y has vencido."

Hay tres cosas que le dieron ese linaje real de procedencia divina a Jacob, y también nos lo darán a nosotros.

a. *La oración.* En tierra desértica, llena de rocas, vio en sueños una gran escalera. Esto le dio la nota clave de su vida. Desde ese día vivió al pie de esa escalera de oración, por la cual ascendían los ángeles llevando sus peticiones, y por la cual bajaban también con las bendiciones de Dios. Aprenda a orar sin cesar. Este es el secreto de la grandeza. El que está siempre en la sala de audiencias del gran Rey, adquiere rasgos de realeza.

b. *El sufrimiento.* Su naturaleza estaba plagada de elementos carnales, bajos y egoístas. Sacó ventaja injusta de su hambriento hermano; engañó a su anciano padre; aumentó sus propiedades a expensas de su tío; consiguió sus fines con astucia y engaño. Sin embargo, la tristeza consumió todas esas cosas y le dio una nueva dignidad. Esta es aún la obra transformadora que se realiza en los que reciben una nueva naturaleza en Cristo y aprenden con humildad la lección que el amor de Dios quiere enseñarles.

c. *La comunicación con Cristo.* "Luchó con él un varón hasta que rayaba el alba." ¿Quién era? Seguramente nadie más que el Angel de Jehová, cuyo rostro no se puede ver, ni su nombre conocer. Era el Señor mismo, tratando de librar a su siervo de la maldad que llevaba aferrada a su vida por tanto tiempo, y que agotaba su vida espiritual. Desde aquella hora, Jacob fue "Israel". Amado lector: Jesús, el inmortal amador de las almas, está luchando con usted, con el deseo de librarlo de una vida trivial y egoísta, y de levantarlo también a una vida de realeza. ¡Ríndase a El, no sea que se vea obligado a tocar el tendón de su fortaleza! Si lo dejamos hacer su voluntad en nosotros, nos convertirá en verdaderos príncipes y princesas para Dios; y aun sus superiores en las jerarquías humanas se acercarán con gusto a usted en busca de la bendición espiritual que manará de su persona.

12

José junto al lecho de muerte de Jacob
Génesis 47:27-31

Jacob vivió en la tierra de Gosén y allí sus hijos pastorearon sus rebaños por los fértiles pastizales. "Los hijos de Israel fructificaron y se multiplicaron. . . en extremo" (Exodo 1:7). Así pasaron diecisiete monótonos años. Mientras el anciano se debilitaba más y más, el amor de José sustentaba y alegraba su espíritu. Es evidente que José fue el sustento de esa vida menguante y, por lo tanto, no es de extrañarse que el patriarca lo haya llamado a su lecho de muerte no una vez, ni dos, sino tres. Ahora veremos esas visitas.

1. **"Llegaron los días de Israel para morir."** ¡Cuán inexorable es la muerte! No es posible evitar nuestro encuentro con ella. Jacob había sobrepasado en muchos años el promedio ordinario de vida del hombre actual. A pesar de las durezas y privaciones, había evadido el alcance de la muerte; pero esto no podía seguir así para siempre. La pérdida de sus fuerzas vitales mostraba que la maquinaria de la naturaleza estaba a punto de ceder. Debía morir. Mucho antes de que el Salvador viniera al mundo, los hombres anhelaban la esperanza de la vida eterna.

Daniel nos enseña en lenguaje sencillo la verdad de la resurrección general a la vida o la vergüenza sin fin. El Eclesiastés termina con una declaración explícita acerca del retorno del espíritu al Creador y del juicio final. El libro de Job, sea cual fuere la fecha en que se escribiera, ha sido considerado un himno a la inmortalidad: "Yo sé que mi Redentor vive, y al fin se levantará sobre el polvo; y después de deshecha esta mi piel, en mi carne he de ver a Dios" (Job 19:25, 26). En los Salmos tenemos evidencias ciertas de la tenacidad con la cual los judíos piadosos se aferraban a estas esperanzas. "Porque no dejarás mi alma en el Seol, ni permitirás que tu santo vea corrupción. Me mostrarás la senda de la vida" (Salmo 16:10, 11). Precisamente este anhelo y fe por la vida más allá de la muerte, fue la verdadera clave de la vida de estos tres famosos patriarcas que yacen juntos en la antigua cueva de Macpela.

¿Por qué vagaron por la Tierra Prometida como por tierra extraña? ¿Por qué se contentaron con no heredar ni siquiera el suelo donde ponían los pies? ¿Por qué Abraham vivió, como Isaac y Jacob, en tiendas frágiles y portátiles, en vez de ciudades como Sodoma y Gomorra? ¿Qué quiso decir Abraham cuando les dijo a los hijos de Het: "Extranjero y forastero soy entre vosotros"? ¿En qué pensaba Jacob cuando, en la presencia del exaltado Faraón, describió su vida como un "peregrinaje"? la respuesta aparece claramente en la llamada "lista de los héroes de Dios", en Hebreos 11: "Buscaban una patria mejor." Estaban tan absortos con esta idea, que no se podían contentar con una herencia en Canaán. Su rechazo de toda otra posesión en la Tierra Prometida, que no fuera su tumba, demuestra con cuánta ansiedad buscaban la patria eterna.

Al principio, sin duda, pensaban que Canaán sería la Tierra Prometida. En cambio, después de esperarla año tras año sin recibirla, examinaron la promesa otra vez y, en lugar de una ciudad construida por manos humanas, se les presentó la hermosa visión de los muros de cristal y las puertas de perla de la ciudad con fundamentos, cuyo arquitecto y constructor es Dios.

Esta creencia en "la ciudad de Dios", de la cual escribió Agustín en las costas de Africa más tarde, y que ha sostenido a tantas almas piadosas, animaba su vida, les daba aliento a la hora de la muerte y lanzaba un brillante rayo de esperanza a través de las tinieblas de la tumba. "Conforme a la fe murieron todos éstos sin haber recibido lo prometido, sino mirándolo de lejos, y creyéndolo, y saludándolo." "Mirándolo de lejos", como el que se ha extraviado saluda su anhelado hogar cuando lo ve de lejos. ¡Con cuánto anhelo, deseos y esperanza deben haber buscado el cielo estos cansados peregrinos!

a. *Jacob no consideraba la vida futura como un mero estado de existencia* despojado de todas esas asociaciones que le dan significado a la vida. En realidad, en esto parece haber tenido mejores ideas que muchos que se encuentran en iglesias cristianas. Dijo: "Yo voy a ser reunido con mi pueblo." Para él, la ciudad a la cual iba era el lugar de reunión de su clan, el punto de encuentro de las almas elegidas, el hogar de todos los que formaban su pueblo porque eran de Dios.

El moribundo patriarca llamó a su amado José a su lado, no solamente para expresar estas esperanzas. El padre quería comprometer a su hijo mediante la promesa solemne de no enterrarlo en la tierra de su exilio, sino llevarlo de regreso a la solitaria cueva que parecía un puesto de avanzada en la hostil y distante tierra de Canaán. Durante diecisiete años, Jacob se había familiarizado con los espléndidos edificios, obeliscos y pirámides de Egipto; había estado rodeado de todas las comodidades que el amor filial de José pudo preparar o su munificencia ejecutar. Sin embargo, nada le podía hacer olvidar aquella cueva distante situada antes de llegar a Mamre, en la tierra de Canaán. Para él, la sepultura en la pirámide más magnífica de Egipto no podía compararse en ningún momento con la sepultura en aquella solitaria y humilde tumba donde los restos mortales de Abraham y Sara, de Isaac y Rebeca y de la fiel Lea, aguardaban la resurrección.

b. *La naturaleza humana no era diferente en ese entonces de lo que es hoy en día.* Muchos guerreros, al morir en tierras lejanas, han pedido que sus restos sean colocados en el tranquilo cementerio rural donde numerosas lápidas cubiertas de musgo repiten el mismo apellido en sucesivas generaciones. Era natural también que Jacob deseara ser sepultado en Macpela.

c. *Se trataba de algo más que mero sentimiento natural.* Jacob era un hombre de fe. Conocía y apreciaba la antigua promesa hecha por Dios a su amigo el patriarca Abraham: Canaán sería la posesión de sus descendientes. La promesa era el sustento del anciano. El sabía que Canáan era la morada reservada para los suyos, y no Egipto. No vivirían para siempre en aquel lugar. Si era sepultado en él, sería dejado allí su cuerpo como extraño entre extraños. No; esto no debería suceder. Si ellos tenían que salir, él debía salir antes que ellos. Si ellos habrían de establecerse en la Tierra Prometida, él iría primero como precursor. Aunque no podría compartir los peligros y dolores del éxodo, estaría allí para recibirlos cuando sus descendientes entraran a recibir su herencia.

"Te ruego que no me entierres en Egipto. Mas cuando duerma con mis padres, me llevarás de Egipto y me sepultarás en el sepulcro de ellos." ¿Qué hijo podría rechazar tal solicitud? ¿Puede alguno de nosotros resistirse a los últimos deseos de nuestros amados? José era tan bueno y tierno, que no pudo dudar ni un momento. "Y José respondió: Haré como tú dices." No obstante, el anciano no se contentó sólo con la promesa. "E Israel dijo: Júramelo. Y José lo juró. Entonces Israel se inclinó sobre la cabecera de la cama." Así terminó la primera visita de José a su moribundo padre.

2. La segunda visita de José. Le llevaron noticias al Primer Ministro de Egipto de que su padre estaba enfermo y deseaba verlo. El se fue a verlo sin demora, llevando consigo a sus dos hijos Manasés y Efraín. Cuando José llegó a la morada de su padre, el anciano patriarca parece haber estado acostado quieto, con los ojos cerrados, por su extremo agotamiento físico. Estaba demasiado débil para notar a los conocidos que lo rodeaban, pero cuando alguien le dijo: "He aquí tu hijo José viene a ti", la mención de ese nombre amado lo revivió. Hizo un gran esfuerzo y con la ayuda de almohadas, se sentó en la cama.

Por la manera como el anciano recordó el pasado se ve claramente que no había perdido la memoria. En esta rememoración aparecían vívidamente aun los sucesos más recientes de la historia de la familia. No olvidó que José, quien se inclinaba sobre su cuerpo moribundo, tenía dos hijos; y le anunció su intención de adoptarlos como propios. "Tus dos hijos. . . que te nacieron en la tierra de Egipto, antes que viniese a ti a la tierra de Egipto, míos son; como Rubén y Simeón serán míos." Por ese acto, al mismo tiempo que se borraba el nombre de José del mapa de Canaán, se convertía en heredero de una doble porción de su superficie, pues Efraín y Manasés serían desde entonces sus representantes allí.

Habiendo dicho esto, Jacob empezó a delirar y vio otra vez la escena en el montañoso camino hacia Belén, apenas afuera de la aldehuela, cuando se paró de repente su marcha, y todo su campamento quedó acallado por el silencio de un trágico suspenso, mientras la vida de su amada Raquel se tambaleaba en un hilo. Nunca olvidaría ese momento. Sus ojos moribundos podían ver de nuevo el lugar donde la enterró "allí en el camino de Efrata".

Cuando el anciano Jacob volvió de su delirio, lo primero que notó fue la presencia de los aterrados muchachos, que no perdían mirada ni palabra, con la atención fija y la respiración casi contenida.

"¿Quiénes son estos?", dijo Israel.

"Son mis hijos que Dios me ha dado aquí", fue la inmediata y orgullosa respuesta de José.

Israel le dijo entonces: "Acércalos ahora a mí, y los bendeciré." El padre los acercó y el anciano les puso encima a los jóvenes sus débiles brazos. De nuevo el agonizante volvió en su delirio a una tristeza que le había dejado una herida tan profunda como su pena por su amada Raquel. Volviéndose a José, le recordó los largos años durante los cuales pensaba que nunca volvería a ver su rostro. Sin embargo, Dios le había mostrado también su descendencia.

Con intuición profética, cruzó las manos mientras los dos jóvenes esperaban su bendición delante de él, de modo que su mano derecha fue a la cabeza del menor, mientras que su izquierda se posó sobre la del mayor. Por medio de aquel gesto, invirtió el veredicto del nacimiento, y le dio al menor precedencia sobre el mayor. De nada valió que José protestara y reclamara los derechos de su primogénito. Jacob sabía muy bien lo que hacía y que estaba siguiendo los planes divinos. "Lo sé, hijo mío, lo sé; también él vendrá a ser un pueblo, y será también engrandecido; pero su hermano menor será más grande que él, y su descendencia formará multitud de naciones."

Todavía quedaba una cosa por decir antes de terminar aquella memorable entrevista. Años antes, por la vil alevosía de sus hijos, Jacob había entrado en conflicto armado con los aborígenes de Canaán, y se había visto obligado, en defensa propia, a conseguir por la fuerza una parcela de terreno con espada y arco. Esta parcela le fue asignada como herencia adicional a su hijo favorito.

3. La tercera y última visita de José. Una vez más, José visitó a su padre en su lecho de muerte. Esta fue la tercera y última vez. Apareció ahora solamente como uno más entre los doce hombres fuertes y barbados que rodeaban el cuerpo envejecido de su padre, cuyo rostro estaba ensombrecido por la muerte, mientras su espíritu resplandecía con la luz de la profecía. Con terror intenso escucharon sus nombres, uno por uno, enunciados por la voz temblorosa del anciano, quien ahora hacía pausas para respirar y hablaba con dificultad. Criticaba el carácter de cada uno con intuición profética; traía a la memoria los puntos salientes de su historia pasada con precisión; y les daba cierta información profética acerca de su futuro.

Esta escena es una anticipación del día de juicio en el cual los hombres oirán el recuento de la historia de su vida, y se dictará sobre ellos una sentencia inapelable.

El moribundo patriarca habla con especial dulzura y gracia en lo que concierne al destino de su hijo favorito. Sus palabras rebosan de ternura y se mueven con precisión y elocuencia tales, que indican la profunda emoción de su corazón. Después de decir unas pocas palabras más a Benjamín, el venerable patriarca recogió los pies en la cama, exhaló con calma el último suspiro y fue reunido a su pueblo. Aquel espíritu anhelante y probado pasó a otras escenas de ministerio y comunión más elevados, sin hacer pausa alguna en su vida, pues en los años venideros, Dios daría testimonio de su continua existencia y vitalidad al llamarse a sí mismo "el Dios de Jacob", puesto que El no es Dios de muertos, sino de vivos. José cayó sobre el rostro de su padre, lloró y puso los labios sobre su rostro ya frío. Después, les ordenó a los médicos que embalsamasen su cuerpo, para robarle así a la muerte su victoria más inmediata.

13

Los últimos días y la muerte de José
Génesis 50:24-25

"Dios ciertamente os visitará, y haréis llevar de aquí mis huesos." Estas fueron las últimas palabras de José. Es importante observar que estas son las únicas palabras de toda su vida que se citan posteriormente en otro lugar de las Escrituras. Por supuesto, me refiero a las palabras que dicen: "Por la fe José, al morir, mencionó la salida de los hijos de Israel, y dio mandamiento acerca de sus huesos" (Hebreos 11:22).

Observemos:

1. **Las circunstancias bajo las cuales se expresaron estas palabras.**

a. *José era ya anciano.* El paso de ciento diez años le había robado las fuerzas y había dejado marcas profundas en su rostro. Ya hacía noventa y tres años que lo habían sacado del pozo para venderlo como esclavo. Ochenta años hacía que había comparecido delante del Faraón en toda la lozanía y esbeltez varonil de su juventud. Sesenta años habían quedado registrados en los papiros de los archivos oficiales desde que, con toda la pompa y esplendor de la corte egipcia, había llevado los restos mortales de su anciano padre a la antigua cueva de Macpela. Ya era anciano cuando vio los rostros radiantes de juventud de sus biznietos: "Fueron criados sobre las rodillas de José." Dios había bendecido a su fiel siervo con una larga vida, bajo cuyo peso se doblaba ahora mientras descendía con rapidez hacia la desintegración de su vida natural.

b. *Las sombras de su propia decadencia física eran escasas, comparadas con las que veía formarse alrededor de su amado pueblo.* Sesenta años antes, cuando Jacob murió, todo era esplendor, y se le honró con un funeral espléndido porque había dado a la tierra de Egipto un benefactor y salvador tan grande en la persona de su hijo. En cambio, cuando José murió, se avecinaba la oscuridad de un gran eclipse que caería sobre los destinos de su pueblo. Parece que no se dio importancia en Egipto al acontecimiento de la muerte de José. No se le hicieron funerales pomposos pagados por el erario público. No se puso una pirámide a disposición de sus hijos. Cuando se dirigió a sus hermanos, congregados alrededor de él, era como si estuvieran en lamentable necesidad de socorro. Necesitaban un intercesor en la corte y una confirmación de la visitación divina.

Trescientos años atrás, el gran fundador de la nación había hecho guardia todo el día junto a un altar, espantando a los buitres que, atraídos por la carne que había sobre él, revoloteaban alrededor. Por fin, al caer el sol, el vigilante se durmió — es duro velar con Dios — y en su sueño tuvo visiones. Una densa y terrible neblina parecía rodearlo y oprimir su alma. Sobre ella, como sobre una cortina, pasaron sucesivas vistas del futuro de los suyos, mientras la voz divina interpretaba esas visiones junto a su oído. Los vio exiliados en un país extraño, esclavizados por el extranjero, y quedándose allí mientras florecían tres generaciones de hombres como las flores en la primavera, y eran cortadas con la afilada guadaña de la muerte. Mientras contemplaba todo el terror de esa esclavitud, el horror de una gran oscuridad cayó sobre él. Sabemos con cuánta exactitud se justificaba ese horror, por los sucesos que tan pronto iban a tener lugar. "Y los egipcios hicieron servir a los hijos de Israel con dureza, y amargaron su vida con dura servidumbre, en hacer barro y ladrillo, y en toda labor del campo y en todo su servicio, al cual los obligaban con rigor" (Exodo 1:13, 14). Los primeros síntomas de ese estallido popular antihebreo ya se estaban manifestando, como las aves que anuncian la tormenta, en la hora postrera de la vida del gran primer ministro de Egipto.

No sabemos la forma exacta de esos síntomas. Tal vez ya lo hubieran expulsado del círculo del Faraón; quizá ya estuviera languideciendo en el abandono; es posible que ya se estuvieran levantando rumores de disgusto contra su pueblo; puede ser que los actos de opresión y crueldad fueran cada vez más comunes. En todo caso, la noche oscura ya comenzaba, y esto fue lo que les dio más esplendor a sus palabras, que brillaron como estrellas de esperanza.

c. *Además, sus hermanos lo rodeaban.* Su perdón y amor por ellos duraron hasta la hora decisiva de esa gran salteadora que es la muerte. Nunca flaquearon. A juzgar por lo que se narra en los versículos anteriores de este capítulo, parece que por mucho tiempo sus hermanos, considerándolo según lo oscuro e implacable que ellos tenían el corazón, no podían creer que su perdón fuera genuino y sincero. Pensaban que fingía más de lo que sentía, para conseguir algún objetivo posterior, tal como la bendicion y la aprobación de su padre anciano. Por eso temían que, al desaparecer Jacob, el justo resentimiento de José, por tanto tiempo oculto con astucia, se desataría contra ellos. Parecía imposible creer que él no sintiera rencor, y que no tomara ninguna acción en cuanto a lo pasado; y dijeron: "José. . . nos dará el pago de todo el mal que le hicimos." José lloró mientras ellos hablaban, porque lo habían malentendido tanto después de sus repetidas manifestaciones consoladoras; lloró al verlos de rodillas a sus pies implorando un perdón que hacía años les había dado con generosidad. Les dijo: "No temáis; ¿acaso estoy yo en lugar de Dios? Vosotros pensasteis mal contra mí, mas Dios lo encaminó a bien, para hacer lo que vemos hoy, para mantener en vida a mucho pueblo."

El Señor Jesús, que ilumina a todo hombre que viene a este mundo, estaba en el corazón de José, y su conducta fue una sombra del Amor encarnado. ¡Amado lector! El espera perdonarlo de la misma manera. Aunque lo haya difamado, rechazado, crucificado y expuesto a la vergüenza pública, aun así, El espera perdonarlo de modo tan completo, que ninguna de esas faltas se volverá a mencionar nunca contra usted.

d. *Por último, se estaba muriendo.* Había apartado la muerte de Egipto, pero no podía apartarla de sí mismo. "Yo voy a morir", fueron unas de sus últimas palabras. Las había aprendido de los labios agonizantes de su padre (48:21), y ahora se las aplicaba a sí mismo. Al hacerlo, tocaba el cenit de su noble confianza y esperanza. ¡Ojalá que todos nosotros sigamos alumbrando cada vez más cada día hasta el último y que, cuando el cuerpo nos falle del todo, la vida del espíritu pueda destellar con sus luces más brilantes!

Fue en estas circunstancias cuando José dijo: "Dios ciertamente os visitará, y haréis llevar de aquí mis huesos."

2. **Investiguemos toda la importancia de estas palabras.** Lo mejor será compararlas con la última voluntad de Jacob: "Sepultadme con mis padres en la cueva que está. . . en el campo de Macpela." Era lo más natural. A todos nos gustaría que nos enterraran junto a los restos de nuestros difuntos. Jacob sabía que no sería muy difícil realizar su deseo. José estaba entonces en el apogeo de su poder. No se necesitaba mucha fe para pedir lo que se podía llevar a cabo tan fácilmente. En cambio, las cosas eran diferentes para José. El también quería ser enterrado en Canaán; pero no inmediatamente; no entonces. Había dos cosas que él esperaba que ocurrieran. La primera, que su pueblo saliera de Egipto; la segunda, que entrara a la tierra de Canaán. No sabía cuándo, ni cómo; pero estaba seguro de que los dos sucesos ocurrirían, pues dijo: "Ciertamente."

Para la visión natural de José, estas cosas parecían imposibles. Cuando él dijo eso, Israel estaba establecido en Gosén, y aumentaba tanto el número de personas y su riqueza, que cualquier desarraigo se hacía cada día más irrealizable. Y en cuanto a la opresión que tal vez comenzaba a amenazarlos, ¿qué probabilidad tendrían jamás de escapar del poder de los escuadrones de la caballería egipcia, suponiendo que quisieran irse? Sin embargo, su visión del futuro no tenía sus bases en la previsión humana, sino en los claros avisos del Todopoderoso. Recordaba que Dios le había dicho a Abraham: "Mira desde el lugar donde estás hacia el norte y el sur, y al oriente y al occidente. Porque toda la tierra que ves, la daré a ti y a tu descendencia para siempre" (Génesis 13:14, 15). Era la misma promesa que le había repetido a Isaac.

De nuevo le había reiterado la promesa a Jacob mientras estaba acostado junto a la escalera resplandeciente: "La tierra en que estás acostado te la daré a ti y a tu descendencia." Estas promesas habían sido cuidadosamente atesoradas y transmitidas. En su lecho de muerte, Jacob volvió a confirmarle a José que Dios ciertamente los traería a la tierra de sus padres; y ahora José reanimó a los atemorizados compañeros que lo rodeaban con la misma esperanza. Entonces mandó que no fueran enterrados sus huesos, para que estuvieran listos en cualquier momento, en cuanto sonara la trompeta del éxodo, para que los recogieran y emprendieran con ellos la alegre marcha hacia Canaán.

¡Qué lección tan hermosa deben haber sido esos huesos para Israel! Cuando el capataz trataba duramente a la gente, hasta hacer desfallecer su ánimo, debe haber sido muy alentador ir a mirar aquella momia embalsamada que esperaba el momento en que la llevaran de allí. Al hacer esto, tal vez pensaran: "Evidentemente, José creía entonces que no tendríamos que quedarnos aquí para siempre, sino que tarde o temprano deberíamos salir para Canaán: ¡Animémonos para soportar un poco más; tal vez sea por muy poco tiempo!" Sí, y cuando alguien se sentía tentado a contentarse y establecerse en tiempos de prosperidad, le bastaba pensar en aquellos restos para dominarse. Tal vez dirían: "Al parecer, no nos vamos a quedar aquí para siempre. Haremos bien en no poner todas nuestras esperanzas y consuelos en nuestra inestable morada en este lugar." Con frecuencia, cuando los israelitas estaban a punto de desesperar en medio de las dificultades y el cansancio de su marcha por el desierto, esos huesos que iban en medio de ellos eran testigos de la confiada esperanza de José en que Dios los llevaría a la tierra de reposo.

Nosotros no tenemos los restos de un hombre para que aviven

nuestra fe, ni para que levanten nuestro celo decaído; pero tenemos algo mejor: tenemos una tumba vacía, testimonio de que El ha resucitado. Nos dice que no es la muerte, sino la vida, el ángel guardián de nuestra marcha por el desierto de este mundo. Nos enseña que este mundo no es nuestro lugar de reposo ni nuestro hogar; nos afirma que la resurrección no sólo es posible, sino que es segura; y que dentro de poco tiempo estaremos donde El está. El irá con nostros por la senda desértica, hasta que vayamos a morar con El para siempre.

3. **Estemos concientes del espíritu que fue la base e inspiración de esas palabras de José.** Fue por encima de todo un espíritu de peregrino. José tenía un título egipcio. Se casó con una mujer egipcia. Tomaba parte en la vida de la corte, la política y los negocios de Egipto. No obstante, era tan peregrino como Abraham cuando levantaba sus tiendas fuera de los muros de Hebrón, o Isaac en los pastizales del sur, o Jacob separado de los habitantes de aquella tierra.

A veces pensamos que el espíritu de peregrino es imposible de obtener para los que vivimos en este estado de civilización tan sedentario. Nuestras casas son demasiado firmes; nuestros movimientos están estrechamente limitados a una ruta muy pequeña. Cuando se nos ocurran esos pensamientos, volvámonos a José, y recordemos con cuánta certeza él estaba animado por el espíritu de aquellos que vivieron "confesando que eran extranjeros y peregrinos sobre la tierra". Amigo, ¿cuál es el propósito de nuestra vida? ¿Están nuestras metas limitadas por el estrecho horizonte terrestre, y dentro de los fugaces momentos del tiempo? ¿Nos ocupamos constantemente en preparar de la mejor manera posible el lugar en el que pasaremos la ancianidad y moriremos? ¿Queremos siempre sacarle el mayor provecho a este mundo? Me temo que estas son las metas verdaderas de muchos que dicen ser cristianos; si es así, no tiene objeto que ellos digan que están de alguna manera relacionados con esa poderosa corriente de peregrinos que va con destino a la ciudad que tiene fundamentos divinos, su verdadero hogar y verdadera patria. En cambio, se puede dirigir una gran empresa, estar comprometido en muchas labores diferentes, aferrado firmemente al presente por deberes imperiosos; y tener como José el corazón separado de las cosas visibles y temporales, y unido, con todas sus secretas esperanzas, a las cosas invisibles y eternas.

a. *El espíritu de peregrino no nos hace personas poco realistas.* José fue el hombre más práctico de su época. ¿Quiénes podrían ser tan dispuestos, enérgicos y cuidadosos como aquellos que saben que están trabajando para la eternidad, y que están cada día empeñados en la construcción de una estructura en la cual vivirán en adelante? Todos los días estamos formando nuestro carácter para bien o para mal: cada hecho, bueno o malo, es una piedra más del edificio; cada momento que pasa nos habla de la eternidad y de nuestra recompensa.

b. *El espíritu de peregrinos nos hace sencillos.* Hay dos clases de sencillez: la de las circunstancias, y la del corazón. Hay personas que se sientan a comer sólo pan y leche en una mesa de madera, con el corazón lleno de orgullo; en cambio hay quienes comen en vajilla de plata y son tan sencillos como un campesino sobre su arado. El mundo no puede entender esto. José es nuestro ejemplo. Amigo mío: no es la falta de joyas, ni el traje común, ni el cuarto sin muebles, lo que constituye una vida sencilla y sin afectación, sino esa visión espiritual, que mira a través de los tenues vapores matutinos hacia las cumbres de las colinas eternas de las alturas del más allá.

¡Qué contraste tan grande el que existe entre las primeras y las últimas palabras del Génesis! Escuche la conclusión: "Un ataúd en Egipto." ¿Eso es todo? ¿Ha de terminar toda la obra de Dios en un sarcófago de momia? Espere un poco. Este es sólo el fin del Génesis, el Libro de los Principios. Pase a la otra página y encontrará el Exodo. Después vienen Josué y los Reyes, los Profetas y finalmente Cristo. Dios no depende de ningún humano. Nosotros hacemos la pequeña obra que se nos encargue y cesamos, pero la obra de Dios continúa. Nos basta a todos, como a José, con haber vivido una vida fuerte, noble, pura y sincera, y dejar que sea El quien cuide de nuestro cuerpo y de nuestros seres amados, a quienes dejamos sin quererlo, y también de nuestra obra. El no quedará mal con nosotros. "Tomó también consigo Moisés los huesos de José" en la noche del éxodo (Exodo 13:19) "y enterraron en Siquem los huesos de José . . . y fue posesión de los hijos de José" (Josué 24:32).